konfi live
Pfarrer/in und Team

Zweijähriger Kurs
16 Einheiten

Im Auftrag der Kirchenleitung der Vereinigten Evangelisch-Lutherischen
Kirche Deutschlands (VELKD) auf der Grundlage von „kreuzundquer" neu
zusammengestellt und bearbeitet von Martina Steinkühler; herausgegeben
von Andreas Brummer, Georg Raatz und Martin Rothgangel

Dem Ausschuss zur Erarbeitung der Materialien gehörten an:

Norbert Dennerlein, Sabine Dievenkorn, Hans-Ulrich Keßler,
Herbert Kolb, Christian Kopp, Ekkehard Langbein, Ingrid Machentanz,
Karlo Meyer, Carsten Mork, Werner Müller, Martin Rothgangel,
Marcell Saß, Robert Smietana, Hanfried Victor und Bernd Wildermuth

Vandenhoeck & Ruprecht

Das digitale Zusatzmaterial ist abrufbar unter:
Link: www.v-r.de/konfi-live-2jahre
LoginCode: wfdDCss4

Bibeltexte (wenn nicht anders vermerkt); Lutherbibel, rev. Text 1984, durchgesehene Ausgabe
© 1999 Deutsche Bibelgesellschaft, Stuttgart

Umschlagabbildung: © Mikadun, www.shutterstock.com
Illustrationen: Luise Mäbert

Bibliografische Information der Deutschen Nationalbibliothek

Die Deutsche Nationalbibliothek verzeichnet diese Publikation in der
Deutschen Nationalbibliografie; detaillierte bibliografische Daten sind
im Internet über http://dnb.d-nb.de abrufbar.

ISBN 978-3-525-61507-2
ISBN 978-3-647-61507-3 (E-Book)

© 2014, Vandenhoeck & Ruprecht GmbH & Co. KG, Göttingen/
Vandenhoeck & Ruprecht LLC, Bristol, CT, U.S.A.
www.v-r.de
Alle Rechte vorbehalten. Das Werk und seine Teile sind urheberrechtlich geschützt.
Jede Verwertung in anderen als den gesetzlich zugelassenen Fällen bedarf der vorherigen
schriftlichen Einwilligung des Verlages. Printed in Germany.

Layout und Satz: textformart, Göttingen | www.text-form-art.de
Umschlag: SchwabScantechnik, Göttingen
Druck und Bindung: ⊕ Hubert & Co, Göttingen

Gedruckt auf alterungsbeständigem Papier.

Inhalt

Liebe Kolleginnen und Kollegen 5

Die Einheiten

 1. Unsere Konfirmandenzeit 9

 2. Leben von Gott 13

 3. Unsere Kirchengemeinde 17

 4. Einander annehmen: Diakonie 22

 5. Neuland betreten: Gottesdienst 27

 6. Das Zeichen des Kreuzes 33

 7. Tod und Auferstehung 39

 8. „Online": Beten und Vaterunser 45

 9. Schuld und Vergebung 50

 10. Wasser des Lebens: Taufe 57

 11. Brot des Lebens: Abendmahl 62

 12. „Glauben" im SMS-Format 66

 13. Leitplanken der Lebensstraße: Gebote 71

 14. Haus des Lebens: Ökumene 76

 15. Meine Religion – deine Religion 80

 16. Vertraut den neuen Wegen: Konfirmation 84

Exkurse

 A. Die Bibel 91

 B. Spurensuche Jesus Christus 96

 C. Martin Luther 99

Andachten / der liturgische Rahmen 102

Die Materialien 111

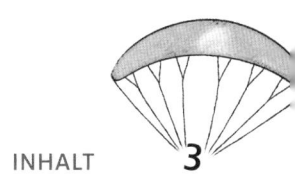

Liebe Kolleginnen und Kollegen …

Das neue Konfirmandenmaterial heißt *konfi live* – „Konfi"- wie Konfirmandenzeit, „live", weil die Konfirmandinnen und Konfirmanden ihre Lernprozesse selbst gestalten, nicht vom Papier, sondern so oft wie möglich im eigenen Erleben. Dazu gehört eine anregende Lernlandschaft – diese zu schaffen, ist Aufgabe eines engagierten Teams, gezielter Vorbereitung, praxistauglicher Materialien und Impulse. Letztere stellt *konfi live* zur Verfügung.

Was Sie hier finden, sind

> - Abläufe für gelingende Konfirmandenstunden, -tage oder -projekte zu 16 Kernthemen christlicher Glaubenspraxis – von „A" wie Abendmahl bis „Z" wie Zeichen des Kreuzes.
> - Zusätzliche Ideen und Bausteine, die Sie je nach Zuschnitt Ihres individuellen Kurses auswählen und umsetzen.
> - Reichhaltiges digitales Zusatzmaterial
> - Materialseiten zur Vorbereitung (besonders auch für Teamer/innen)
> - Exkurse

Achtung: Die Abläufe bieten stets ein Maximum; nicht alles wird sich in jedem Einzelfall umsetzen lassen. *Konfi live* will, dass Sie aus dem Vollen schöpfen. Was Sie auswählen, ist immer noch mehr als genug.

konfi live steht für

> - Konfirmandenzeit für alle – mit dezidierten Angeboten für **inklusive** Gruppen!
> - empirische, hermeneutische und individuelle Zugänge: Die Verläufe folgen dem Dreischritt „entdecken", „deuten", „gestalten", der Aneignungsprozesse fördert!
> - ein lutherisches Profil!
> - mit viel Offenheit für die innerchristliche wie interreligiöse Ökumene!

konfi live trägt neuesten Erkenntnissen und Entwicklungen Rechnung

> - Die EKD-weite Konfirmandenstudie gibt jedem, der Konfirmandenzeit gestalten will, den Auftrag, die Bedürfnisse, Voraussetzungen und Erwartungen der Zielgruppe klarer als bisher in den Blick zu nehmen und ernst zu nehmen. Überkommene Formen des „Unterweisens" befremden nur; Beziehungen und Erlebnisse schaffen nachhaltige Eindrücke.
> - Dem entsprechen neue Methoden: performative Elemente, Begegnungslernen, Arbeitsformen der Jugendarbeit bewähren sich im Konfer.
> - Ein besonderer Schwerpunkt liegt darauf, die Jugendlichen selbst zu Wort kommen zu lassen und sie religiös sprachfähig zu machen. Das heißt einerseits: Die Konfis erhalten immer wieder Raum und sind herausgefordert, eigene religiöse Vorstellungen zu äußern und auszutauschen – Stichwort **„Theologisieren mit Jugend-**

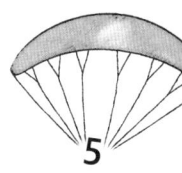

lichen". Und andererseits: **Religiöse Sprachformen** – Erzählen, Beten, Loben, Klagen – werden erkundet und ausprobiert; die **biblisch-religiöse „Fachsprache"**, z. B. Schlüsselbegriffe wie „Segen", „Sünde", „Vergebung" werden elementar erschlossen und angeeignet.

konfi live bleibt realistisch

Die jungen Menschen, die sich (zusammen mit ihren Familien) entschieden haben, sich auf eine Konfirmandenzeit in ihrer Gemeinde einzulassen, haben in der Regel[1] ein bestimmtes Projekt und Ziel im Sinn: *konfirmiert zu werden*. Sie betrachten ihren „Konfer" pragmatisch: „Ich will was von der Kirche, dafür will die Kirche auch was von mir; ich setze Zeit ein und erbringe bestimmte Leistungen – dafür bekomme ich ein Fest und sozusagen eine Eintrittskarte ins Leben." (Elena, 16, Teamerin)

Sie als Veranstalter sehen das aus Ihrer Perspektive: Sie möchten durch eine intensive Gemeinschaft und durch Inhalte überzeugen. Sie möchten, dass die Jugendlichen gern kommen und bleiben.

Beide Ansätze schließen sich nicht aus. Aber zunächst sollten Sie sich vor Augen führen, warum die Jugendlichen vor Ihnen sitzen: Sie sind nicht auf der Suche nach noch mehr Religionsunterricht, sondern sie wollen ihr Fest. Vielleicht sind sie auch auf der Suche nach sich selbst – aber sie wären vermutlich kaum von sich aus auf den Gedanken gekommen, deswegen ausgerechnet zu Ihnen zu kommen …

Ein zielgruppenorientiertes Angebot zu machen, heißt demnach: Die Jugendlichen erfahren, was sie wissen müssen, wenn sie selbstverantwortet ja zum christlichen Glauben sagen wollen.

Kreuz und Kirchturm, Glaubensbekenntnis und Vaterunser, Taufe und Abendmahl, die Feste des Kirchenjahres, Nächstenliebe, Seelsorge und Dialog, Bibel und Gebote – das sind äußerlich sichtbare Phänomene christlichen Glaubens. Die „dürfen" aus Sicht vieler Jugendlichen ruhig „drankommen" – *konfi live* hilft Ihnen, viel mehr daraus zu machen.

konfi live auf einen Blick

Im Stil moderner Jugendarbeit planen Sie mit *konfi live* Doppelstunden, Samstagvormittage, Abende oder Wochenenden – in Kooperation mit Ihrem Team und mit viel Eigenaktivität und Verantwortung Ihrer Konfis.

---

[1] Den Hinweis, dass das für Jugendliche im Kontext Ostdeutschland weniger stimmen mag, verdanken wir unserem Autor Hans-Ulrich Keßler: Klar gibt es auch Jugendliche, hier wie dort, die um der Gemeinschaft willen den Konfer besuchen, ausdrücklich unter dem Vorbehalt: Aber bis zur Konfirmation lasse ich es nicht kommen!

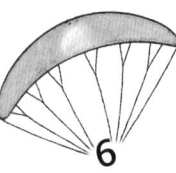

LIEBE KOLLEGINNEN UND KOLLEGEN …

Dem didaktischen Dreischritt, **entdecken, deuten, gestalten** entsprechend,

ENTDECKEN beginnen die meisten Verlaufsplanungen mit einer **Erkundung**: Wie kommt das fragliche Thema in der Gemeinde, in der Lebenswelt, in der eigenen Erfahrung vor?

DEUTEN Auf diesen Befund folgt eine **Phase der Reflexion**: Die Konfis gehen dem Thema auf den Grund; in Bibeltexten und kirchlicher Tradition begegnen sie fremden Erfahrungen und Deutungen; sie konfrontieren und verbinden sie mit eigenen Deutungen.

GESTALTEN In der Zusammenschau von „Entdeckung" und „Deutung" entstehen eigene Ideen der **Gestaltung**. Sowohl für die Jugendlichen als auch für die Gemeinde ist es wichtig, Ergebnisse zu würdigen und möglichst gut sichtbar und zugänglich zu machen.

Der *konfi live Begleiter*

Ein Blick auf die Entwürfe macht es deutlich: Papier ist nicht das Haupt-Medium moderner Konfirmanden-/Jugendarbeit. Aktion, Interaktion, Erkundungen und Erprobungen stehen im Mittelpunkt des Geschehens. Und doch gibt es Impulse, Traditionsstücke und Gedanken, die festgehalten und bewahrt werden sollen – zum raschen Nachschlagen, zur Erinnerung, zum weiteren Gebrauch, zum Mitwachsen.

Dafür gibt es den *konfi live Begleiter*, eine praktische Mischung aus Notizbuch, Kalender und Kompendium „Christentum, Kirche, Gemeinde". Hier schlagen die Konfis rasch den 23. Psalm, das Vaterunser oder das Glaubensbekenntnis auf, sie orientieren sich über Segen, Taufe und den Umgang mit der Bibel.

Sie finden wichtige Texte zur Erarbeitung der Einheiten. Sie tragen offene Fragen ein, Gedanken und Lieblingsbibelstellen, die Geburtstage der Freunde und die Termine der Freizeiten. Der *konfi live-Begleiter* ist ihr persönlicher Begleiter – unverwechselbar trägt er den eigenen Namen.

LIEBE KOLLEGINNEN UND KOLLEGEN …

Unsere Konfirmandenzeit

Z*ur Einführung für Pfarrer/in und Team* Konfi-Zeit heute ist anders als Schule. Das merken die Konfis schon beim Kommen: am Raum, in dem sie empfangen werden, an der Art der Begrüßung, am gegenseitigen Interesse. Beim ersten Treffen stehen zwei Themen im Mittelpunkt: die Konfis bzw. die Konfigruppe sowie das, was auf sie zukommt in der Konfi-Zeit.

Unser Vorschlag besteht aus zwei Teilen: der Vorstellung der Jugendlichen und einer ersten Begegnung mit Elementen des Kurses. Wie Lebenswelt und religiöses Angebot miteinander ins Gespräch kommen und welche Fragen sich stellen – dazu gibt es Fragebögen und eine Rallye.

Diese Einheit kann einen halben bis ganzen Tag in Anspruch nehmen; sie eignet sich gut dazu, mit Einheit 2 verbunden zu werden, z. B. als Freitagnachmittag / -abend eines Konfi-Wochenendes.

Material / Vorbereitung

M1.1

Für jeden Konfi ein Lattenkreuz, ca. 1,20 mal 0,60 m (Teppichleisten aus weichem Holz über Kreuz zusammennageln); einen Satz „Körperteile" = Schablonen (**M1.1**) in benötigter Menge ausdrucken, auf dünne Pappe kleben und ausschneiden; dieses Material liegt für jeden Konfi auf einer Material-Theke bereit – mit Schleife und Namensschild.

Außerdem: Reißzwecken, eine Möglichkeit, die Kreuze aufzuhängen / aufzustellen

M1.2, M1.3

Für den zweiten Teil ist eine Rallye vorzubereiten: 16 Frageboxen, z. B. Schuhkartons. Auf dem Deckel: ein Schlitz für die Antwortkarten, die Nummer der Box, je eine Frage (**M1.2**; außerdem: je ein **konfi live**-Element pro Team (**M1.3**). Die Kartons werden an 16 Stationen im Gemeindehaus / auf dem Gelände deponiert und von den Teams in beliebiger Reihenfolge besucht. 17 Blanko-Antwortkarten für jedes Team (für Station 3 braucht man zwei, „a" und „b"!)

Achtung: Die Deckel NICHT verkleben!

Außerdem: pro Gruppe ein leeres Plakat, Kleb-, Mal-, Bastelmaterial

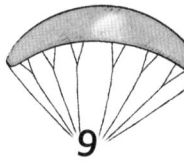

Verlauf

▶ **EINSTIEG**

Ankommen
Jeder, der kommt, erhält: a) einen Stempel der Gemeinde in den *konfi live Begleiter*, b) Namensschild und c) Lattenkreuz, das er mit seinem Namen beschriftet. Wenn's losgeht, stehen die Kreuze an der Wand. Die Konfis versammeln sich im Steh- oder Sitzkreis.

Andacht
Zum Beispiel mit A1 (s. „Andachten / liturgischer Rahmen")

Begrüßung
„Heute seid ihr auf der sicheren Seite: Ihr braucht nichts zu lernen – außer dass ihr euch gegenseitig schon so gut wie möglich kennenlernen sollt. – Aber wir wollen gern etwas von euch wissen: euren Namen, eure Hobbys, was ihr gut könnt und gern tut. Nach einer Pause begebt ihr euch auf eine Rallye und sammelt Puzzlesteine unseres Kurses. – Aber das alles später! Kommt erst einmal an …"

Teil 1: Wo stehe ich?

 ENTDECKEN

Aktionen

Aufwärmspiel
Die Konfis gehen kreuz und quer im Raum umher, sehen sich dabei ganz bewusst gegenseitig an; auf Zuruf / Gong bleiben sie stehen, geben dem Nächststehenden die Hand und begrüßen sich mit Namensnennung; beim nächsten Gong weiter. (Ein Rufer kann zusätzliche Ansagen machen: Laufrichtung ändern, Lauftempo, Gangart, Haltung …)

Namens-kreuzundquer (weitere Kennenlernspiele im digitalen Zusatzmaterial)
Die Konfis im großen Kreis; einer bekommt einen Softball und wirft es einer / einem anderen zu, deren / dessen Namen er schon kennt: „Hallo, Alex …" usw. (Das Spiel lebt von Geschwindigkeit!)

Verteil-Aktion
Die Konfis verteilen sich. Nach Nennung der Aufgabe (s. u.): Einer nach dem anderen geht zur Theke; erhält einen Satz „Körperteile" – aber nicht den eigenen. Aufgabe: ihn dem Besitzer auszuhändigen.

 DEUTEN

Aufgabe
Wer seine „Körperteile" hat, sucht sich ein ruhiges Plätzchen. Dann beschriftet / bemalt er / sie diese; z.B. auf die Hände, was er / sie gern mit den Händen macht; auf die Füße, wohin sie / er gern geht; ins Herz, was ihm / ihr am Herzen liegt usw. (natürlich nur das, was jeder hier wissen darf).

Lass dir Zeit. Wenn du meinst, fertig zu sein, schau alles noch einmal an: „Bin ich das? Wer bin ich?" Schau in deinen *konfi live Begleiter*; die Fragen auf den Seiten 10 bis 15 geben dir weitere Anregungen.

 GESTALTEN   Präsentationen
Die Art der Präsentation hängt wesentlich von der Größe der Gruppe ab. In kleinen Gruppen kann die Gesamtgruppe zuhören, wie jeder Einzelne seine „Körperteile" vorstellt und dann an sein Lattenkreuz heftet (Reißwecken; s. Abb. oben). Bei großen Gruppen geschieht dies in Kleingruppen.

Pause

Teil 2: Was kommt hier auf mich zu?

 ENTDECKEN   Vorstellung Des Verlaufs / der Einheiten des Kurses
Mit Beamer oder als Plakat werden Inhalte vorgestellt, die in der Konfirmandenzeit behandelt werden. Wichtig: Es wird deutlich, dass die Bedürfnisse der Jugendlichen und die zu behandelnden Traditionsinhalte ineinander greifen wie Puzzle-Teile. (Eine Präsentation, aus der Sie die Einheiten, die Sie nicht planen, ggfs. herausschneiden können, finden Sie im digitalen Zusatzmaterial.)

 DEUTEN   Aufgabe „Rallye"
„16 Inhalte – 16 Fragen: Sie sind in Frage-Boxen verborgen und im … (wo? wie?) verteilt. Und so geht's: Ihr bildet Teams. Jedes Team macht sich mit einem Stapel Antwort-Karten auf den Weg von Frage-Box zu Frage-Box. Seht nach, was drin ist. Sprecht darüber und notiert eine Antwort. (Zeitangabe mitgeben!) Vergesst auch nicht, Beute zu machen: pro Team ein *konfi live* Element. – Wichtig: Es geht nicht um richtig oder falsch, sondern einfach um eure Gedanken."

 GESTALTEN   Teams, die ihre Stationen absolviert haben, gestalten mit den *konfi live* Elementen ihr eigenes Plakat: kleben, schreiben, malen, arrangieren …

 ABSCHLUSS   Im Kreis: Vaterunser, Segen, Segenslied

Mehr

Thema: Nachhaltigkeit

Was mit den Kreuzen geschieht: Für die Dauer des Konfikurses finden sie einen sichtbaren Platz in der Gemeinde, z. B. im Foyer des Gemeindehauses oder im Vorraum der Kirche.

Was mit den Antwortkarten geschieht: Bei jedem Thema werden die Antworten gesichtet und in die Arbeit einbezogen.

Weiterarbeit

Die Kreuze bieten Stoff für den Vorstellungsgottesdienst. Wenn diese Einheit mit Einheit 2 gekoppelt ist, können sie auch gut in den Gottesdienst zum Thema Schöpfung mit eingebunden werden.

Arbeit mit dem *konfi live Begleiter*

S. 16: Hierhin kommt der Stempel der Gemeinde.

S. 18: Hier werden Namen, Unterschriften und E-Mail-Adressen der Konfi-Gruppe gesammelt. Wir empfehlen, eine eigene digitale Kommunikationsplattform einzurichten, z. B. bei www.konfiweb.de .

S. 10–15: Hier können eigene Bedürfnisse und Haltungen eingetragen werden; am Ende der Konfi-Zeit ist es interessant, was sich verändert hat.

S. 4–8: Begrüßung und *konfi live* Elemente: Wo bleibe ich hängen? Was könnte mir wichtig werden?

Alternative / ergänzende Ideen

Kennenlern- und Teambildungsspiele: Alles, was sich bewährt hat.

Das Lattenkreuz ... ist aufwändig; die gegenseitige Vorstellung mit Herz, Hand und Fuß funktioniert auch, wenn Sie auf die Holzinstallation verzichten. Die Konfis gestalten stattdessen jede/r ein Ich-Poster.

Inklusive KA: Die Gestaltung der Papp-Füße, -Hände, -Herzen ist offen für viele Nutzungen. / Hinsichtlich der Rallye ist bei der Teambildung darauf zu achten, dass die Mitglieder sich gegenseitig unterstützen können.

M1.2, M1.3 *Die Rallye* ist aufwändig und setzt eine gewisse Initiative der Konfis voraus. Wo dies nicht realisierbar scheint, lässt sich mit **M1.2** und **M1.3** variabel arbeiten:

Die Signets der Einheiten bieten verschiedene Möglichkeiten: Wenn die Konfis den Verlauf des Kurses mitgestalten, können sie in Teams Reihenfolgen legen bzw. aussortieren, was sie für entbehrlich halten.

Die Fragen können den Einheiten zugeordnet werden: Dann bildet etwa die Frage „Was kannst du nicht verzeihen?" den Einstieg in die Einheit „Schuld und Vergebung". Die Frage „Konfer – warum?" wird an vier Stationen bedacht: Gruppe, Familie, Gott, Suche (s. digitales Zusatzmaterial)

Leben von Gott

Zur Einführung für Pfarrer/in und Team Es macht einen Unterschied, ob ich eine Rose aus dem Blickwinkel des Botanikers, Malers, Blütenstauballergikers oder frisch Verliebten betrachte. Es macht einen Unterschied, ob ich die Welt um mich her als Zufall oder als Gabe eines guten Gottes betrachte. Es macht einen Unterschied, wenn ich mich selbst als gewollt und geliebt annehmen kann. Das alles macht nicht nur einen Unterschied für mein Selbstgefühl, sondern auch für mein Verhalten gegenüber den anderen – meinen Mitgeschöpfen und der Schöpfung. Ich kann andere akzeptieren, wenn ich mich akzeptiere, und andere lieben, wenn ich mich selbst liebe. „Liebe Gott und deinen Nächsten wie dich selbst" – das Doppelgebot der Liebe, das Jesus Christus über alles stellt, stellt uns ein Dreiecksverhältnis vor Augen: Gott liebt mich und meine Nächsten. Diese Liebe steckt mich und meine Nächsten an: Gott zu lieben, mich selbst zu lieben zu lieben.

Die drei Teile dieser Einheit eignen sich gut für ein Wochenende:
> Interviews planen und durchführen
> Interviews auswerten, das Thema recherchieren
> einen Gottesdienst zum Thema „Schöpfung"

Material / Vorbereitung

M2.1   Korb mit Muscheln, Kastanien, Holzstücken … (sollte etwas „Lebendiges" sein, kein Stein); Interviewfragen **M2.1**; Klemmbretter, Aufnahmegeräte (Handy, Diktiergerät); Papier und Stifte

Ausstellung „Schöpfung": Samenkörner, Pflanzen, Blätter, Bildbände / Kalenderblätter mit Naturwundern (auch ganz kleinen), Halbedelsteine, Drusen …

M2.2   Antwortkarten der Konfis (Nr. 2); (Kinder-)Bibeln, Gesangbücher (jeweils an relevanten Stellen aufgeschlagen); Anleitung **M2.2**

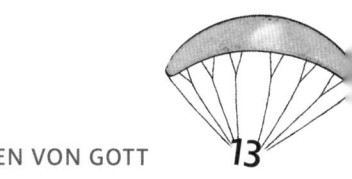

LEBEN VON GOTT

Verlauf

EINSTIEG

Ankommen
Jeder, der kommt, wählt aus der Sammlung „seine" Muschel, „sein" Stück Holz … oder was auch immer und hält es während der Andacht in der Hand; anschließend steckt er es ein für den Nachmittag.

Andacht
Zum Beispiel mit A2

Begrüßung
„Ihr wisst Bescheid: Urknall? Evolution? Alles ganz natürlich. Oder Zufall. Wie man's nimmt. Aber am Sonntag, im Gottesdienst – da sagt die Gemeinde: *Ich glaube an Gott, … den Schöpfer*. Und Umweltschützer sprechen von *Bewahrung der Schöpfung*. Eine Floskel aus früheren Zeiten? Oder ein Geheimnis? Dieser Frage gehen wir heute nach …"

Teil 1: Meinungen sammeln

ENTDECKEN

Aufgabe
„Ihr geht nachher in Kleingruppen (mit Teamer/in) in die Fußgängerzone / auf den Parkplatz von Supermarkt A, B, C (Alternativen: siehe „Mehr") und bittet die Leute, die ihr trefft, um ein kurzes Interview zum Thema „Schöpfung". Ihr könnt die Antworten notieren und / oder aufzeichnen."

M2.1

Zur Vorbereitung: Dreiergruppen bilden und Interviewbögen (**M2.1**) in Empfang nehmen.

Planungsphase
„In eurer Gruppe: Sichtet die Fragen. Interviewt euch gegenseitig, um die Situation zu üben und eigene Antworten auszuprobieren. Vielleicht möchtet ihr auch noch eine eigene Frage stellen."

„Wenn ihr so weit seid: abmelden!" Eine feste Zeit der Rückkehr wird verabredet. Teams, die eher zurückkommen, sind willkommen. Sie werden in die Nachmittagsvorbereitungen (s. u.) eingebunden.

Interviewphase
Ca. 2 Stunden

Pause

LEBEN VON GOTT

Teil 2: Die Perspektive erweitern

EINSTIEG **Ankommen**
Jeder, der kommt, schaut seine Muschel (oder was er hatte) noch einmal ganz genau an – legt sie zurück in den Korb. Sitz- oder Stehkreis: „Herzlich willkommen zurück! Ich hoffe, ihr habt viel erlebt und interessante Gespräche geführt. Lasst uns einen Augenblick verweilen, bevor ihr ans Auswerten geht ... Ihr habt euer Fundstück von heute Morgen eben wieder in den Korb zurückgelegt. Was wir herausfinden möchten: Findet ihr es wieder? – Ich gebe den Korb herum ... Während ihr sucht, singen wir ..." (z. B. Laudato si).

Gespräch
Nachdem der Korb herumgegangen ist: Gespräch über Einzigartigkeit und Schöpfung ...

DEUTEN **Umschau und Aufgabe**
„Zu unserem Thema haben wir euch hier vorn eine kleine Ausstellung aufgebaut: Schaut euch an, was es alles zu entdecken gibt – in der Natur / in der Schöpfung ..."

„Außerdem findet ihr eure Antwortkarten Nr. 2, verschiedene (Kinder-)Bibeln, in denen von der Schöpfung erzählt wird – hab ich für euch aufgeschlagen – und Lieder zum Thema Schöpfung."

„Das alles könnt ihr verwenden, wenn ihr heute Nachmittag Folgendes macht ..."

M2.2 Immer zwei Interviewgruppen setzen sich (mit Teamer/in! Anleitung auf **M2.2**) zusammen.
> Sie lesen im *konfi live Begleiter* zum Thema „Schöpfung", sichten die Antwortkarten und die Ausstellung. Was bedeutet (ihnen) Schöpfung?

Lass dir Zeit. Bevor ihr in die Gruppen geht: Zieh dich mit deinem *konfi live Begleiter* zurück und bedenke die Eindrücke, die du gewonnen hast. Das Lied auf Seite 31 kann dir helfen. Die Seiten 27 bis 30 geben weitere Anregungen.

GESTALTEN Die Gruppen bereiten eine Präsentation vor (z. B. ein Plakat):
> Was ist Schöpfung für uns? Heute?

Präsentationen
Die Präsentationen brauchen Zeit und Aufmerksamkeit. Nicht quetschen, lieber in den Abend nehmen. Vorher ein Tobe-Spiel oder Freizeit.

ABSCHLUSS Im Kreis: Vaterunser, Segen, Segenslied

Mehr

Nachhaltigkeit

Was mit den Präsentationen geschieht: schon am Abend grobe Festlegung, was davon in den Schöpfungsgottesdienst einfließt; Echtplanung evtl. am Sonntagvormittag

Weiterarbeit: der Schöpfungsgottesdienst

Der Rahmen des Gottesdienstes wird von Pfarrer / Pfarrerin und TeamerInnnen gestaltet (Gebete, Lieder, Lesungen stehen unter dem Thema „Schöpfung" / „ Mensch vor Gott"; die Präsentationen und Bekenntnisse der Konfis zum Thema Schöpfung bilden den Verkündigungsteil (statt Predigt).

Arbeit mit dem *konfi live Begleiter*

S. 26–30: Hier finden sich Gedanken zur Bedeutung des Begriffes „Schöpfung" sowie Neuerzählungen der biblischen Schöpfungstexte.

S. 23–38: Die Seiten zum Thema Gott bieten weiteren Stoff zum Nachdenken und zum Austausch.

Alternative / ergänzende Ideen

Tobe-Spiele je nach Lust und Laune.

Die Interview-Phase … ist aufwändig; wenn es keine geeignete Fußgängerzone bzw. Supermarktparkplätze gibt, die fußläufig und unproblematisch zu erreichen sind (Aufsichtspflicht!), schlagen wir kleinere Lösungen vor:
a) Die Konfis interviewen sich gegenseitig;
b) die Konfis besuchen eine andere Gemeindegruppe und interviewen diese;
c) die Konfis interviewen gegenseitig ihre Familien; oder:
d) Menschen aus dem Mitarbeiterkreis, Teamer, Kirchenvorstand – nach Verabredung.

Inklusive KA: Alternativ zur Interviewphase ließe sich die zweite Schöpfungsgeschichte mit allen Sinnen erarbeiten: Die Konfis vollziehen die Tätigkeiten Gottes des Gärtners und Gottes des Töpfers nach und bauen Schöpfungsgärten (mit Hilfe der Texte aus dem *Konfi live Begleiter*). Dabei wird deutlich: Gott gibt sich Mühe mit der Erde / mit seinen Geschöpfen; die Schöpfung ist wertvoll.

Plakate: Eine andere Möglichkeit: Die Konfis entwickeln Spielszenen zum Thema: „Die Schöpfung ist ein Geschenk – wie gehen wir mit diesem Geschenk um?"

Stationen 1 bis 4 zu der Frage: „Was ist der Mensch?" im digitalen Zusatzmaterial

Unsere Kirchengemeinde

Zur Einführung für Pfarrer/in und Team Was unterscheidet die Kirchengemeinde vor Ort von einem Verein, einer Partei, einer Behörde? Ein Blick in die Apostelgeschichte und die Briefe des Paulus legt überzeugende Antworten nahe: Wir sind wie Glieder eines Körpers. Und Christus ist das Haupt (oder das Herz?). Wir leben miteinander und alles, was wir tun, das tun wir im Namen Christi. Gemeinde sein ist eine Lebensaufgabe. Es verlangt den ganzen Menschen. Christen achten aufeinander, sie stehen füreinander ein, sie beten füreinander, sie teilen, was sie haben ... – Können wir hoffen, dass die Konfis solche Merkmale in unserer Gemeinde entdecken, wenn wir sie suchen lassen?

Diese Einheit ist in Teil 1 als Kirchenerkundung geplant Teil 2 sichert den Ertrag und führt weiter ins eigene – und sei es nur versuchsweise – Gestalten.

Material / Vorbereitung

Teil 1: in der Kirche
Die Kirche ist offen – und warm genug; ein dicker Teppich / Matratzen ermöglichen, dass die Konfis vorn am Altar / im Altarraum im Halbkreis auf dem Boden sitzen können. **M3.1** Sprechtext; **M3.2** Fantasiereise; Teelicht für jeden Konfi und je eine Moderationskarte.

M3.1, M3.2

Antwortkarten der Konfis zu Frage 3a im Turmraum der Kirche auslegen

Für Teil 1 sind die Küsterin / der Messner, die Organistin und weitere Personen, die in der Kirche aktiv sind ... gebeten, sich in der Kirche einzufinden und für Interviews zur Verfügung zu stehen.

Teil 2: im Konfi-Raum
Die aktuelle Ausgabe des Gemeindebriefes für alle; Antwortkarten der Konfis 3b, an eine Flippchart geheftet; zwei Plakate pro Kleingruppe; ein langes Seil, um am Boden den Umriss eines großen Kirchengebäudes zu legen.

Verlauf

Teil 1: Die Kirche begehen[2]

 **EINSTIEG**   **Ankommen**
Sammeln, um gemeinsam in die Kirche zu gehen.

Begrüßung
„Schön, dass ihr da seid. Nein, ich lasse euch heute nicht in den Gemeinderaum. Wir gehen gleich hinüber zur Kirche. Wir wollen etwas ausprobieren: Wie weit ihr euch einleben könnt, in der Kirche. Ihr werdet Psalmworte sprechen, euch auf eine Traumreise begeben, einen Lieblingsplatz suchen und Interviews führen. Achtet dabei auf euch selbst: Wie fühlt sich Kirche an? – Der Weg nach drüben ist bereits ein erster Versuch …"

Aufgabe
„Wenn früher die Israeliten zu den großen Festen nach Jerusalem zogen, zum Tempel, dann sangen sie, um den Weg zu verkürzen, Psalmen. Einer sang vor – die anderen sangen nach. Ich habe hier einen Psalmtext – zerlegt in Sprechabschnitte. Ich brauche eine/n von euch – eine/n mit einer kräftigen Stimme – als Vorsprecher/in (keine Sorge, wir singen nicht!) …" (**M3.1**)

M3.1

Die Gruppe formiert sich zu einer Prozession; Vorsprecher/in (ggfs. Teamer/in) ruft rhythmisch skandierend, die anderen bilden das Echo / den Chor. Die Gruppe „schreitet" zur Kirche.

 **ENTDECKEN**   **Einzug**
Wenn das Skandieren gut klappt, wird es in der Kirche noch für einen ersten Rundgang fortgesetzt. (Lautstärke variieren, Akustik der Kirche erproben!) Die Prozession endet am Altar, wo die Konfis Platz nehmen (am Boden).

Fantasiereise mit Segen

M3.2

Die Konfis werden – z. B. mit **M3.2** – in ihrer eigenen Erfahrungswelt abgeholt und eingeladen, sie zu aktivieren und zu erweitern. Anschließend werden ihre Erfahrungen mit einem Stück Tradition verbunden: dem aaronitischen Segen. Kirche und Konfis „sprechen" miteinander.

Umschau
Zu Orgelmusik verteilen sich die Konfis in der Kirche. Sie erhalten für ihren Weg ein brennendes Teelicht und eine Karte; im *konfi live Begleiter* finden sie eine Auswahl von Bibelworten (S. 75 / 77 / 79 / 81).

---

2 Nach Vorschlägen von K. Meyer, in: ders., Wie die Konfis zur Kirche kommen. Fragen, Erfahrungen, Konzepte, Göttingen 2012.

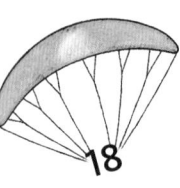

UNSERE KIRCHENGEMEINDE

Aufgabe

„Sucht einen Lieblingsplatz; dort stellt ihr die Kerze ab und lasst euch nieder. Sucht ein Bibelwort aus und schreibt es auf die Karte. Lest euren Spruch auf verschiedene Art und Weise: leise, laut, hell, dunkel …"

 DEUTEN

Die Gruppe trifft sich am Altar wieder und schreitet gemeinsam die mit brennenden Kerzen markierten Lieblingsplätze ab. Wer mag, kommentiert seine Wahl.

Lasst euch Zeit. Bleib bei jeder Station noch einen Augenblick stehen und lasse den Ort und das Wort auf dich wirken.
Wer will, kann seinen Bibelvers auch von der Kanzel / vom Altar / von der Empore sprechen.

Positionieren

Die Antwortkarten der Konfis auf Frage 3a sind im Vorraum ausgebreitet.[3] Sie werden gesichtet und verglichen. Jeder Konfi nimmt eine Karte. Gruppenfindung: Es sollen sich Gruppen mit möglichst unterschiedlichen Einrichtungsgegenständen bilden. (Ideal: Orgel, Altar, Kirchenbank, Kanzel)

Inzwischen sind die Ansprechpartner eingetroffen; sie nehmen in der Kirche Plätze ein, die die Antwortkarten der Konfis nahelegen: Orgel, Altar, Kirchenbank, Kanzel.

Aufgabe

„Geht als Kleingruppe zu den Einrichtungsgegenständen, die auf euren Karten skizziert sind. Vergleicht mit der Skizze, haltet fest, was euch auffällt; wenn ihr eine Person dort vorfindet, fragt sie: Wer sie ist, was sie dort tut (im Gottesdienst); befragt sie über ihre Rolle und Aufgabe im Gottesdienst / in der Gemeinde / in der Kirche. Lasst sie in den Konfi-Begleiter (S. 104 / 5) eintragen: Aufgabe und Unterschrift."

Sichern

Zurück im Gemeindesaal bleiben die Kleingruppen zusammen und tauschen sich aus. Jeder Konfi notiert für sich im *konfi live Begleiter* (S. 102): Was ist Kirche? Dies dient als Grundlage für die folgende Runde.

 GESTALTEN

Aufgabe: Skulpturen / Standbild / Pantomime

„Gebt dem Wort *Kirche* eine Gestalt, also: Stellt dar, was *Kirche* für euch ist. Als Material stehen euch nur eure Körper zur Verfügung, keine Requisiten, keine Sprache."
(Davor kann es in der Gesamtgruppe eine Auflockerungsphase geben.)

Ausstellung

Wenn die Gruppen fertig sind, stellt die erste ihr Bild vor / spielt ihre Szene. Die anderen sind die Ausstellungsbesucher/innen / Zuschauer/innen. Sie machen sich

---

[3] Sollte der Fall eintreten, dass nur ein oder zwei verschiedene Motive skizziert wurden, ist auch das ein Ergebnis. – Dann werden gemischte Gruppen gebildet mit dem Auftrag, Ansprechpartner in der Kirche zu suchen und nach ihrem jeweiligen Ort zu befragen.

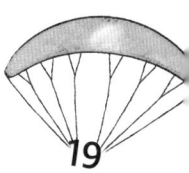

Notizen und gehen weiter; die nächste Gruppe führt vor). Der Austausch über das Gesehene / Erlebte erfolgt, wenn alle Schaustücke wahrgenommen worden sind.

Pause

Teil 2: Die Kirche füllen

EINSTIEG **Planung**
„Ihr habt das Gebäude Kirche erlebt, aber auch Menschen, die in der Kirche arbeiten. Auch dieses Gemeindehaus gehört zur Kirche, auch das Haus des Pfarrers, auch der Kindergarten, die Sozialstation ... das alles ist Kirche, Kirchengemeinde. Nicht zuletzt ihr: Konfis sind Kirche. Darum wollen wir im zweiten Teil mit euch überlegen: Was könnte eure Rolle sein?"

ENTDECKEN **Begehung**
Vor der Flippchart werden Antwortenkarten (Frage 3b) der Konfis vorgelesen: Jeder Konfi liest, was er gerade sieht, laut vor – abwechselnd, freiwillig.

Anschließend gehen die Konfis wieder in ihre Kleingruppen. Dort liegen Gemeindebriefe und Bastelmaterialien.

Aufgabe 1
Unsere Gemeinde: Ist-Zustand
„Sichtet den Gemeindebrief; welche Personen, welche Themen, welche Termine werden präsentiert? Notiert Stichworte auf eurem ersten Plakat, je eines pro Karte."

DEUTEN

Lasst euch Zeit. Überlegt, was ihr entdeckt habt: auf den Antwortkarten und im Gemeindebrief. Du kannst einige Ideen in deinen *konfi live Begleiter* schreiben (S. 106 / 107).

GESTALTEN **Aufgabe 2**
„Auf dem zweiten Plakat entwerft ihr eine weitere Seite für den Gemeindebrief: Stellt euch vor und schreibt, skizziert, zeigt: Was würdet ihr in der Gemeinde tun / verändern / neu einführen?"

Präsentieren / Begehen
In einer großen freien Mitte wird mit einem Seil der Umriss eines Kirchengebäudes gelegt. Da hinein legen die Gruppen ihre Plakate. – 1) Vergleich der Ist-Zustands-Beschreibungen: Was betonen die Gruppen? Was wird evtl. übersehen? – 2) Die Ideen werden vorgelesen und gewürdigt (nicht gewertet!)

ABSCHLUSS Im Kreis: Vaterunser, Segen, Segenslied

Mehr

Nachhaltigkeit und Weiterarbeit

> Die Konfis vertiefen ihre erste Begegnung mit dem Raum Kirche und den Repräsentanten, indem sie zu zweit jeweils für einen festzulegenden Zeitraum hospitieren, z. B. bei Messner/in / Küster/in, dem Friedhofsgärtner, der Diakonin oder auch der Redaktion des Gemeindebriefes.
> „Gemeindebrief-Konfis" nehmen die Gestaltungen ihrer Mitkonfirmanden mit in die Redaktion und gestalten eine Seite, auf der die Konfis und ihre Ideen vorgestellt werden.
> Eine Abordnung der Konfis stellt auf der nächsten Kirchenvorstandssitzung sich und ihre Ideen vor und zur Diskussion.

Arbeit mit dem *konfi live Begleiter*

S. 86: Platz für ein Foto der eigenen Kirche

S. 87: Zur Vergewisserung: die Einrichtung der Kirche – zum Beschriften

S. 104 / 105: Platz für die Namen und Aufgaben der Gemeindeglieder, die die Konfis kennenlernen.

S. 113: Platz für eigene Gedanken

S. 83–101: Die Seiten zum Thema geben Einblicke: Was ist alles Kirche?

Alternative / ergänzende Ideen

Die Prozession zur Kirche ... ist auch von den räumlichen Gegebenheiten abhängig; wenn der Weg weit ist und durch „Öffentlichkeit" führt, werden die Konfis nicht mitmachen wollen. Vielleicht lassen sie sich eher auf eine „Demo" ein. Dazu brauchen Sie einen Vorlauf: Die Konfis beschriften Transparente mit Sprüchen der gemeinsamen Kirchenbegehung: „Kirche, was bist du?", „Frischer Wind für die Kirche!", „Nicht nur an Weihnachten!" o. ä. (oder ganz anders).

KA inklusiv: Beim Positionieren in der Kirche mit Kerze und Spruch können auch Paare gebildet werden.

Vier Stationen zum Thema „Gemeinschaft"

UNSERE KIRCHENGEMEINDE

4 Einander annehmen: Diakonie

Zur Einführung für Pfarrer/in und Team In Zeiten von Integration und Inklusion ist es zu wenig, wenn „die Normalen" die „Behinderten" besuchen und Anteil nehmen. Es geht vielmehr darum, den Nächsten in seiner Einzigartigkeit und Würde zu entdecken, bald mit dieser, bald mit jener individuellen Schwäche und Stärke. Gottes Liebe umfasst alle: Gymnasiasten, Haupt- und Förderschüler, In- und Ausländer, Menschen mit und ohne Handicap. Und so auch die Nächstenliebe. Einzuüben ist vor allem Empathie: Wenn ich spüre, wie es dem anderen geht, dann kann ich auch auf ihn zugehen bzw. eingehen.

Teil 1: Figuren formen; nachdenken über Vielfalt und Einzigartigkeit, Gott den Töpfer
Teil 2: Eine Diakonieschwester erzählt von ihrer Arbeit. Geschichten erkunden

Material / Vorbereitung

M4.1
M4.2

M4.3

Teil 1: die Antwortkarten der Konfis Nr. 4. Spruchband / Plakat 2 Kor 12,9 (**M4.1**); Märchen **M4.2**; Ton / Ton oder Modelliermasse, Pappe, Papier, Stoff, Watte, Steine, Stöcker, Blüten, Zapfen ... Kleber, Stifte; Bilderrahmen (etwa 1,20 m mal 1,00 m Lattenrechteck) oder alter Fensterrahmen ohne Glas mit Schild „Handgemacht von Gott" (**M4.3**).

M4.4

Teil 2: Ton (Modelliermasse), Bastelmaterial: kleine Ziegel (Spielwaren: Lehm, Ton oder Plastik) und Sand; Geschichte vom See Betesda (Joh 10, **M4.4**)

Eine Diakonieschwester (o. ä.) wird in die Gruppe eingeladen.

Verlauf

 **EINSTIEG**   **Ankommen**
Stellprobe: Stellt euch mal bitte in Gruppen auf: alle Langhaarigen hier – alle Kurzhaarigen da; (Jungs und Mädchen; Dreizehnjährige und Ältere; Langhaarige und Kurzhaarige; Hose / Rock; Brille und ohne Brille …)

Andacht
z. B. mit A4

Begrüßung
„Schön, dass ihr da seid – so wie ihr seid: klein und groß, langhaarig und kurzhaarig, gut gelaunt oder brummelig, Sänger und Nicht-Sänger, Maler, Sportler, Faultiere … Jede und jeder von euch ist anders, jeder und jede von euch ist eigen. Das wird heute unser Thema sein: Stärken und Schwächen und wie man sich gegenseitig stärken kann."

Teil 1: Handarbeit

 ENTDECKEN   **Lesen und rufen**
M4.1   In der Mitte liegt **M4.1**. Die Antwortkarten der Konfis (Nr. 4) gehen von Hand zu Hand: eine Sammlung individueller Schwächen (wessen, wissen wir nicht). Anschließend Gedächtnisprotokoll: „Was können manche Leute nicht so gut? Was habt ihr gelesen?" Nach jeder Nennung intonieren die Teamer den Kehrvers: „Gottes Kraft ist in
M4.1   den Schwachen mächtig." (**M4.1**)

 **DEUTEN**

 Lasst euch Zeit. Überlege, wie das wirkt – die Schwächen und der Zuspruch. Wie ist dieser Zuspruch überhaupt gemeint? Was könnte er bedeuten, bewirken? Du kannst einige Gedanken in deinen *konfi live Begleiter* schreiben (S. 114).

Hören
M4.2   Pfarrer/in / Team trägt das Märchen (**M4.2**) als Traumreise vor; die Konfis haben dabei eine kleine Kugel Lehm in der Hand und formen sie mit geschlossenen Augen, ganz nach Belieben.

 Lasst euch Zeit: Horche auf den Nachhall der Geschichte (Gott planscht im Wasser, Gott läuft und springt, Gott töpfert …) Schreib etwas über Gott und dich in deinen *konfi live Begleiter* schreiben (S. 38).

Gespräch: Geht es hier eigentlich um Gottes Gestalt? Oder um etwas ganz anderes? (Freude an der Schöpfung, Leichtigkeit, Unvollkommenheit …) Und was ist unter euren Händen entstanden? Seht es an! Ist es so geworden, wie ihr wolltet? Oder überraschend anders?

 **GESTALTEN** Ausstellungsfläche
Die Konfis ziehen sich allein, zu zweit oder in Kleingruppen zurück und gestalten eine Präsentationsfläche / den Auftritt für ihre Figuren.

Aufgabe
Deine Figur soll als Kunstwerk präsentiert werden. Schaffe ihr eine passende Umgebung, bringe ein Schild an: Name und Titel: „Handgemacht". Fotografiere das Ergebnis; du kannst ein Foto davon in deinen *konfi live Begleiter* einkleben (S. 103).

Begehung
Die Ausstellung wird besichtigt; Abschlussüberlegung: Und so, dürfen wir glauben, sind auch wir „handgemacht von Gott".

Auftritt und Foto-Shooting
Jede/r Konfi – „handgemacht von Gott". Eine „Bühne" wird eingerichtet. Die Konfis posieren und fotografieren sich gegenseitig mit dem Rahmen und dem Schild: „Handgemacht von Gott" (**M4.3**).

M4.3

Pause

Teil 2: Aus Liebe

 EINSTIEG Die Vertreterin / der Vertreter der diakonischen Einrichtung, die vorgestellt werden soll, ist eingetroffen und steht mit im Kreis.

Begrüßung
Einführung des Liedes: „Du bist du / Vergiss es nie" von Jürgen Werth (*konfi live Begleiter*, S. 31; oder eines Liedes vergleichbaren Inhalts)

Überleitung
„Dass jeder von uns Schwächen und Stärken hat und dass das ganz okay ist so – das habt ihr schon herausgefunden. Etwas Weiteres kommt noch dazu: Gerade weil wir so verschieden sind, können wir einander großartig helfen. Einer unterstützt den anderen – was bekommen wir da alles zu Stande!"

Skulpturen bauen
Mehrere Gruppen treten gegeneinander an: Welche Gruppe bekommt ein Gesamtstandbild auf der geringsten Grundfläche hin?

 **ENTDECKEN** Begrüßung des Gastes

Vortrag
Gast stellt Arbeitsbereich und eigene Aufgaben vor. „Stärke", „Schwäche", „einander helfen" bekommen eine neue Qualität, wenn es um gravierende Beeinträchtigungen geht: Alter, Behinderung, Krankheit.
Zeit für Nachfragen

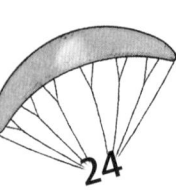

DEUTEN Zeit für eine Murmelphase, zum Füße Vertreten und Auszeit

Lasst euch Zeit. Überlege, was du gehört hast. Lies im *konfi live Begleiter* über die Erfahrungen eines FSJ'lers mit der Arbeit in der Diakonie (S. 96).
Anschließend noch einmal Plenum:

Fragerunde
Teamer/innen stellen die Frage in den Raum: Ein besonders schwerer Beruf? – Warum hat der Gast ihn ergriffen? Was gefällt ihm daran? Was ist schwer, was ist leicht, was macht froh? (Die Konfis klinken sich mit weiteren Fragen ein.) – Verabschiedung des Gastes mit Dank.

GESTALTEN Die Konfis gehen in Kleingruppen mit ihrem Teamer/ihrer Teamerin; versammeln sich um den Arbeitstisch. Darauf: kleine Lehmziegel, Sand, Ton.[4]

M4.4

Erzählen und visualisieren
Teamer/in erzählt (**M4.4**) von den Kranken und Gebrechlichen am See Betesda … Die Konfis formen den See aus Ton und bauen Grundrisse der Hallen. Jede/r knetet eine eigene Figur und eine Unterlage.

Positionieren
Einzeln positionieren die Konfis ihre Figuren um den See. Die Figuren erzählen, wer sie sind, was ihnen fehlt, was sie hoffen …

Erzählen und theologisieren
Nachdem die Konfis Zeit hatten, sich in ihren Rollen einzufinden (Teamer kann zwischendurch immer wieder einwerfen, dass alle warten und nichts passiert), erzählt Teamer weiter: Wie Jesus kommt und den einen von den vielen heilt. Und weitergeht … (Erfahrungsgemäß entwickelt sich dann ein Gespräch über Gerechtigkeit und Ungerechtigkeit – und darüber, wie die Verbliebenen sich vielleicht untereinander besser unterstützen könnten …)

Aktion endet mit Aufräumen und bewusstem Aussteigen aus der Rolle; offene Fragen werden im *konfi live Begleiter* notiert (z. B. S. 48/49 im Zusammenhang mit der Heilung des blinden Bartimäus).

ABSCHLUSS Im Kreis: Segenslied und/oder Segen

---

4 Idee von Bernd Hillringhaus, Hildesheim.

Mehr

Nachhaltigkeit und Weiterarbeit

Der Vorstellung der Diakonie in der Konfi-Stunde kann ein Gegenbesuch folgen: Konfis besuchen die Einrichtung.

Arbeit mit dem *konfi live Begleiter*

S. 96 / 97, die Vorstellungen von „Diakonie" und „Brot für die Welt" verweisen auf Internetseiten, die die Konfis erkunden können. Hier erhalten sie einen lebendigen Eindruck von Projekten und Mitmach-Möglichkeiten.

S. 48 / 49, Bartimäus, und S. 50 / 51, Samariter, sind die biblischen „Klassiker" diakonischen Handelns; die Neu-Erzählungen können mit den Originaltexten verglichen und auf diese Weise neu erschlossen werden.

Alternative / ergänzende Ideen

Das Märchen … kann anders aufgenommen werden, nicht mit Knetmasse, sondern mit freiem Tanz: Nach der Erzählung spielen Sie meditative Musik und animieren dazu, dass sich die Konfis frei im Raum bewegen … Danach kommt dann der Bilderrahmen zum Einsatz.

Der Rahmen … ist verzichtbar, jedoch ein attraktives Requisit, um die Selbstdarstellung zu „formatieren" – und versinnbildlicht überdies den Gedanken der (Gottes-eben-)Bildlichkeit.

KA inklusiv: Sowohl das Kneten als auch der Tanz sind sinnliche Elemente, die verschiedenen Jugendlichen gerecht werden – andere wiederum auch ausschließen. Hier muss das Angebot ggfs. abgewandelt werden.
Heilungswunder zusammen mit Menschen mit Behinderung zu besprechen, ist eine anspruchsvolle Herausforderung, oft auch besonders intensiv. Wichtig: Vorher überlegen, ob die Gruppe dafür „reif" ist!
Der Expertenbesuch kann auf die besondere Konstellation in der Konfigruppe zugeschnitten sein; da kommt dann etwa die Betreuerin / der Betreuer eines der Konfis mit Handicap.

Bibelarbeit „Bartimäus" (digitales Zusatzmaterial)
Bibelarbeit „Barmherziger Samariter" (digitales Zusatzmaterial)

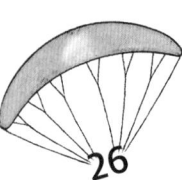

EINANDER ANNEHMEN: DIAKONIE

Neuland betreten: Gottesdienst

Zur Einführung für Pfarrer/in und Team *"Und? Wie war's?", fragt der Teamer die Konfirmandin, die zum ersten Mal in ihrer Konfizeit im Sonntaggottesdienst war. Die Konfirmandin zögert. "Es war … es war … wie Gottesdienst eben."*[5] *Gottesdienst ist so fremd für Jugendliche, dass sie nicht einmal eine Bewertungskategorie dafür haben. Fremdworte – angefangen bei "Gott" über "Gnade", "Sünde", "Erbarmen" bis hin zum "Kreuz". Gar nicht zu sprechen vom "Kyrie" und "Gloria"; der Ablauf: viel hören, ein wenig singen, ab und zu aufstehen. Das Ganze auf den einen fokussiert, den schwarzgewandeten "Vorturner". Nein, dafür gibt's keine Worte. – Welches Ziel soll der Konfirmandenunterricht in Hinblick auf den Gottesdienst verfolgen? Dass sie mitmachen können, dass sie gern mitmachen? Dass sie ihn mitgestalten?*

Teil 1 ist ein gemeinsamer Gottesdienstbesuch – mit Antwort-Möglichkeit

Teil 2 ist eine probeweise Erschließung liturgischer Elemente; hierfür brauchen Sie idealerweise einen ganzen Tag, sonst zwei Nachmittage oder etwa drei Konfi-Stunden.

Material / Vorbereitung

Der gemeinsame Gottesdienstbesuch wird vorher verabredet; Einzug, Sitzen in Kleingruppen werden besprochen. Der Altarschmuck für den Gottesdienst steht im Vorraum des Gemeindehauses bereit, so dass die Konfis ihn in die Kirche tragen können. (Verabredung mit Küsterin und einigen Gottesdienstbesuchern, die Konfis zu empfangen, s. Ablauf), Blanko-Karten.

M5.1	Im Konfiraum: Antwortkarten der Konfis Nr.5, Feedbackwürfel **M5.1**, Aussagen zum
M5.2, M5.3	Gottesdienst **M5.2**; Anspiel **M5.3**; Plakate und Pinsel / Farbe (oder: Sprühkreide!) für jeden Konfi. *Konfi live Begleiter*, Bibeln
M5.4	In der Kirche: "Gloria", "Kyrie", "Wort Gottes", "Segen" (**M5.4**, groß kopiert auf 4 Plakate), Talar, Beffchen, Albe, Stola. Für jeden Konfi eine Kerze (mit Manschette oder
M5.5	Teelicht im Becher. Meditation Gnade / Erbarmen (**M5.5**). Karten und Stifte.

---

5 Aus der Konfirmandenstudie von Karlo Meyer, dokumentiert in: ders., Wie die Konfis zur Kirche kommen, Göttingen 2012, 12.

Verlauf

Teil 1: Gottesdienst erleben

EINSTIEG

Ankommen (eine Viertelstunde vor Gottesdienstbeginn)
Sonntagmorgen, eine Viertelstunde vor Gottesdienstbeginn. Die Konfis treffen sich im Gemeindehaus.

Begrüßung
„Gottesdienst ist wie anderes Land, ein Land der Begegnung, mit Menschen, vielleicht auch mit Gott. Es ist Neuland, anders als der Alltag. Wir werden dieses Land jetzt kurz besuchen, für eine Stunde. Schaut euch darin um, hört euch um, riecht und fühlt, nehmt wahr ... Wenn einer eine Reise macht, schreibt er Ansichtskarten. Das wünsche ich mir von euch auch: Schreibt mir nachher, wenn ihr zurück seid, eine Postkarte – ihr könnt sie gestalten, wie ihr wollt, Hauptsache, sie spiegelt euren Eindruck von dem neuen Land ..."[6] (Jeder Konfi erhält eine Blanko-Postkarte)

Einzug
Die Konfis gehen zusammen mit den Teamer/inne/n zur Kirche; dabei tragen sie die Altarbibel, Kerzen, Blumen; sie gehen feierlich durch den Mittelgang nach vorn, wo Messner / Küsterin schon wartet, um bei der Ablage der Dinge Regie zu führen.

Einige Gemeindeglieder sind gebeten, die Konfis (je in ihren Kleingruppen) am Altar abzuholen und zu sich in ihre Bankreihe einzuladen. Die Konfis gehen zu ihren Reihen; bleiben stehen, bis sie sich auf ein Zeichen (des Pfarrers / der Teamer) alle gemeinsam setzen.

ENTDECKEN /

DEUTEN /

GESTALTEN

Die Konfis erleben zum zweiten Mal in der Konfizeit den Raum Kirche – diesmal jedoch nicht im freien Erkunden, sondern als Schauplatz der Gottesdienstfeier im „anderen Land". Einleitung und Fragestellung sollen die Wahrnehmung schärfen. Die leere Karte dient im Anschluss als Anregung zur Reflexion – und lädt schließlich zur Gestaltung ein.

Teil 2: Gottesdienst verstehen und gestalten

EINSTIEG

Pfarrer / Pastorin bringt die Karten, die er / sie erhalten hat, mit, um sie zu zeigen; gibt sie aber nicht aus der Hand. Die Konfis haben *ihm / ihr* geschrieben, nicht der Gruppe.

Begrüßung
„Seht, was ich bekommen habe. Erinnert ihr euch? An eure Reise letzten Sonntag, eure Reise in ein anderes Land? Ihr habt schon darüber nachgedacht und euch für euch selbst mit den Reiseeindrücken auseinandergesetzt. Heute tauschen wir uns als Gruppe darüber aus und lernen das Land ein wenig besser kennen ..."

---

6 Idee von Rainer Claus, Heppenser Kirche in Wilhelmshaven, vielfach erprobt.

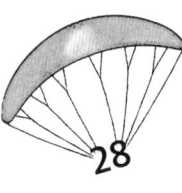

NEULAND BETRETEN: GOTTESDIENST

M5.1

Feedback

Ein Feedback-Würfel (**M5.1**) macht die Runde. Mit Flaschendrehen wird ermittelt, wer jeweils würfeln darf.

Annäherung

M5.2

Im Sitzkreis: Die Antwortkarten der Konfis Nr. 5 gehen von Hand zu Hand: *Gutes am Gottesdienst.* Dazu lesen sie die entsprechenden Statements auf Karten **M5.2**. Die Konfis bedenken das Gelesene still. Murmelphase.

M5.3

Die Teamer zeigen das Anspiel: „Wem dient der Gottesdienst?" (**M5.3**) Spontane Aussprache.

Überleitung

„Eure erste Reise in das Land Gottesdienst war ziemlich unvorbereitet. Auf eine Auslandsreise bereitet ihr euch vermutlich besser vor. Wenn ihr Klassenfahrten macht, erarbeitet ihr vielleicht Referate, seht Filme … Für die Reise ins Gottesdienstland ist der *konfi live Begleiter* euer Reiseführer (S. 117–125). Und heute kann ich euch eine Tour mit Reiseleitung anbieten. Wir besuchen gemeinsam die wichtigsten Stationen des Gottesdienstes. (Credo und Vaterunser lassen wir aus; die lernen wir später noch kennen!)

Bevor es losgeht und wir hinübergehen in die Kirche, ist noch eines zu bedenken: Wenn ihr in ein fremdes Land einreisen wollt, braucht ihr einen Reisepass, vielleicht sogar ein Visum. Für den Gottesdienst braucht ihr das nicht. Ihr bringt euch selbst mit. Das genügt. Um das deutlich zu machen: bringt euren Namen mit – in einer von euch gestalteten Form: …"

Aufgabe

„Gestaltet euren Namen. Dazu stehen jedem ein Plakat und Farben / Pinsel (Spray) zur Verfügung."

**ENTDECKEN /
DEUTEN**

Begehung mit vier Stationen: Einzug, Begrüßung, Verkündigung, Sendung.

Station 1: Einzug

Die Konfis ziehen mit ihren Namensschildern in die Kirche ein. Es brennen Kerzen. Die Konfis entscheiden / probieren, wohin sie sich als „Reisegruppe" setzen.

Lasst euch Zeit. Überlege: Wie nah möchte ich dem Altar sein / der Kanzel / anderen Gottesdienstteilnehmenden?

„Der Pfarrer / die Pastorin und das Team sind die Reiseleitung. Damit ihr die Reiseleitung leicht erkennen könnt, trägt sie ein besonderes Outfit."
Gezeigt werden Talar, Albe, Beffchen und Stola. Die Konfis dürfen anprobieren.

Lasst euch Zeit. Überlege: Wie fühlt sich das an, in einem „schwarzen Kleid" zu gehen, die Stufen zur Kanzel emporzusteigen? Wie verändert sich dein Mit-Konfi, wenn er die Amtstracht anlegt?

Austausch über Form und Farbe. (Info: Der Talar soll unauffällig sein – es geht um das Land, nicht um den Reiseführer!, es soll keine Konkurrenz zwischen den Reiseleitern geben. Der Talar ist das vorgeschriebene Kleidungsstück für lutherische Pfarrer/innen. Aber: Schwarz für fröhliche Feste? Manche Pfarrer/innen tragen inzwischen bei Hochzeiten, Taufen, zu Ostern oder in der Christnacht eine Stola und / oder einen weißen Talar. Exkurs: liturgische Farben.)

Station 2: Begrüßung

„Als Erstes wird der Herr des Landes begrüßt – ob er sich zeigt oder nicht. Wir loben ihn und lassen ihn hören, dass wir uns freuen, sein Land besuchen zu dürfen. Gloria (Schild am Altar aufstellen) heißt Ehre – zur Begrüßung erweisen wir Gott Ehre."
„Allein Gott in der Höh" wird vorgesungen. Die Konfis schlagen den *konfi live Begleiter* auf und fallen ein … (S. 120)

Lasst euch Zeit. Überlege: Dieses Lied, diese Sprache ist sehr alt … Passt es zu dir? Vielleicht ist es auch gut, dass es nicht so ganz zu dir passt?

Die Konfis schreiben Vorschläge, was sie Gott zur Begrüßung sagen möchten, auf Karten, die zum Altar getragen werden.
Das „Kyrie" wird geübt; anschließend kann auch ein Taizé-Kyrie gesungen werden.

Lasst euch Zeit: Überlege: Gnade, Erbarmen … Wie fühlt sich das an? Was mag das sein?

M5.5

Die Gruppe bedenkt die Begriffe „Gnade / Erbarmen" in einer Meditation (**M5.5**); sie schreiben Vorschläge, was sie Gott über sich selbst sagen möchten, auf Karten und tragen sie zum Altar.

Station 3: Verkündigung

„Jetzt sind wir angekommen. Wir sehen uns um, wir hören uns um. Was ist das Besondere an diesem Land? Wir hören Worte Gottes, die uns gut tun. Die uns von Gott erzählen. Von Gottes Willen. Von Gottes Liebe zu uns. Von der Hoffnung, die Gott schenkt." Das Schild „Wort Gottes" wird aufgestellt.

Die Konfis suchen im *konfi live Begleiter* das Psalmwort, das sie schon bei der ersten Kirchenbegehung gesprochen haben, – oder auch ein anderes aus der Bibel. Wer will, liest sein Wort vom Lesepult oder von der Kanzel. Wer will, zieht dazu den Talar an. Zwischen den Beiträgen: singen oder meditative Musik.

Lasst euch Zeit. Überlege: „Gottes Wort, das Menschen gut tut" – kannst du das auch mit deinen eigenen Worten sagen?

Die Konfis schreiben Vorschläge, was sie von Gott verkünden wollen, auf Karten, legen sie auf den Altar oder lesen auch vor.

Station 4: Sendung

„Wenn wir Gottes Wort gehört haben, sind *wir* wieder an der Reihe: Was hoffen wir von diesem Gott – für uns und für andere?" Wir können ihn bitten. Das geschieht im Gebet."

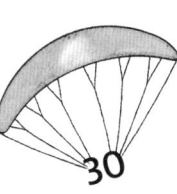

Die Konfis bilden zwei Reihen. Je zwei nehmen ihr Namensschild auf und treten damit an den Altar. Sie sehen zum Kreuz oder auf das Licht ihrer Kerze. Sie können im Stillen zu Gott sprechen. Anschließend gehen sie zurück zum Ende ihrer Schlange. Wenn sie stehen, tauschen sie das Namensschild mit ihrem Partner. Jede/r Konfi steht zweimal am Altar, einmal im eigenen Namen, einmal im Namen eines anderen – Bitte und Fürbitte.

„Was sagt deine Mutter/dein Vater, wenn du aus dem Haus gehst? Morgens zur Schule oder vielleicht auf eine Freizeit, eine Reise für mehrere Tage?" – „Von Gott bekommen wir auch etwas mit, wenn wir den Gottesdienst verlassen." Das Schild „Segen" wird aufgestellt.

„Segen ist kein Schutzschild gegen Schmerz und Leid. Segen ist aber die Zusage Gottes: Wo du hingehst, da gehe ich auch hin. Ich lasse dich nicht allein. Ich gebe dir Gnade, Kraft und Hoffnung."
Der Pfarrer/die Pastorin zieht den Talar an und erteilt den aaronitischen Segen.

Lasst euch Zeit. Spüre dem Segen nach. Wie hat er sich angehört, angefühlt? Konntest du ihn spüren? Du kannst einige Gedanken in deinen *konfi live Begleiter* schreiben (S. 128).

Gespräch über Segensgesten und Segensworte. (Info: Jede/r kann Segen weitergeben!) Die Konfis bilden ein Segensdach für jeden einzelnen Mit-Konfi. Dabei können eigene Segensworte erprobt werden. Anschließend werden die Kerzen gelöscht, die Plakate aufgehoben und mitgenommen. Auszug.

Pause

 EINSTIEG

Die Plakate „Gloria", „Kyrie", „Wort Gottes" und „Segen" werden auf 4 Stationen im Konfiraum verteilt. Die Karten, die in der Kirche zu den ersten drei Plakaten beschriftet worden sind, liegen gut gemischt bereit. Die Konfis erhalten in Gruppe je einen Teil der Karten und ordnen sie zu. Anschließend Begehung: Stimmt alles?

 **DEUTEN**

Lasst euch Zeit. Besinne dich: Was geschieht an welcher Station? Und was bedeutet das? Blättere durch das Gottesdienst-Kapitel deines *konfi live Begleiters* (S. 115–128).

Aufgabe
> Verteilt euch auf die Stationen.
> An jeder Station sind im Team folgende Aufgaben zu lösen:
>> Welche Haltung/Geste passt zu dieser Station? (Soll später vorgeführt werden!)
>> Gestaltet das Plakat, so dass das Besondere der Station deutlich wird.
>> Zusatzfrage: Wie könnte diese Station in Zukunft attraktiv gestaltet werden?

GESTALTEN **Stationenarbeit**
Möglichst begleitet je ein Haupt-/Ehrenamtlicher die einzelnen Gruppen. Zur Gestaltung können außer Farben/Spray auch Naturmaterialien zur Verfügung stehen.

Präsentationen

Die Präsentationen finden wiederum in der Reihenfolge der Gottesdienstelemente statt. Die Konfis gestalten sozusagen einen eigenen Gottesdienst (Überlegen Sie, ob Sie dazu wieder in die Kirche gehen.)

Mehr

Nachhaltigkeit und Weiterarbeit

Die Gestaltungen der Gottesdienstelemente können die Gruppe die Konfizeit über begleiten – eine sinnliche Erinnerung daran, wie der Gottesdienstablauf erarbeitet wurde.

Solche Karten aus dem „Neuland Gottesdienst" können die Konfis noch bis zu viermal nach einem Gottesdienstbesuch schreiben; es können auch Gottesdienste dafür verabredet werden, z. B. einer mit Taufe, eine Passionsandacht, ein Familiengottesdienst, ein Adventsgottesdienst o. ä.

Arbeit mit dem *konfi live Begleiter*

S. 118–125: Hier sind der Gottesdienstablauf und die liturgischen Stücke mit Gemeindebeteiligung bleibend festgehalten und können jederzeit nachgeschaut werden.

S. 32–35: Hier finden sich Psalmen (als Beispiel für Gebete und Lob Gottes)

S. 75 / 77 / 79 / 81: Starke Worte aus der Bibel (als Grundlage der Verkündigung)

S. 193–195: die Sonntage des Kirchenjahres – als Unterschriftensammlung

Alternative / ergänzende Ideen

Namensschilder: Die aufwändige Gestaltung der Namensschilder für Teil 2 kann abgekürzt werden, indem die Konfis ihren Namen einfach auf eine Moderationskarte schreiben. Oder Sie verwenden die Lattenkreuze aus Einheit 1.

M5.6 — *Anspiel:* Anstelle des Anspiels Rollenkarten für die Konfis (**M5.6**); sie versetzen sich in Gottesdienstbesucher und erzählen, was sie (= diese) dort suchen / finden.

KA inklusiv: Achten Sie darauf, dass sinnliche Erfahrungen im Vordergrund stehen: Kerzen, Musik …

Feiern, weil Gott uns liebt: „Fest" als Alternative zur Metapher „Reise": digitales Zusatzmaterial (mit dem „Verlorenen Sohn" und dem „Großen Festmahl").

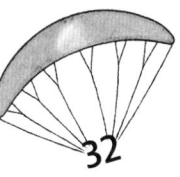

Das Zeichen des Kreuzes

Zur Einführung für Pfarrer/in und Team Das Zeichen des Kreuzes – ohne Korpus für viele heute einfach ein Hinweis auf Tod oder Leiden; mit Korpus untrennbar mit Kirche verbunden, Hoffnungszeichen und Ärgernis: Wer ist der Mann am Kreuz? Warum muss er leiden und sterben? Und: Was hat das mit mir zu tun?

In ihrer empirischen Untersuchung jugendlicher Kreuzesverständnisse stößt Michaela Albrecht[7] auf drei Vorstellungszusammenhänge: Die einen zitieren die Lehre vom Tod Jesu „für unsere Sünden", die anderen sehen den Kreuzestod Jesu als Konsequenz seines Lebens, die dritten betrachten den Gekreuzigten als Vorbild: So furchtlos und selbstlos wie Jesus müsste man sein – Leiden in Kauf nehmen für seine Freunde.

Jugendliche leiden mit, wenn sie von fremdem Leid erfahren. Sie haben noch nicht so eine dicke Haut wie die Älteren. Wenn ihnen selbst Leid widerfährt, fehlt es an Lebenserfahrung, damit umzugehen. Das Angebot, das ihnen die Gemeinde machen kann: Raum für Trauer und Schmerz. Ein Ohr für Fragen. Zuspruch, Trost. Klage darf laut werden und findet ein Gegenüber: im Nächsten und bei Gott.

Das Thema Kreuz ist zu groß für eine Einheit; die Einheiten 9 und 10, Vergebung bzw. Abendmahl, sind soteriologischen und sakramentalen Aspekten gewidmet; hier geht es – neben einer Erhebung und Reflexion der Vorverständnisse – um Leid, Mitleid und Trost.[8]

> Teil 1: Eine Passionsandacht erleben, deuten und aneignen
> Teil 2: Kreuze entdecken, deuten, gestalten
> Teil 3: Obdachlose Jugendliche und ihre Geschichte kennenlernen, diskutieren und umwandeln (Film-Projekt)
> Teil 4: Trauerprozess beobachten und nachvollziehen, Trauerraum gestalten

Material / Vorbereitung

Teil 1: Eingeladen wird zu einer Passionsandacht (Stationen des Leidenswegs A6) – am besten die ganze Gemeinde.[9] Pinsel, schwarze Farbe, Rollenpapier, Zeitungen, Holzkreuz. Teil 2: Wo gibt es in der Umgebung Kreuze? Eine gemeinsame Exkursion oder eigene Erkundungen der Konfis sollten erwogen werden. Antwortkarten der Konfis, Nr. 6; Zitate **M6.1** auf Karten (auch im *konfi live Begleiter* S. 54 / 57), Kreuzesdarstellungen (Fotos, Kunstbände, Internet), Anleitung zur Kunstbetrachtung für TeamerInnen **M6.2**; Materialtheke: Ton, Holz, Knetgummi, Farben, Naturmaterialien, Bänder … Teil 3: Den Film „Neun Leben" gibt es als DVD educativ bei: Matthias Film gGmbH bzw. in Medienstellen. Teil 4: entweder: ein Schulseelsorger erzählt live von seinem Handeln im Krisenfall (eine Mitschülerin ist gestorben) oder Teamer bereiten sich vor mit Text **M6.3**.

M6.1
M6.2
M6.3

---

[7] Dokumentiert in: dieselbe, Vom Kreuz sprechen im Religionsunterricht, Göttingen 2006.
[8] Die Teile sind so konzipiert, dass sie eigenständig sind und je nach Zeitbudget ausgewählt werden können.
[9] Wo das ferienbedingt nicht möglich ist, bleibt die Andacht im Konfi- / Teamerkreis.

Verlauf

Teil 1: Jesu Leidensweg mitgehen

Ankommen
Die Konfis treffen sich nach Verabredung im Gemeindehaus oder vor der Kirche. Im *konfi live Begleiter*, S. 52/53, finden sie Orientierung zu den Stationen des Leidenswegs Jesu.

ENTDECKEN — **Andacht**
Die Konfis feiern mit der Gemeinde die Andacht (A6). Sie vollziehen Stationen des Leidens Jesu mit – verlöschende Kerzen.

Deuten — **Gruppenarbeit**
Die sechs Stationen (bei kleinen Gruppen vielleicht je zwei pro Kleingruppen) werden arbeitsteilig bedacht und aktualisiert. Zu jeder Station gehören der entsprechende Bibeltext (Bibelstellen s. *konfi live Begleiter*, S. 52/53) und eine Sammlung Zeitungen/Zeitschriften. Jeweils mind. ein Teamer:

Lasst euch Zeit. Besinne dich: Was geschieht an welcher Station? Und was bedeutet das? Schreibe etwas über Jesus und dich in deinen *konfi live Begleiter* (S. 58).

1. *Realisieren*: Die Konfis lassen sich von den „Strich-Figuren" inspirieren, die überall im *konfi live Begleiter* verteilt sind – und gestalten mit schwarzen Pinselstrichen pro Station die Haltung des leidenden Jesus. Dabei zeichnen sie nicht vor, sondern probieren nebeneinander – bis sie sich schließlich auf eine Darstellung einigen.

2. *Übertragen:* Wer muss heute so leiden wie Jesus? Auf wessen Seite steht Jesus? – Zur Erweiterung eigener Ideen können Überschriften und Beiträge aus Zeitungen/Zeitschriften gesichtet werden.

GESTALTEN — **Umsetzung: Leiden**
Entwickelt werden an den sechs Stationen stumme Szenen, die das jeweilige Leiden möglichst zeitübergreifend existenziell abbilden und darstellen.

Präsentation: Unter dem Kreuz
Im Schatten eines großen Kreuzes (real oder projiziert) werden die sechs Szenen dargestellt.

Die Gruppe antwortet auf jede Szene mit der Bitte um Erbarmen. (Einer: „Kyrie eleison!" Alle: „Herr, erbarme dich!" – Einer: „Christe, eleison dich!" Alle: „Christe, erbarme dich!" – Einer „Kyrie, eleison!" Alle: „Herr, erbarm dich über uns!" *Oder:* „Herr, erbarme dich, erbarme dich …" *oder* „Kyrie" EG 178.12)

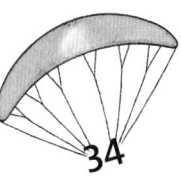

DAS ZEICHEN DES KREUZES

Teil 2: Kreuze

 EINSTIEG **Ankommen**

Entweder: Die Gruppe hat gemeinsam eine / mehrere Kirchen besucht und Kreuzigungsdarstellungen / Kreuze betrachtet, skizziert, fotografiert.

Oder: Die Konfis haben in Kirchen, auf Friedhöfen, im Internet Kreuze / Kreuzigungsdarstellungen aufgesucht und bringen Fundstücke (Fotos, Skizzen, Ausdrucke) mit in das Gemeindehaus.

Oder / und: Die Konfis haben zuvor schon Teil 1 erlebt. Kreuzesdarstellungen aus der Kunst sind im Konfiraum verteilt (Kunstbände, Ausdrucke aus dem Internet …). An einer Flipchart sind die Antwortkarten der Konfis ausgestellt, dazu die Zitate **M6.1**.

M6.1

Begrüßung

Mit Bezug auf ein Kreuz (zum Beispiel einen Kreuzanhänger, wie ihn die Konfis ggfs. bei ihrer Konfirmation von der Gemeinde geschenkt bekommen; oder ein persönliches Kreuz): „Das Zeichen der Christen – Ihr habt bereits eigene Erfahrungen damit gemacht. Die wollen wir heute vertiefen: Wie sehen Kreuze aus? Was *sagen* sie? Was sagen sie *uns*? Und: Wir wollen heute auch selbst Kreuze gestalten. Kreuze des Leidens, des Lebens, der Hoffnung …"

 ENTDECKEN **Ausstellung**

Die gesammelten Materialien (Fotos, Skizzen, Ausdrucke, Antwortkarten, Zitate) werden gemeinsam ausgebreitet und arrangiert. Je nach Material und Vorlauf haben die Konfis die Aufgabe, die Funde zu verteilen, zu beschriften, mit Impulsen zu versehen.

Begehung

Die Gruppe bewegt sich in der Ausstellung: 1) Sichtung, 2) Auswahl: Kleingruppen einigen sich auf Funde, über die sie weiter nachdenken wollen.

 DEUTEN **Gespräch**

Die Kleingruppen reflektieren ihre Wahl und treten mit „ihrem" Kreuz in eine Auseinandersetzung ein: Warum ist uns gerade dieses Kreuz aufgefallen? Welche Bedeutung haben die besonderen Merkmale dieses Kreuzes? Was ist uns wichtig? Was ist uns fremd? Teamer/innen begleiten das Gespräch mit **M6.2**.

M6.2

 GESTALTEN **Projektarbeit**

Aus der Arbeit am gewählten Kreuz entwickelt sich ein eigenes Gestaltungsprojekt: Was für ein Kreuz wollen wir gestalten? Was für eine Idee soll es ausdrücken? Wie gehen wir vor? (mit Blick auf die Angebote auf der Materialtheke).

Präsentation

Ergänzung der Ausstellung um die Werkstücke der Gruppen. Begehung. Keine Wertungen!

 ABSCHLUSS Im Angesicht der Kreuze: Gebet und Segen

DAS ZEICHEN DES KREUZES

Teil 3: (K)ein Platz im Leben?

ENTDECKEN — Ankommen
Der Gemeindesaal ist zum Kino umgestaltet. Porträts der Jugendlichen können als Deko verwendet werden (auf der ROM-Ebene der DVD: Ordner „Szenenbilder").

Film
Gezeigt werden die Film-Porträts von ca. drei Jugendlichen (Zusammenschnitte auf der Video-Ebene der DVD als „Extras")

DEUTEN — Gruppenarbeit
Die Konfis wählen eine der vorgestellten Personen und tauschen sich in Kleingruppen aus; die Materialien auf der DVD (ROM-Ebene; Ordner „Arbeitsblätter") strukturieren die vertiefte Auseinandersetzung. Leitfrage: Welches „Kreuz" trägt NN und was ist ihre / seine Hoffnung?

GESTALTEN — Projekt
Die Konfis verfassen E-Mails / SMS-Nachrichten an die Person, mit der sie sich beschäftigt haben. Diese werden auf Moderationskarten geschrieben und an einer Flipchart sichtbar gemacht. Anschließend digital fotografiert und durch die Leitenden / Teamer an die Regisseurin des Filmes weitergeleitet.

ABSCHLUSS — Gebet und Segen

Teil 4: Trauer und Trost

EINSTIEG — Ankommen
Sitzkreis mit einem leeren Stuhl, auf dem ein Kreuz liegt. „Herzlich willkommen und: schön, dass ihr alle da seid! Alle? Ja, denn glücklicherweise hat der leere Stuhl hier nur symbolische Bedeutung. Es soll heute noch einmal um das Kreuz gehen – um das Kreuz, wenn einer fehlt ... Angenommen, in einer Klasse, in einer Gruppe fehlt plötzlich eine/r – und die Gruppe erfährt: Der / die hatte in der Nacht einen Unfall, der / der kommt nicht wieder ... Wie geht man damit um? Und: Was kann helfen?" (Vorstellung des Gastes und / oder des geplanten Ablaufes)

ENTDECKEN
M6.3

Einführung in den „Fall" aus der Perspektive des Seelsorgers / der Seelsorgerin (live im Plenum oder mithilfe von **M6.3**, Teil 1 in Kleingruppen. – Vorstellung der Phasen 1 bis 3, jeweils mit Austausch ...).

DEUTEN — Gespräch in Rollen
... über Empfindungen, Fragen, Beiträge der geschilderten Gruppe. Es ist wahrscheinlich, dass die Konfis hier hoch emotional Anteil nehmen. Sie können in die Rollen der SchülerInnen schlüpfen und so ein Stück Abstand wahren. Das geschilderte Vorgehen und Verhalten des Seelsorgers zu analysieren, verschafft den Konfis mittelbare Vorerfahrungen für den Umgang mit Trauer – wenn's einmal ernst wird.

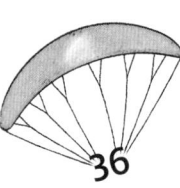

DAS ZEICHEN DES KREUZES

 GESTALTEN	Probe-Handeln

Drei Gestaltungsmöglichkeiten gibt der Text vor: Erwähnt werden die Todesanzeige, die Schul-Feier und ein Raum der Ruhe. Hier ergeben sich unterschiedliche Möglichkeiten: In ihren Kleingruppen entwickeln die Konfis probehalber

> eine Todesanzeige (Achtung, dass hier kein Echt-Name missbraucht wird; am besten gibt Teamer/in vor: H. Mustermann o. ä.)
> den Plan für die Ausstattung / Gestaltung eines Raums der Trauer für die Gemeinde

Präsentation

Die Entwürfe und Pläne werden schriftlich / grafisch festgehalten und an einer Ausstellungswand zur Betrachtung (nur für die Gruppe!) freigegeben

 ABSCHLUSS	(vor der Ausstellung) Mit Gebet an den Herrn über Leben und Tod und „Herr, erbarme dich" und Segen.

Mehr

Nachhaltigkeit und Weiterarbeit

Teil 1: Die von den Konfis erarbeiteten Leidensszenen bilden den Verkündigungsteil einer weiteren Passionsandacht.

Teil 2: Die Kreuze werden in der Kirche ausgestellt.

Teil 3: Die Konfis finden heraus, welche Hilfsangebote es in ihrem Umfeld für Obdachlose gibt; ein Besuch kann verabredet und geplant werden (vgl. Astrid Greve, Konfis treffen Obdachlose. Ein Projekt zum Diakonischen Lernen mit Jugendlichen, Göttingen 2012)

Teil 4: Gibt es in Ihrer Gemeinde einen Trauerraum? Können einige Ideen der Konfis dort umgesetzt werden? Gibt es keinen – könnten die Konfis die Gelegenheit bekommen, einen einzurichten?

Arbeit mit dem *konfi live Begleiter*

S. 52 / 53: Stationen des Kreuzweges im Überblick; dazu die einschlägigen Bibelstellen

S. 54 / 57: Was Jugendliche über Jesu Kreuzestod und seine Bedeutung denken

S. 56: Zum Nachlesen: Info Kreuzestod; Deutungsmöglichkeiten und Perspektiven

S. 168 / 169: Zum Weiterdenken: Info Auferstehung; ewiges Leben

Alternative / ergänzende Ideen

M6.4
M6.5

Obdachlose Jugendliche. Das Filmprojekt ist zeitintensiv. Eine kürzere Alternative: Die Konfis setzen sich mit Phänomenen der Selbstverletzung auseinander, z. B. „Ritzen", **M6.4**. Oder: Was hat die Besessenheit von Ego-Shooter-Spielen mit dem Thema Schmerz und Leid zu tun? **M6.5**?

KA inklusiv: Schritt 2 ermöglicht es, sich auf vielen Wegen dem Zeichen des Kreuzes zu nähern.

Trauer, Klage, Anteilnahme: Die Rahmengeschichte des Buches Hiob stellt exemplarisch vor, was das heißt: leiden und mitleiden. Eine Textvorlage mit Anregungen zur Erschließung findet sich im digitalen Zusatzmaterial.

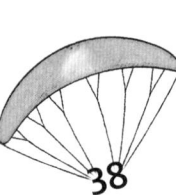

Tod und Auferstehung

Zur Einführung für Pfarrer/in und Team Nichts im Leben ist so gewiss wie der Tod – und nichts so ungewiss wie das Danach. Jugendliche geben sich cool: „Dann ist es eben aus und gut." Oder sie suchen Grenzerfahrungen: „No risk, no fun." Christliche Seelsorge setzt einen Gegenpol: Die Angst vor dem Tod und dem Ungewissen danach darf ausgesprochen und in Worte gefasst werden – und wird aufgefangen durch Glaube, Liebe und Hoffnung:

Liebe ist stärker als der Tod.
Glaube bezeugt: Auf beiden Seiten des Todes ist Gott.
Hoffnung stützt sich auf Ostern und Pfingsten: Der Tod hat nicht das letzte Wort.

Vorgeschlagen werden drei Teile, die aufeinander aufbauen, aber auch für sich stehen können:
> Teil 1: Ewigkeit erfahren in der Liebe
> Teil 2: Geborgenheit suchen bei Gott
> Teil 3: Hoffnung schöpfen in Jesus Christus

Vorbereitung / Material

Kann für jeden Konfi ein Set „Herz, Kreuz, Anker" angeschafft werden, z. B. im Shop www.gottesdienstdienstinstitut.com: aus Filz, im 10er-Pack?

M7.1
M7.2
M7.3

Teil 1: Die Konfis haben mit der Einladung die Aufgabe erhalten, Songtexte, Internet-Talks, Werbetexte Film/Buch mitzubringen, in denen es um Liebe geht (Beispiele im *konfi live Begleiter*).– Bild „Herz" im digitalen Zusatzmaterial große farbige Ausdrucke oder Projektion; die Antworten der Konfis auf Frage 7; Zwei Spruchbänder (Nesselstoff) mit den Texten **M7.1** (auch im *konfi live Begleiter*). Vorbereitete Blätter für Schreibgespräche in Gruppen: Liebe macht … / Liebe ist … / Wer liebt, … (**M7.2**); Anleitung für die Spielszenen (**M7.3**).

M7.4

Teil 2: Bild „Anker" im digitalen Zusatzmaterial; Hindernis-Parcours; Materialtheke „Was Halt gibt", s. Verlauf, Psalm 139 als Puzzle in zwei Textvarianten (**M7.4**)

M7.5, M7.6, M7.7

M7.8

Teil 3: Bild „Quelle" im digitalen Zusatzmaterial. Rose von Jericho. Drei Stationen (s. Verlauf); die Teamer bereiten sich mit **M7.5** bis **M7.7** auf drei Geschichten aus dem Johannesevangelium vor: Die Frau am Jakobsbrunnen, Lazarus, Thomas. Spruch **M7.8**.

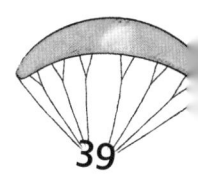

Verlauf

Teil 1: Was ist ewig?

EINSTIEG

Ankommen
Der Raum ist in blaues Licht getaucht, das *Herz* ist groß an die Wand projiziert. Die Antwortkarten der Konfis (Nr. 7) sind ausgestellt (Tisch oder Flipchart). Jeder Konfi erhält ein Herz (aus Filz oder anders); ein aktueller Song (Stichwort „für immer" o. ä.) läuft im Hintergrund.

Begrüßung
„Ihr denkt, es geht hier um Liebe? Schon – auch. Aber eigentlich ist unser Thema die Ewigkeit. Das *dauert ja ewig*, sagt ihr vielleicht, wenn eine Schulstunde sich hinzieht. Das ist dann nichts Gutes. Ganz anders, wenn du jemanden liebst. *Das ist für immer*, sagst du. *Das hält ewig.* Kann Liebe ewig sein? Ist Liebe stärker als der Tod? Das ist die Frage, der wir heute nachgehen."

Andacht
Mit 1 Korinther 13,13 und „Gott liebt diese Welt" (EG 409), z. B. mit A7a.

ENTDECKEN

Fundstücke sichten und wählen
Die Gruppe stellt ihre Fundstücke (s. Einladung) vor: Dazu werden sie zunächst auf Tischen ausgelegt. Die Gruppe geht von Text zu Text, Bild zu Bild; Song- und andere Texte werden laut gelesen; die Bilder beschrieben. In einem zweiten Durchgang wählen je zwei Konfis einen der Funde aus, der sie anspricht. Anschließend werden Gruppen gebildet und die gewählten Funde jeweils in die eigene Gruppe mitgenommen.

DEUTEN

Liebe ist …
In den Kleingruppen zeigen die Mitglieder einander, was sie gewählt haben, und erläutern den Grund ihrer Wahl. Im stummen Schreibgespräch entwickeln sie möglichst viele Gedanken zu „Liebe macht …", „Liebe ist …" und „Wer liebt, …"

Die Teamer legen die beiden Spruchbänder werden kreuz und quer über die Blätter. „Und das steht in der Bibel – was sagt ihr jetzt?" (…)

Gegenprobe
Tod ist … – Die Gruppen lesen die Antwortkarten und notieren wichtige Gedanken zum „Tod". Zurück in ihrer Gruppe vergleichen sie: Liebe ist … Tod ist … – Ist Liebe in den Augen der Konfis stärker als der Tod?

Lasst euch Zeit. Das, was du hier gehört, bedacht und erfahren hast, braucht Raum. Schlage deinen *konfi live Begleiter* auf und lies noch einmal für dich: S. 164 / 165.

GESTALTEN

Aufgabe
„So stark ist die Liebe": Denkt euch eine Geschichte aus, die diesen Titel trägt; sie soll im Stil einer Daily Soap, eines dramatischen Opernfinales oder als Pantomime mit Erzähler dargestellt werden. (vgl. Anleitung **M7.2**)

M7.2

TOD UND AUFERSTEHUNG

Präsentationen
Die in den Gruppen entwickelten Stücke werden in würdigem Rahmen gezeigt – vielleicht gibt es eine Bühne oder eine Bühne kann improvisiert werden. Zwischen den Darbietungen wird gesungen: „Gott liebt diese Welt" bzw. aktuelle Songs zum Thema.

Teil 2: Was hält, was trägt?

EINSTIEG — Ankommen
Der Raum ist in blaues Licht getaucht, Projektion (oder Ausdrucke) des Ankers. Jeder Konfi erhält einen Anker (Schlüsselanhänger aus Filz, Gottesdienstinstitut, s. o.) o. Ä.; die Antwortkarten der Konfis auf Frage 7 sind an einer Flipchart ausgestellt.

Anspiel der Teamer
Szenischer Dialog rund um einen alten Anker (A7b)

ENTDECKEN — Vertrauensspiele
Die Konfis bilden einen / mehrere enge Kreise. Die Hände sind nach vorn und außen geöffnet zum Auffangen und Halten. Ein Freiwilliger lässt sich in die Hände fallen (steifer Körper!) und von Hand zu Hand weitergereicht. Er kann (muss aber nicht) dabei die Augen schließen. Bevor der Nächste an der Reihe ist: Wie fühlt sich das an?

Die Teamer haben einen Hindernis-Parcours aufgebaut. Die Konfis bilden Paare; immer einem Partner werden die Augen verbunden, der andere führt ihn durch die Parcours (das kann je nach Verabredung mit leisen Instruktionen oder auch stumm geschehen); für den Rückweg werden die Rollen getauscht. Auch hier folgt eine Aussprache: Wie fühlt sich das an – geführt zu werden / zu führen?

Symbole wählen
Auf der Materialtheke liegen verschiedene Symbole für „Halt" und „Verlässlichkeit", z. B. Schirm, Wanderstock, Krücke, Weckuhr, Kalender, Leine, Faden, Bibel, Anker, Netz, Ring, Kette … (auch mehrfach); die Konfis wählen (Was gibt dir Halt? Worauf kannst du dich verlassen?), ohne ihre Wahl mitzuteilen.

Symbole umschreiben und erraten
In der Gruppe / Kleingruppen organisieren die Teamer eine Raterunde: „Mein Gegenstand ist …" – Die Ratenden fragen sich mit Ja- / Nein-Fragen an den Gegenstand heran, den der jeweilige Kandidat von der Theke für sich gewählt hat.

DEUTEN — *Weiter in den Kleingruppen*
„Ein Beter in alter Zeit sagt: Gott gibt mir Halt – und zwar immer und überall. – Ihr findet sein Bekenntnis in der Bibel, im Buch der Psalmen; wir haben euch Schnipsel aus Psalm 139 mitgebracht."

ein Bekenntnis zusammensetzen
M7.4   Die Konfis erhalten die Puzzle-Teile (**M7.4**) und setzen sie zusammen: eine „alte" und eine „moderne" Version. Dabei / daraus ergibt sich ein

Gesprächüber die Allgegenwart Gottes

Wie ist das, wenn Gott überall ist? Das hängt vom individuellen Gottesbild ab … Hier, im Fall des Beters von Psalm 139, ist Gottes Nähe letztlich tröstlich, denn Gott wird in all seiner überwältigenden Größe und Macht doch als umsichtig, zugewandt, weise und gütig erlebt.

Lasst euch Zeit. Jede/r liest den Psalm in Auszügen noch einmal für sich: *konfi live Begleiter* (S. 34). Mach dir, wenn du willst, Notizen.

 GESTALTEN

Die Konfis bereiten eine Inszenierung des Psalms vor; es gibt drei unterschiedliche Gruppenaufgaben (die ggf. auch mehrfach vergeben werden können).

Aufgabe 1: Der Psalm als Klang-Bild

Die einzelnen Aussagen des Psalms sollen hörbar werden. Einfach lesen ist nicht genug: Wer liest? Oder wie viele? Von wo? Wie laut, wie leise? Soll es zusätzliche Geräusche geben? Wiederholungen? Effekte wie Echo, Chor …?

Aufgabe 2: Der Psalm in Bildern ohne Worte

Die einzelnen Aussagen des Psalms sollen sichtbar werden. Bereitet ein oder mehrere Standbilder / Skulpturen vor.

Aufgabe 3: Der Psalm in Bewegung ohne Worte

Die einzelnen Aussagen des Psalms sollen erlebbar werden. Bereitet einen Tanz, eine Pantomime oder stumme Einzelszenen vor.

Präsentationen

 ABSCHLUSS

Rückkehr zum Bild des Ankers

Lied „Er hält die ganze Welt" (z.B.), Gebet: „Gott – mein lebendiger Anker", Segen

Teil 3: Was ist Leben?

 EINSTIEG

Ankommen

Der Raum ist in blaues Licht getaucht, Projektion (großer Ausdruck) des Bildes „Quelle"; die Konfis erhalten das dritte Element ihres Schlüsselanhängers, das Kreuz.

Assoziationen zum Element „Wasser" / bei Hitze, Trockenheit, in der Wüste. Lied 604 (EG Niedersachsen): „Wo ein Mensch Vertrauen gibt"

Wässerungsaktion

Eine Rose von Jericho geht von Hand zu Hand – trocken, tot –, wird anschließend vor aller Augen in eine flache Schale gelegt und mit heißen Wasser übergossen. Kleines Anspiel der Teamer: Prinzip Hoffnung A7.c. Lied: „Freunde, dass der Mandelzweig" (EG Niedersachsen / Bremen 620)

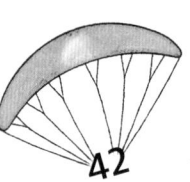

ENTDECKEN

Drei Stationen[10]

werden in beliebiger Reihenfolge besucht; jeweils wird der dazugehörige Bibeltext vorgetragen (vom Band oder durch einen Teamer): Johannes 4,1–15; Johannes 11,1.3.17–45; Johannes 21,24–29; klassisch aus der Bibel oder in einer Bearbeitung (mit **M7.5–M7.7**).

M7.5, M7.6, M7.7

Station 1
Taufstein in der Kirche / Kanne: Wenn eine Gruppe sich um den Stein versammelt hat, wird das Wasser eingegossen: „Wasser des Lebens", dann erst gelesen.

Station 2
In einen vollkommen abgedunkelten Raum wird der erste Teil hineingesprochen (vielleicht kann draußen gelesen und der Ton nach innen übertragen werden; sonst mit Kerze oder Taschenlampe); ab Lazarus' Auferstehung: helles Licht einschalten.

Station 3
Zum Lesen / Hören sitzen alle um eine verdeckte Mitte (dunkles Tuch). Nach dem Bekenntnis des Thomas wird das Tuch weggezogen. Da sind, z. B. auf einer Spiegelkachel, Brot und Wein (Kelch mit Traubensaft) angerichtet. Das Brot wird gebrochen und geht von Hand zu Hand (Brot des Lebens – für dich); der Kelch geht reihum (Saft des Lebens – für dich).

 DEUTEN

Lasst euch Zeit. Besinne dich: Was hast du erlebt? Und was bedeutet das? Du kannst deine Gedanken in deinen **konfi live Begleiter** schreiben (S. 68).

Bibliologische Elemente
Im Gruppenraum sind die Tischgruppen 1, 2, 3 aufgebaut und die Konfis entscheiden sich, zu welcher der drei Geschichten sie arbeiten wollen. Jede/r erhält einen Ausdruck des Textes sowie eine Anzahl Moderationskarten. In einem ersten Durchgang notieren sie Fragen, die sich im Zusammenhang mit dem Text auftreten, jedoch nicht beantwortet werden. Diese Fragen werden gesammelt und gemeinsam chronologisch sortiert. Dann wird die Geschichte absatzweise gelesen: Die Fragen werden gestellt, wo sie auftauchen. Die Teilnehmenden formulieren aus dem Text heraus Antworten – als Samaritanerin, als Marta, als Petrus, Augenzeugen, Umstehende o. ä.

Bündelung
Als Zwischenergebnis wird formuliert: Wo findet sich in dieser Geschichte Hoffnung / Hoffnung auf Leben?

 **GESTALTEN**

Anspiele
Die Gruppen bereiten je ein Standbild vor, das die Hoffnung zur Geltung bringt, die die Geschichte vermittelt. Die Bilder werden fotografiert.

---

10 Wenn der Zeitrahmen eng ist, ist es auch möglich, nur eine der Geschichten auszuwählen und anschließend drei verschiedene Versionen zu erarbeiten und aufzuführen.

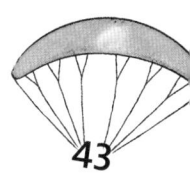

M7.8

Galerie

Die Gesamtgruppe sieht / zeigt die Bilder in der Reihenfolge 1 bis 3 – unter dem Spruch: „Jesus spricht: Ich lebe, und siehe: Ihr sollt auch leben." (Joh 14,19; **M7.8**); die Gruppe, die als erste mit der Planung ihres Standbildes fertig ist, kann den Spruch auf ein Spruchband oder Poster schreiben.

Mehr

Nachhaltigkeit und Weiterarbeit

Die Inszenierungen aller drei Teile eignen sich gut als Gottesdienstelemente.

Arbeit mit dem *konfi live Begleiter*

S. 165 Worte der Bibel über die Macht der Liebe

S. 164: Die Macht der Liebe im Chat

S. 34: „Von allen Seiten umgibst du mich" (Psalm 139)

S. 32: „Der Herr ist mein Hirte" (Psalm 23, s. u.)

S. 146 / 147: Noch eine Geschichte von der Überwindung des Todes (Emmaus)

S. 168: Info: Auferstehung

Alternative / ergänzende Ideen

Herz, Anker, Kreuz: Ohne die Schlüsselanhänger geht es natürlich auch. Die Konfis erhalten Herz, Anker und Kreuz in den *konfi live Begleiter* gestempelt oder geklebt (Motivstempel oder Sticker) oder gestalten selbst mit Schere, Klebstoff und einer Auswahl verschiedener Papiere.

KA inklusiv im Bibliolog: Wer keine Karte beschriften kann, berät einen der Mit-Konfis.
Psalm 139: Um die Fürsorge Gottes noch elementarer und ungebrochener zu erfahren, ist Psalm 23 eigentlich unverzichtbar. Er wird in drei „Akten" erschlossen: Ich bin ein guter Hirte / Wer ist mein guter Hirte / Gott ist mein guter Hirte; vgl. **M7.9**.

M7.9

Liebe, Glaube, Hoffnung: Ein anderer dreigegliederter Zugang: Was weiß ich über den Tod? / Was erwarten Menschen (erwarte ich) nach dem Tod? / Welche Hoffnung verbindet sich mit Ostern?; im digitalen Zusatzmaterial

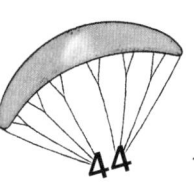

TOD UND AUFERSTEHUNG

"Online": Beten und Vaterunser

Zur Einführung für Pfarrer/in und Team *Das Bedürfnis nach Kommunikation ist groß – nicht nur die allgegenwärtigen Handys zeugen davon, sondern auch abfragbare Einstellungen: "quatschen mit Freunden" steht ganz oben auf der Prioritätenliste jugendlicher Befragter.*

Überraschend viele Menschen geben bei Umfragen an, dass sie regelmäßig oder gelegentlich beten. Das gilt auch und gerade für Kinder und Jugendliche. Dass "Ich rufe dich an, Gott" in den Ohren Jugendlicher Telefon-Assoziationen auslöst, ist in diesem Kontext gar nicht so verkehrt. Das eine ist horizontale, das andere vertikale Kommunikation – im Gebrauch mögen sie ähnlich sein.

Das Vaterunser im Chatroom: "Wie gut kannst du das Vaterunser?" – worauf jemand eine Textrecherche im Internet vorschlägt. Darauf ein anderer: „ ... Ich hoffe mal, du hast das nicht nachgeschaut, sondern auch so gekonnt, denn sonst hast du den Sinn ... nicht ganz verstanden."[11] Weitere Beiträge: Das Vaterunser gehöre zur Allgemeinbildung; man "kenne es eben" und wisse nicht einmal, woher; einmal gelernt sei es nicht mehr zu verlernen – wie Radfahren oder Schwimmen. "Man" kennt es, kann es auswendig – aber versteht man auch, was man da betet? ...

Wiederum ein Thema, das sich dreiteilen lässt:
> Kommunikation
> Sonderfall Gebet
> Vaterunser

Entsprechend schlagen wir drei Bausteine vor, die gerade so gut für sich stehen können.

Vorbereitung / Materialien

M8.1	*Teil 1:* Anspiel **M8.1**
M8.2, M8.3, M8.4	*Teil 2:* Können Bewohner des Altersheims / Mitglieder des Seniorenkreises o. ä. dafür gewonnen werden, über Erfahrungen mit dem Beten zu erzählen? (Am besten, wenn die Konfis sie besuchen); sonst Teamer/innen; die Antwortkarten der Konfis Frage 8; Psalmtexte **M8.2** bis **M8.4**.
M8.5	*Teil 3:* vorbereitete Stoffstreifen mit den Versen des Vaterunsers (**M8.5**), Tücher (Nesselstoff), Stoffmalfarbe

---

11 http://forum.cheats.de/umfragen/291676-wie-gut-k%F6nnt-ihr-das-vater-unser-3.html; aufgerufen am 23.7.2012, um 7:10.

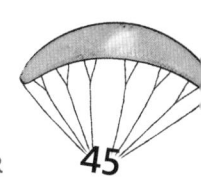

Verlauf

Teil 1: Kein Anschluss?

EINSTIEG — **Ankommen**
Jeder Konfi holt sein Handy heraus – sind die Nummern aller Mit-Konfis eingespeichert? Kurze Runde: gegenseitiges Anrufen. Dazu drei, vier Beobachter: Wie begrüßen sich die Teilnehmenden?

Begrüßung
„Manchmal denke ich, ich müsste manche Leute erst anrufen, damit sie mir zuhören. Wenn ich normal mit ihnen rede, hören sie nicht ... – Und genau darum soll es heute gehen: Mit wem reden wir? Wer hört zu? Wie gelingen Gespräche, die uns / unserem Partner was bringen?"

Andacht
Andacht „Wer Ohren hat zu hören ..."

ENTDECKEN
M8.1

Lesen / Sprechen
Das Anspiel des Jugendgottesdienstteams St. Maria (**M8.1**) wird eingeführt; dann mit verteilten Rollen probeweise gelesen.

DEUTEN

Lasst euch Zeit. Wo kommt dir das Gelesene bekannt vor? Wo regt sich Widerstand? Wo möchtest du einsteigen? Du kannst einige Gedanken in deinen *konfi live Begleiter* schreiben (S. 20).

Diskutieren / Hinterfragen
Szenenweise werden Rollen verteilt; wer eine Rolle annimmt / ablehnt, begründet dies inhaltlich. Es ist möglich, an den Szenen zu arbeiten, sie inhaltlich zu verändern und an eigene Erfahrungen anzupassen.

GESTALTEN — **Probe**
Die Konfis interpretieren das Anspiel, indem sie es vorspielen. Das kann als Generalprobe dienen, um es später in einem Gottesdienst uraufzuführen.

ABSCHLUSS — Gebet und Segen

Teil 2: Ich rufe, du aber ...?

EINSTIEG — **Ankommen**
Die Antwort-Karten der Konfis (Nr. 8) sind ausgestellt; jede/r Neuankömmling liest die Antworten. Die Konfis sind auf den Besuch im Altersheim / in der Seniorengruppe eingestellt.

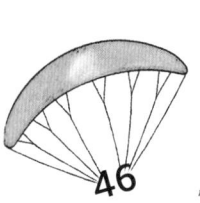

„ONLINE": BETEN UND VATERUNSER

Begrüßung

„Ich weiß, ihr hört gern … ich weiß, ihr redet gern … (Kopfhörer, Handys) – Heute wollen wir ältere Menschen nach ganz besonderen Erfahrungen mit dem Hören und Reden fragen: Wie redet man eigentlich mit Gott? Und was kriegt man da zu hören?

Vorbereitung

In Kleingruppen: Austausch darüber, warum gerade alte Menschen gefragt werden sollen. Teamer /in fungiert als Interviewer und zeichnet die Äußerungen der Konfis auf.

ENTDECKEN

Wenn möglich wird anschließend der Schauplatz gewechselt. Ankommen im Kreis gesprächsbereiter Senioren; Einleitung durch Pfarrer, Vorstellungsrunde …

Erzählungen der Senioren

Gespräche an Tischen? Vorträge der Senioren? (je nach Verabredung); die Konfis machen sich Notizen (oder dürfen aufzeichnen).
Anschließend Dank und Verabschiedung; Rückkehr ins Gemeindehaus

DEUTEN

Lasst euch Zeit. Überlege, was du gehört hast. Was hat dich angesprochen, was eher befremdet? Du kannst einige Gedanken in deinen *konfi live Begleiter* schreiben (S. 151).

Einführung „Psalmen"

„Das war ja schon ziemlich lange her, was die Senioren euch da erzählt haben … Ich habe aber noch viel ältere Erfahrungen mit dem Beten für euch: In der Mitte der Bibel gibt es ein uraltes Gebetsbuch, den Psalter (gesungene Gebete). Manche davon betet die ganze Gemeinde, andere ein einzelner Beter. Mit buchstäblich allem, was sie auf dem Herzen kommen, haben sie sich Gott anvertraut: mit Angst und Not, Sorge, Krankheit, Kummer – und oft geschieht es, dass sie am Ende des Gebets neuen Mut haben."

Aufgabe (zu jedem der drei Psalm-Fragmente)

„Wir haben aus drei dieser Psalmen Verse herausgenommen; in kleinen Gruppen sollt ihr euch damit beschäftigten: In welcher Lage ist der Beter? Erzählt eine kleine Geschichte über ihn und das, was ihm passiert sein könnte, was er denkt und fühlt. Was erwartet der Beter von Gott? Welche Erfahrung macht er mit Gott? Erzählt eure Geschichte zu Ende (so, wie es die letzten Worte des Psalms nahe legen.) – Stellt eure Geschichte kreativ dar (Pantomine, Rollenspiel, Plakat) – mit Anfang, Mitte, Ende."

GESTALTEN

Präsentationen

Die Präsentationen werden vorgestellt; Vergleiche sind erwünscht (keine Wertungen!)

Auswertung

„Die Beter in den Psalmen haben gute Erfahrungen mit dem Beten gemacht. Die Senioren haben Ähnliches erzählt. Wie stehst du dazu? Hilft Gott dem Beter? Wenn ja, wie? Hilft beten?"

ABSCHLUSS   Segen und Vaterunser

Teil 3: Das Gebet aller Christen

 EINSTIEG
M8.5

Ankommen
Der Raum ist mit den Stoffstreifen (**M8.5**) dekoriert; auf der Leinwand: Clips vom Kirchentag o. ä.; möglichst Großveranstaltung mit „Vaterunser" oder entsprechendem Vater-Unser-Lied

Begrüßung
„Wisst ihr, wie viele Menschen weltweit das Vaterunser beten? Allein oder in Gemeinschaft? Im Gottesdienst oder zwischendurch? – Es muss unvorstellbar viele sein. Alle die gleichen Worte – und doch mit verschiedenen Stimmen, in verschiedenen Sprachen ... oder auch stumm. – Vielleicht probieren wir das gerade mal ..."

 ENTDECKEN
M8.5

Vaterunser in Gebärden
Im Kreis (oder in mehreren Kreisen): Ein Teamer spricht je einen Vers vor (**M8.5**) – die Konfis probieren dazu eine passende Geste/Bewegung (abgucken ist ausdrücklich erlaubt). (Diese Übung dient zur ersten vertieften Wahrnehmung des Textes.)

Die Konfis gehen im Raum herum und lesen die Spruchbänder. Sie entscheiden, mit welchem sie sich näher beschäftigen wollen; dabei bilden sich Kleingruppen.

 DEUTEN

Lasst euch Zeit: Wie war das, die einzelnen Verse des Vaterunser so zu hören, zu sprechen, zu gestalten? Welche Entdeckungen hast du gemacht? Du kannst einige Gedanken in deinen *konfi live Begleiter* schreiben (S. 160).

Aufgabe
„Stellt euch vor, ihr sollt mit einer Kindergruppe das Vaterunser kennenlernen. Dazu wird zu jedem Vers ein Bild benötigt, das anschaulich macht, was in den Worten steckt: Not, Hoffnung, ein Traum ..."

Gruppenarbeit (Arbeitsteilig, Vers für Vers)
Die Konfis besprechen ihr Vorhaben (das heißt: Sie ringen zunächst um eigene Deutungen und überlegen dann didaktische Elementarisierungen). Machen Skizzen (Papier).

 GESTALTEN

Schließlich wird das Tuch von der Gruppe entsprechend dem gemeinsamen Plan gestaltet.

Präsentation
Zur Präsentation wird das Vaterunser zusammengesetzt; die Verse werden der Reihe nach anhand der Gestaltungen kommentiert.

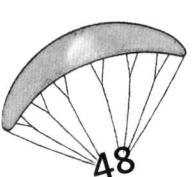

„ONLINE": BETEN UND VATERUNSER

Mehr

Nachhaltigkeit und Weiterarbeit

Das Anspiel „Kein Empfang" kann aufgeführt werden. Die Aufzeichnungen der Äußerungen über das Beten (Konfis, Senioren) können geschnitten werden; und: die Planungen der Konfis für einen Kindergottesdienst zum Vaterunser können – vielleicht mit einigen aus der Gruppe – im bestehenden Kindergottesdienst umgesetzt werden.

Die Bitte „Dein Wille geschehe" wird noch einmal gebraucht für die Einheit 13 zu den Geboten; die Bitte „Vergib uns unsere Schuld" für Einheit 9: Schuld und Vergebung.

Arbeit mit dem *konfi live Begleiter*

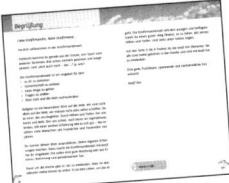

S. 123: In jedem Gottesdienst wird das Vaterunser gebetet. Die Konfis können ein Lesezeichen in ihren Begleiter legen.

S. 155: Beten heißt achtsam sein – eine Meditationsübung

S. 152 / 153: Falls es mit dem Live-Austausch Konfis – Senioren nicht klappt, finden sich hier Chat-Zitate zum Lesen und Besprechen.

S. 151–160: Die Seiten zum Beten und zum Vaterunser bieten weiteren Stoff zum Nachdenken und zum Austausch.

Alternative / ergänzende Ideen

Gespräch über das Beten mit Senioren: Die Generationen-„Fremdheit" hat ihren besonderen Reiz, ist andererseits jedoch nicht unkompliziert. Eine andere Möglichkeit: Die Teamer/innen erzählen – vorbereitet – von ihren Erfahrungen mit dem Beten und stehen den Konfis als „Experten für ihren eigenen Glauben" zur Verfügung. (Hierzu sollte es eine Vorbereitungsveranstaltung für die Teamer geben, z. B. zur Arbeit an der eigenen Glaubensbiografie.)

KA inklusiv: Die Annäherung an das Vaterunser mit Gebärden und insbesondere auch die Atemmeditation (*konfi live Begleiter*, S. 155) eignen sich gut für ein ganzheitliches Lernen, auch jenseits des Kognitiven.

Die Psalmen sind ein traditioneller Weg, Gebetsgattungen kennenzulernen und zu verstehen; ein lebensweltlicher Zugang wäre ein gutes Zusatz- oder Alternativangebot, etwa – im Rahmen einer Freizeit – eine Gebetsnacht in der Kirche. Dazu werden in der Kirche Stationen aufgebaut mit niedrigschwelligen Impulsen rund um das Beten (Verse auswählen, einen Brief an Gott, eine Fürbitte usw.; s. digitales Zusatzmaterial.

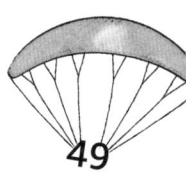

„ONLINE": BETEN UND VATERUNSER

9 Schuld und Vergebung

Zur Einführung für Pfarrer/in und Team Die Befindlichkeit des Menschen ist heute selten die des „armen Sünderleins", das einen gnädigen Gott sucht – eher schon die des vor lauter Ansprüchen (eigenen und fremden) Atemlosen, der sich danach sehnt, sich endlich einmal nicht beweisen zu müssen.

Wir schaffen uns nicht selbst, wir leben uns nicht selbst – das immer wieder neu zu entdecken, ist eine ungeheuerliche Befreiung. Und doch fällt es schwer, sie zuzulassen.

Wo ist einer, der ohne Wenn und Aber zu mir steht? Der mein Versagen, meine Schwäche, meine Schattenseiten und sogar mein Fies-Sein erträgt und mich dennoch nicht aufgibt?

So einer macht mich stark und frei – frei, über mich hinauszuwachsen. Er macht, dass mein Leben gelingt. Er ist einer: Gott der Schöpfer, Gott der Vater. Gott am Kreuz.

In vier Teilen nähern wir uns der Rechtfertigungsthematik:
> „Ich will so bleiben, wie ich bin"
> Mist gebaut – und weiter?
> Für dich, für euch …
> Frei sein

Vorbereitung / Materialien

M9.1, M9.2

Teil 1: Werbespots aus dem Internet; Zeitschriften / Magazine; Aufnahmen „Werbespots"; Spiegel, Sonnenbrillen, Schals (Perücken) = Ertrag einer Sammel-/Leihaktion in der Gemeinde / bei den Teamern; Steine (mehr als Konfis) und Farben, um sie zu grundieren und zu bemalen; **M9.1** Jesus und **M9.2** Heilandsruf (als Transparent oder Spruchband).

M9.3, M9.4, M9.5

Teil 2: Antwortkarten der Konfis Nr. 9; Einleitungen in drei Bibeltexte: **M9.3** bis **M9.5**; die Wand aus Sorgen-Steinen aus Schritt 1. Wasserlösliche Tinte, gefüllter Sand- oder Kartoffelsack. Spielplatz mit Wippe.

M9.6
M9.7, M9.8

Teil 3: **M9.6** als Transparent / Spruchband; mannshohes Holzkreuz (wenn nicht vorhanden – aus zwei einfachem Latten, s. Einheit 1), Netzbeutel; Bilder **M9.7** bis **M9.8**.

Teil 4: Wenn ein Gemeindeglied in der Papua-Neuguinea-Partnerschaftsarbeit aktiv ist, sollte es um Referat und Präsentation der Geschichte gebeten werden, sonst übernimmt diesen Part ein Kirchenvorsteher oder Hauptamtlicher.

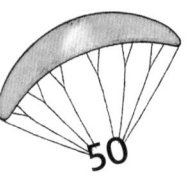
M9.9, M9.10, M9.11

Regelkarten **M9.9** und Spruch **M9.10** (Transparent / Spruchband). Bildershow: digitales Zusatzmaterial; Geschichte „Etwas, das mir etwas bedeutet", **M9.11**; Wasserbehälter (Aquarium o. ä.)

Verlauf

Teil 1

 EINSTIEG **Ankommen**
Auf der Leinwand laufen Werbespots (z. B. Kosmetik, männl./weibl., Autos, Diät), die sich auf das eigene Erscheinungsbild und Image konzentrieren. Vor einem Spiegel: Sonnenbrillenmodelle, Perücken, Schals und Accessoires zum Verkleiden (alles, was die Teamer/innen so mitbringen können!). Jeder darf mal – wer will, mit Foto.

Einleiten
„Sich verändern kann manchmal ganz spaßig sein. Oft ist aber auch die Sehnsucht, anders zu sein, eine Andere, ein Anderer, so groß, dass sie unglücklich macht. Gut, wenn dann einer zu mir sagt: Ich mag dich so, wie du bist." Andacht (A9a)

 **ENTDECKEN** Für die nächsten Schritte bilden die Konfis Kleingruppen (Vierergruppen); sie lösen Aufgabe 1, präsentieren, erhalten Aufgabe 2. Mit der abschließenden Präsentation ist die Gesamtgruppe wieder vereint.

Aufgabe 1
„Ihr findet hier Berge von alten Zeitschriften und Magazinen – ich möchte gern von euch wissen: Was wird eigentlich alles verlangt von einem Typen, der gut ankommen will – Was braucht er dazu? Was „darf" er nicht? Stellt zu dieser Frage Plakate zusammen: mit Ausschnitten aus den Zeitschriften, mit oder ohne Beschriftung ...

Präsentation 1
Gemeinsames Begehen der Collagen

Aufgabe 2
Und wenn die Fassade bröckelt? – Erzählt einen Albtraum; z. B. dass Mr. Cool beim Gärtnern mit Mr. Nobody gesehen wurde oder dass er beim Sport versagt oder dass er sich das neue Handy nicht leisten kann ... (Ein Erzähler, zwei oder drei Akteure)

Präsentation 2

 DEUTEN Nach Aufgabe 1

Lasst euch Zeit. Jede/r lässt die Eindrücke, die die Collagen hervorrufen, wirken. Was bilden diese Collagen eigentlich ab? Was „wollen sie mir sagen"? Lies im *konfi live Begleiter*: „Vergiss es nie" (S. 31).

Austausch
Was drücken diese Collagen eigentlich aus?
> Wie es sein soll
> Wie die konsumabhängigen Branchen es gern hätten, dass es ist?
Kennen die Konfis Gegenentwürfe?

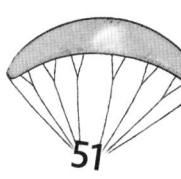

Nach Aufgabe 2
Die Akteure bleiben nach der jeweiligen Präsentation in ihrer Schlusspose. Die Zuschauenden „doppeln" sie und erzählen mit dem geliehenen Ich, wie sich das anfühlt, dem Performance-Anspruch nicht zu genügen …

 GESTALTEN

Weiterführende Gestaltungsaufgabe

„Ihr seid ganz schön im Stress, wenn ihr gut ankommen wollt, oder? Ihr braucht Mut, Geld, Ideen, immer den richtigen Spruch … – Wir haben Steine gesammelt, nennen wir sie Sorgensteine. Jede/jeder von euch kann sich einen nehmen: Gestalte deinen Sorgenstein! – Du musst dabei niemanden erklären, wie du das machst und warum so …"

Jede/r Konfi gestaltet seinen Sorgenstein. Aus den Steinen wird eine Mauer errichtet. (Foto!)

M9.1, M9.2

Während die Mauer wächst, erscheint **M9.1**, der Gekreuzigte (Projektion, s. digitales Zusatzmaterial), dazu erklingt der Heilandsruf (**M9.2**), laut, mit Echo (Teamer!), vielfach … Die Konfis probieren das Rufen selbst.

 ABSCHLUSS

Offenes Gespräch über Wirkung, Glaubwürdigkeit, Risiken usw. des Heilandsrufes. Entsprechende gemeinsame Umgestaltung des Arrangements aus Jesus-Bild / Jesus-Rufs und Mauer. (Foto!)

Teil 2: „Mist gebaut!"

 EINSTIEG

Die Antwortkarten der Konfis Nr. 9 liegen / hängen zur Ansicht aus.

Wenn alle da sind, wird die Geschichte von Christiane Thiel „Mist gebaut" (A9b[12]) vorgelesen. Frage: „Rebekka, das war einmal" – wirklich? (Schlägt einer der Konfis einen Weg zur Versöhnung vor?)

Am besten ist es, wenn die Gruppe in der Lage ist, ein Streitgespräch „Mädchen" gegen „Jungen" zum angesprochenen Thema zu führen. (Es muss aber darauf geachtet werden, dass nicht ein gerade akuter Streit zwischen wenigen ausgetragen wird, während die anderen stumm bleiben.)

ENTDECKEN

„Und du …?" – Jeder Konfi zieht sich zurück und schreibt eine eigene Erinnerung auf – mit wasserlöslicher Tinte: „Das hätte ich nicht tun sollen" oder „Das tut mir wahnsinnig leid …" Die Teamer gewährleisten, dass ernsthaft gearbeitet wird und dass auf keinen Fall jemand mitliest. Der Raum ist zu diesem Zweck ruhig und nicht zu hell, meditative Musik kann gespielt werden. Die fertigen Texte werden nach innen zu Rollen gedreht und in die Ritzen der Mauer gesteckt.

---

12 Wem das Thema zu intim ist, der kann stattdessen auf den bewährten „Zeugnistag" von Reinhard Mey zurückgreifen: Ein Junge erlebt Schuld und (anders als bei „Rebekka") Entlastung.

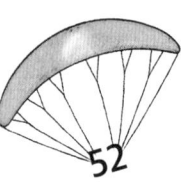

SCHULD UND VERGEBUNG

DEUTEN **Erfahrungsaustausch**

Wie ist das, wenn ich so etwas aufschreibe … einen Fehler, eine dumme Sache, Schuld? Nützt es zu sehen, dass andere auch was zu schreiben haben? Dass ich nicht der einzig Schuldige bin?

Wiederholung Heilandsruf

„Jesus macht Mut, mit allem Leid, aller Angst, aller Not zu ihm zu kommen – auch mit Schuld!; er erzählt dazu Geschichten und hat selbst welche erlebt. Drei solcher Geschichten haben wir mitgebracht; wir möchten, dass ihr sie untersucht: Wie geht Jesus / wie geht Gott mit Versagen und Schuld um?"

Aufgabe

M9.3, M9.4, M9.5   „Lest die Geschichte (Einführung für Teamer: **M9.3** bis **M9.5**. Wir suchen:

1. die Schuld und
2. wie sie aufgehoben werden kann.

 GESTALTEN   **Präsentationen**

Zu den Präsentationen gehen wir möglichst nach draußen auf einen Spielplatz mit Wippe. Nach jeder Präsentation wird auf den einen Sitz der Wippe ein Kartoffelsack gelegt – „Schuld" –; am Ende der Geschichte stemmen wir den Sack in die Höhe – „Vergebung" – und werfen ihn ab – „Befreiung"!

Teil 3: Für dich – für euch

 **EINSTIEG**   **Ankommen**

Prominent im Raum steht das Holzkreuz (Heilandsruf und Netz[13] liegen unauffällig bereit). Wir versammeln uns vor der Mauer.

„Manche Schuld lässt sich aus der Welt schaffen … Wir haben gesehen:

1. Wie der Sohn wieder heimkam;
2. Wie der Herr dem Knecht die Schulden schenkte;
3. Wie Zachäus das ergaunerte Geld wieder zurückgab.

Es gibt auch Schuld, die für immer Spuren hinterlässt …

Angebot

Wiederholung: Heilandsruf. Und neu: „Er hat den Schuldbrief getilgt, der mit seinen Forderungen gegen uns war, und hat ihn weggetan und an das Kreuz geheftet."

M9.6   (**M9.6**; Spruchband / Transparent)

Die Konfis ziehen die „Schuldbriefe" aus den Löchern der Backsteine und werfen sie in ein Netz / einen Korb – dieser Korb wird gemeinsam und feierlich an das Kreuz gehängt.

---

[13] Sollte die Gemeinde eine Partnerschaft mit Papua Neuguinea unterhalten, ist vielleicht ein Bilum verfügbar (traditioneller Netzsack, in dem man Kartoffeln, Nahrung und Kleinkinder transportiert.)

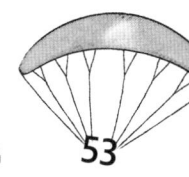

Aufgabe für Kleingruppen

„Schuldbriefe ans Kreuz hängen – das ist eine symbolhafte Handlung, ein *Ritual*. Zu einem Ritual gehört eine *Liturgie* – eine feste, immer wiederkehrende Abfolge von Handlungen und deutenden Worten."

„Eine solche Liturgie sollt ihr entwickeln. Dazu müsst ihr euch zuerst über den Sinn und Grund des Rituals verständigen: Was hat Jesu Kreuz mit unseren Schuldbriefen zu tun?"

Folgende Schritte helfen dabei:"

M9.7
> ggfs. Wiederholung: Was denken andere? Vgl. *konfi live Begleiter*, S. 54 / 57
> Es gibt verschiedene Bilder, um Jesu Rolle zu beschreiben. Bezieht **M9.7** und **M9.8** in eure Überlegungen mit ein.

 **GESTALTEN**   Das Deuten führt – infolge der Aufgabenstellung direkt ins Gestalten.

Erprobung und Feedback
Anschließend werden die Liturgien erprobt.
Mit Feedback: Was hat sich stimmig angefühlt, was sperrig … (nicht wertend formulieren, sondern deskriptiv: Ich-Aussagen der eigenen Empfindung!)?

Teil 4: Frei sein

EINSTIEG   **Ankommen**
Das Kreuz mit dem Netz und den Schuldbriefen steht wieder da.
M9.9
In der Mitte des Sitzkreises liegt ein Stapel mit Regeln (**M9.9**), die nach Schwierigkeitsgrad geordnet sind (die leichtesten oben). Davor hockt der Hüter der Regeln.

ENTDECKEN   **Einstimmen**
Der Hüter beginnt, Karten aufzudecken und vorzulesen. Die Regel gilt jeweils, bis sie umgesetzt ist. Wenn die Regeln immer schwerer und schließlich unlösbar werden, wird abgebrochen.

Erfahrungsaustausch / Bewertung
Wozu sind diese Regeln eigentlich gut? „Okay, das war jetzt ein Spiel – aber gibt es vielleicht auch im Alltag Regeln, die das Leben unnötig schwer machen? Jesus würde dagegen setzen: Regeln sind um des Menschen willen gemacht – nicht der Mensch
M9.10
um der Regeln willen" (**M9.10**).

Überleiten
„Am anderen Ende der Welt, in Papua Neuguinea, da gibt es – fast noch bis heute – Regeln, die das Leben nicht nur schwer machen, sondern sogar bedrohen und gefährden. Wir möchten euch mitnehmen auf eine weite Reise …" (Referentin / Referenten, wenn anwesend, vorstellen, Neuguinea-Karte aus der Bildershow: www.v-r.de/konfi-live.de)

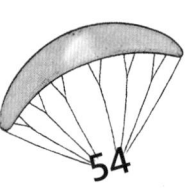

SCHULD UND VERGEBUNG

Eine fremde Welt erleben
Die Konfis erleben eine fremde Welt, die stark von Grenzen geprägt ist. Nach innen gelten andere Regeln als nach außen. Rechtsgrundlage ist das *ius talionis* (Gesetz der Vergeltung).

DEUTEN

Lasst euch Zeit. Lass die Eindrücke, die die Bilder hervorrufen, wirken. Notiere deine Gedanken im *konfi live Begleiter*, S. 180.

Einem fremden Schicksal begegnen
M9.11

Die Geschichte des alten Holzschnitzers (**M9.11**) führt den Rachegedanken ad absurdum und weist unaufdringlich auf einen Ausweg hin: Der Christus am Kreuz durchbricht die Regeln des Todes. Das Leben soll siegen, jedes (Menschen)-Leben ist kostbar.

GESTALTEN

Das fremde Schicksal „an-probieren"
Die Konfis planen eine Aktion für den alten Mann – die die Stämme vom Gesetz der Rache befreien soll.

Präsentationen und Nachgespräch
Angesichts der Präsentationen kehren die Konfis in den eigenen Alltag zurück – „Rache ist süß …" – wirklich?

ABSCHLUSS

Zeichenhandlung
Die Konfis versammeln sich vor dem Kreuz mit dem Netz. „Da sind immer noch eure Schuldbriefe drin."

Ein großes durchsichtiges Gefäß wird mit Wasser gefüllt. Das Netz wird vom Kreuz genommen und mitsamt den Briefen hineingetaucht. Die lösliche Tinte löst sich auf … Dazu kann Psalm 103 (*konfi live Begleiter*, S. 35) gelesen werden.

„Schuld wegwaschen – das ist auch ein Verständnis von Taufe …" (als Vorschau formulieren, falls als nächste Einheit das Thema Taufe an die Reihe kommt)
Lied: Gott gab uns Atem (EG 432)

Segen

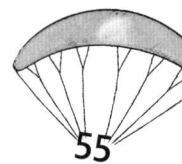

SCHULD UND VERGEBUNG

Mehr

Nachhaltigkeit und Weiterarbeit

> Die Überleitung von Teil 4 dieser Einheit zur Taufeinheit ist hier angelegt, so dass wiederholend und aufbauend gelernt werden kann.

Arbeit mit dem *konfi live Begleiter*

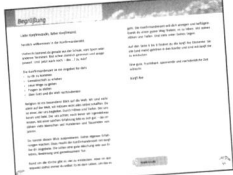

S. 35: Hier findet sich der Psalm von der „Barmherzigkeit Gottes".

150 / 157: In zwei Zusammenhängen kommt im *konfi live Begleiter* die Vergebung zur Sprache: beim Vaterunser und beim Abendmahl. Beide Zusammenhänge gilt es zu erkunden.

S. 46 / 47 und 36 / 37: Neuerzählungen der biblischer Vergebungsgeschichten: Zachäus, Verlorener Sohn.

Alternative / ergänzende Ideen

M9.12

Collagen: Alternativ können Belastungs- und Befreiungserfahren aus dem Alltag thematisiert werden, z. B. mit Spielszenen und einer Paraphrase des Liedes „Zeugnistag" von Reinhard Mey (**M9.12**).

Sorgensteine und Schuldbriefe: Es ist inhaltlich und seelsorglich plausibler, die Sorgensteine und die Schuldbriefe nicht zwei-, dreimal neu in die Gruppentreffen mitzubringen. Eigentlich „müssen" sie in derselben Sitzung, in der sie gestaltet werden, auch verschwinden. Angesichts der breit entfalteten Befreiungsthematik hier bleiben Sorgen und Schuld jedoch über eine längere Frist in der Schwebe. Das ist aufzufangen durch klare Ansagen: Sorgensteine und Schuldbriefe sind zu jeder Zeit vor unbefugtem Zugriff geschützt. Und: Wenn nicht alle Teile der Einheit zur Umsetzung kommen, muss umso mehr darauf geachtet werden, die Schuldbriefe auf jeden Fall symbolträchtig „loszuwerden".

M9.13

Verlorener Sohn, Zachäus, Schalksknecht: Diese drei Geschichten erzählen explizit von Schuld und der Möglichkeit der Vergebung. Einen offeneren Zugang – „Last" statt „Schuld" – eröffnet die Geschichte von Jesus und der verkrümmten Frau (Lk 13,1–13); insbesondere in einer kreativen Erarbeitung (**M9.13**).

KA inklusiv: Das „Nicht-Genügen-Können" stellt für Menschen mit einem Handicap eine viel existenziellere Herausforderung dar, als sie hier anhand von „Coolness" und „Angesagt-Sein" thematisiert wird. Und von Schuld zu sprechen, z. B. bei geistig Behinderten, macht überhaupt keinen Sinn. Umso wichtiger: Die ganzheitliche Erfahrung in den Mittelpunkt zu stellen – das Lasten-Abwerfen, die Befreiung, wenn mir jemand abnimmt, was mich quält.

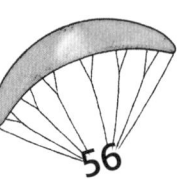

Wasser des Lebens: Taufe

10

Zur Einführung für Pfarrer/in und Team *Zur Taufe gehört das Wasser. Da aus Wasser neues Leben entsteht, mit Wasser gereinigt und etwas abgewaschen werden kann, symbolisiert es: Mit der Taufew beginnt etwas Neues, eine lebendige Beziehung zu Gott.*

Zur Taufe gehört der Segen. Eltern bringen ihr Kind zur Taufe, weil sie darauf vertrauen, dass das Leben ihres Kindes von Gott getragen wird. Deshalb ist „denn er hat seinen Engeln befohlen, dass sie dich behüten auf allen deinen Wegen", einer der beliebtesten Taufsprüche (Ps 91,11).

Zur Taufe gehören Namen: Der Name des dreieinigen Gottes und der Name des Täuflings werden miteinander verknüpft. Mit der Taufe machen sich Menschen bewusst, dass Gott einen Bund mit ihnen geschlossen hat. Diese Vorstellung ist für Kinder und Jugendliche wichtig, die sich selbst zur Taufe entschließen.

Diese Einheit setzt mit der Wasser-Symbolik ein – als Verknüpfungsmöglichkeit mit der Vergebungs-Thematik aus Einheit 9. Zum Thema „Segen" beschäftigen wir uns mit Lebensworten – schon im Hinblick auf die Konfirmation. Die Namens-Thematik ist vielschichtig: Name und „ich", Gottes Name, Gottes Bund.

Vorbereitung / Material

Teil 1: Die Konfis sind im Vorfeld aufgefordert, einen Tag lang „Wassertagebuch" zu führen (*konfi live Begleiter*, S. 130), großes Aquarium o. Ä., Schwimmknete, Traumreise **M10.1**, alte Zeitschriften, versch. Papiersorten (z. B. Ton- und Transparentpapier), Klebstoff

M10.1

Teil 2: Die Konfis sind im Vorfeld aufgefordert, ihren Taufspruch in den *konfi live Begleiter* einzutragen (S. 138); die Antwortkarten der Konfis Nr. 10

Teil 3: Dominosteine aus den Silben der Konfi-Namen: Namen hintereinanderschreiben mit Silbentrennung; immer zwei Silben pro Karte: Re-bek-|ka-kai-|mi-cha-|el-o-|laf-nik-|las-pau-|la-de-|nise-ma-|rie; Info-Text **M10.2**; Vorbereitungen für Bibelgeschichten „Benennung" und „Taufe" **M10.3** und **M10.4**.

M10.2
M10.3, M10.4

Verlauf

Teil 1: Symbol Wasser

EINSTIEG

Ankommen
Im Raum ist ein großes Wasserbecken (Aquarium) aufgebaut; jeder Konfi erhält einen Klumpen Schwimmknete und den Auftrag, einen individuellen Fisch zu formen und ins Wasser zu setzen.

Begrüßung
„Seht, wie sie schwimmen ... Wasser trägt. Ich lade euch ein, diese Erfahrung auch selbst zu machen: Setzt euch bequem hin und kommt mit auf eine Traumreise zu Wasser ..."

ENTDECKEN
M10.1

Traumreise
Mit **M10.1**

DEUTEN

Lasst euch Zeit. Lass die Bilder und Empfindungen wirken. Schreibe das Wort „Wasser" – und gestalte es so, wie du es gerade empfindest (z. B. in den *konfi live Begleiter*, hinten auf eine freie Seite).

Vergleichen
In Kleingruppen: Die Mitglieder stellen ihre Wassertagebücher (*konfi live Begleiter*) vor. Viele Einträge werden sich ähneln; besondere Beachtung finden die Unterschiede.

Erzählen
Nach den Eindrücken der Traumreise und angesichts des Wasser-Alltags (Tagebuch): Wer kann eine Wassergeschichte erzählen?

Bündeln
Anschließend wird festgehalten: Was haben wir alles über das Wasser gesagt / mit Wasser erlebt? Lässt sich das sammeln / sortieren? (mögliches Ergebnis: Wasser schafft Leben / Wasser bedroht Leben!)

GESTALTEN

Aufgabe
„Entwerft ein Wasser-Plakat. Ihr könnt malen und / oder kleben (collagieren mit Zeitschriften-Ausschnitten, Transparentpapier u. a.). Das Plakat soll einen Titel haben „Wasser ist ..."

Präsentation
Alle Plakate werden ausgestellt; die Ausstellung wird gemeinsam begangen.

Pause

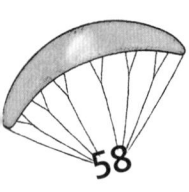

Teil 2: Glück und Segen

EINSTIEG — **Anknüpfen**

„Wasser gehört zur Taufe – Wasser mit seiner reinigenden, erfrischenden, stärkenden Kraft. Das spüren besonders Erwachsene, die sich taufen lassen. Wenn Eltern ihre Babys zur Taufe bringen, verbinden sie mit Taufe vor allem die Bitte um Schutz und Bewahrung – Segen. Die Wahl der Taufsprüche macht das deutlich."

ENTDECKEN — **Aufgabe / Verabredungen**

Die Konfis sollen hier zu einer eigenen Einschätzung kommen; dazu stehen ihnen folgende Quellen zur Verfügung:
> die Taufsprüche ihrer Mit-Konfis
> Taufsprüche aus Taufanzeigen (Familienanzeigen in Sonntagszeitungen)
> Taufsprüche im Netz, z. B. auf der EKD-Seite www.taufspruch.de
> Haustür-zu-Haustür-Befragung in der Nachbarschaft

Die Konfis und Teamer verabreden das Vorgehen, z. B. wer Interviews führt, wer wo ins Internet geht, wer Zeitungen auswertet, wer die Taufsprüche der Mit-Konfis zusammenstellt …

DEUTEN

Lasst euch Zeit. Überlege für dich allein: Was haben wir da gefunden? Was hat mich besonders beschäftigt? Was will ich nicht vergessen? Notiere einen Gedanken im *konfi live Begleiter* (S. 138).

Auswertung

Die Konfis sichten, besprechen und strukturieren ihre Befunde: Welche Themen werden in den Sprüchen und Anzeigen aufgerufen? (Cluster) Was sind Lieblingsthemen? (Hitliste) Warum sind sie so beliebt? (eigene Stellungnahme)

GESTALTEN — **Persönliche Auseinandersetzung**

Jeder Konfi wählt einen Taufspruch und präsentiert ihn: Auf ein DIN-A4-Blatt schreiben; ummalen / umschreiben / umkleben.

Präsentation

Die Plakate werden ausgestellt; wer will, kann zu seiner Arbeit auch persönlich Stellung nehmen

ABSCHLUSS — **Segenkreis**

Jeder Konfi erhält einen persönlichen Segen – die Gruppe bildet ein Segensdach.

Teil 3: Symbol Name

▷	**EINSTIEG**	**Ankommen**
		Die Domino-Steine sind ausgelegt; die Konfis beginnen, sobald sie kommen, zu legen, bis schließlich eine Schlange aus den Konfi-Namen in der Mitte liegt.
		Begrüßen
		„Das seid ihr! Eure Namen gehören zu euch; wenn wir den Namen einer Person kennen, können wir sie rufen, ansprechen, für sie beten …"
😮	**ENTDECKEN**	**Austauschen**
		„Wer möchte, kann etwas zu seinem Namen sagen: ob er ihn mag, was er bedeutet, ob er einen Spitznamen hat o. ä."
	DEUTEN	**Sich nennen**
		Jede/r Konfi zieht sich mit seinem *konfi live Begleiter* zurück; im Zusammenhang mit dem, was er/sie in die „Vorstellung" (S. 10–15) hineingeschrieben hat, bedenkt er/sie Anreden und Namen, auf die er/sie gern hört.
		Vortrag eines Kirchenvorstehers / Hauptamtlichen
M10.2		Taufe ist nicht Benennung, sondern Verbindung des eigenen Namens mit dem dreifachen Namen Gottes – so wird ein Bund geschlossen, der von Gottes Seite schon immer besteht. (**M10.2**)
		Arbeitseinheit in Kleingruppen
M10.3, M10.4		Beispiel: Benennung (Abraham, Johannes, Jesus) ☞ Taufe Jesu (**M10.3** und **M10.4**)
		Anschließend: Sichtung der Antwortkarten der Konfis: „Taufe ist …"
	GESTALTEN	**Kampagne**
M10.2		Die Konfis entwickeln eine Info-/PR-Kampagne „Taufe für Jugendliche" (mit **M10.2**)
	ABSCHLUSS	Tauflieder-Singen, Gebet, Segen

Mehr

Nachhaltigkeit und Weiterarbeit

> Eine Wasser-Bilder-Ausstellung in der Kirche, z. B. zu einem Thementag Umwelt / Taufe / Tauferinnerung.
> Die Taufspruch-Gestaltungen werden zu einer Mappe zusammengestellt; diese hilft Tauf-Eltern bei der Wahl eines Taufspruches für ihr Kind bzw. Kindern / Jugendlichen, die selbst wählen.
> Die Taufkampagne kann in die Schulen der Konfis getragen werden.

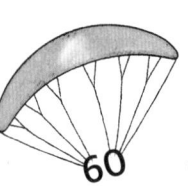

Arbeit mit dem *konfi live Begleiter*

S. 130/138: Die Konfis notieren hier ihren Taufspruch bzw. ihr Wassertagebuch zur Vorbereitung auf den Unterricht.

S. 129–138: Diese Seiten bieten weitere Zugänge und Denkanstöße; z. B. auch darüber, was ein Sakrament ist (133) und über verschiedene Taufverständnisse.

Alternative / ergänzende Ideen

Taufe erleben: Immer wieder kommt es vor, dass Konfis sich während der Konfirmandenzeit taufen lassen. Die Einheit zur Taufe kann dann ganz und gar auf dieses Ereignis abgestimmt werden; manche Gemeinden bieten Konfi-Camps unter dem Motto Taufe an, die in der Taufe der noch nicht getauften Konfis ihren Höhepunkt finden. Mit Stationen zu den Elementen „Wasser", „Segen", „Name", „Geist" und vielen kreativen Ideen zur ganzheitlichen Ausgestaltung des Tauffestes (Lichter-Flöße auf dem angrenzenden Fluss / See o. ä.).

M10.5

KA inklusiv: Eine sinnliche Erarbeitung der Taufzusage („Ich habe dich bei deinem Namen gerufen; du bist mein") spricht ganzheitlich an und vermeidet die Schwelle eines rein kognitiven Zugangs (**M10.5**)

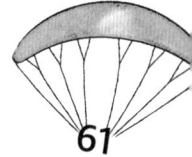

WASSER DES LEBENS: TAUFE

11 Brot des Lebens: Abendmahl

Zur Einführung für Pfarrer/in und Team Der Brauch, sich zum Essen zusammenzusetzen, durchzieht wie ein roter Faden wie Bibel. Das Symbol des Mahls steht für Gemeinschaft und Zusammengehörigkeit im umfassenden Sinn. Wo zusammen gegessen, wo zum Mahl geladen wird, geht es um mehr als ums leibliche Sattwerden. Gemeinschaftsmahl, vergegenwärtigende Erinnerung Jesu Christi, Sündenvergebung – wie die Taufe ist auch das Abendmahl ein komplexes Symbol.
Jugendliche suchen das Geheimnis des Glaubens. Im Angebot des Abendmahls erahnen sie eine Möglichkeit der Gemeinschaft mit Gott. Dem Verstehen mag sie sich nie ganz erschließen, im Erleben aber wird sie spürbar.

Vom Erleben der Feier des Abendmahls im Gemeindegottesdienst (Teil 1: Sonntag morgen) über das Erarbeiten der Liturgie und ihrer Bedeutungen führt der Weg zur Gestaltung eines eigenen Konfi-Abendmahls (Teil 2: ganzer Tag), zu dessen Wiederholung Kirchenvorstand und Eltern eingeladen werden können (s. „Mehr").

Vorbereitung / Material

Teil 1: Verabredung zum Abendmahlgottesdienst; die Konfis richten den Altar her und assistieren beim Abendmahl; anschließend sollte Kirchkaffee sein, damit die Konfis Gelegenheit haben, anderen Gemeindegliedern Fragen zum Abendmahl zu stellen.

Teil 2: die Antwortkarten der Konfis Nr. 11; Fladen- (Pizza-, Keks-) Teig; Quark und Zutaten für Dips; Obstsäfte und Zitrusfrüchte. Gemeindeküche mit Backofen, Backblechen, Herd und großer Pfanne, ggfs. Belag für die Pizza, Nudelholz und Ausstechförmchen (Herzen), Karaffen, Krüge; Tischdecken, Teller, Gläser, Besteck, Servietten und Tischdekoration, Materialblatt **M11.1.**, Geschichten aus dem *konfi live Begleiter*, S. 144/5 und 149. Abendmahlsliturgie (*konfi live*-Begleiter, S. 135)

M11.1

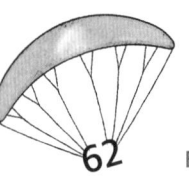

Verlauf

Teil 1: Ein Geheimnis

EINSTIEG — Ankommen
Die Konfis versammeln sich im Gemeinderaum; die Küsterin erwartet sie mit den Gegenständen des Altars; darunter auch: das Abendmahlsgeschirr.

ENTDECKEN — Teilnehmen
Gemeinsam tragen sie die Dinge in die Kirche und zum Altar und arrangieren sie. Die Konfis setzen sich in die vorderen Reihen (Ablauf im *konfi live Begleiter*, S. 143)

Die Gemeinde (das sind auch die Konfis) feiern gemeinsam Gottesdienst; gut ist es, wenn die Konfis Aufgaben übernehmen, z.B. kleine Sprechrollen innerhalb einer dialogisch angelegten Predigt / ein kleines Anspiel. Zwei / vier Freiwillige assistieren beim Abendmahl: Vorher besprechen, wie das Brot gereicht, der Kelch gereinigt wird. Alle Konfis, die wollen, nehmen gemeinsam am Abendmahl teil.

Fragen
Beim anschließenden Kirchkaffee fragen die Konfis die anderen Gottesdienstbesucher nach ihrem Verständnis des Abendmahls. Sie sagen, was ihnen aufgefallen ist, und fragen nach.

Teil 2: Gemeinschaft

EINSTIEG — Ankommen
> An den Wänden heften die Antwortkarten der Konfis Nr. 11
> Im Gemeindesaal sind die Tische zu einer langen Tafel zusammengeschoben, Stühle darum herum arrangiert. Körbe mit Geschirr und Besteck stehen bereit. Tischdecken und Deko-Material.
> In der Küche ist ein Fladenteig in Vorbereitung, verschiedene Dips können zubereitet werden. Es kann auch Pizzateig zum Belegen / Keksteig zum Ausstechen vorbereitet sein.
> Getränke: Obstsäfte, Sirups. Weintrauben, Orangen, Grapefruit, Zitrone, Minze, Saftpresse, Karaffen

ENTDECKEN — Begrüßen
„Willkommen zu unserem heutigen Treffen, das ganz im Zeichen des gemeinsamen Essens und Trinkens stehen soll. Wir wollen uns gegenseitig ein Fest bereiten: den Tisch in eine festliche Tafel verwandeln, Brot (Pizza, Kekse) backen, Getränke mixen ..."

Verabreden
Die Konfis verteilen sich auf die verschiedenen Arbeitsbereiche: backen, mixen, Tisch decken; eine Gruppe sucht Lieder aus, formuliert ein Tischgebet (für den Anfang) und ein Dankgebet (für den Abschluss (Vorschläge, z. B. auf **M11.1**)

M11.1

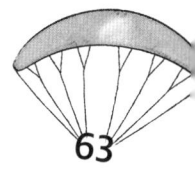

BROT DES LEBENS: ABENDMAHL

Miteinander essen und trinken

Für das gemeinsame Essen, das mit Singen und Tischgebet beginnt, gelten Regeln: Keiner nimmt sich selbst. Jeder fragt danach, was sein Nachbar braucht / möchte, und hilft ihm möglichst.

 DEUTEN

Lasst euch Zeit: Überlege ganz für dich allein: Wie ist das – zusammen zu essen? Was bedeutet das gegenseitige Vorlegen und Weiterreichen? Schau dir im *konfi live Begleiter* dazu die Seiten 139–142 an; du kannst deine Notizen dazuschreiben.

Geschichten hören

1 Teamer/in liest die Geschichte von König Magnus vor (**konfi live Begleiter**, S. 149)
2 Teamer/in liest die Geschichte vom großen Gastmahl vor (Lukas 14,15–24)
3 Teamer/in liest die Geschichte von Jesu letztem Abendmahl vor (Markus 14,12–16.22–25)
4 Teamer/in liest die Geschichte von den Emmausjüngern vor (**konfi live Begleiter**, S. 146/7)

Geschichten befragen

Jeweils nach einer der Geschichten eröffnet ein anderer Teamer eine Reflexion:
1 Ich frage mich:
Was bedeutet Brotbrechen?
Was hat die Geschichte mit unserem Thema „Abendmahl" zu tun?

2 Ich frage mich:
Wofür ist dieses Gastmahl in Jesu Gleichnis ein Sinnbild?
Warum erzählt Jesus diese Geschichte?
Was hat die Geschichte mit unserem Thema „Abendmahl" zu tun?

3 Ich frage mich:
Was meint Jesus mit seinen Worten? Woran sollen Brotbrechen und aus dem Kelch Trinken erinnern? Was sollen sie bewirken?

4 Ich frage mich:
Woran haben die Jünger Jesus erkannt?
Was war der Anlass, was der Grund?

Aufräumen

Genauso, wie das Essen gemeinsam vorbereitet wurde, wird es auch gemeinsam abgebaut, Raum und Küche werden aufgeräumt und gereinigt.

Pause

Überleiten

„Ihr habt Erfahrungen mit gemeinsamem Essen gemacht – neulich in der Kirche, vorhin hier im Gemeindesaal: Abendmahl und Abendessen haben miteinander zu tun – und unterscheiden sich doch." Die Konfis betrachten die Antwortkarten.

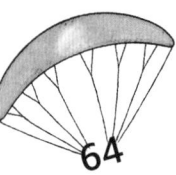

GESTALTEN

Aufgabe

„Im *konfi live Begleiter* findet ihr die Liturgie des Abendmahls. Die Einsetzungsworte, die Pfarrer / Pastorin über Brot und Wein spricht (lasst sie euch nennen!), werden nicht verändert; was er / sie jedoch zur Gemeinde sagt und wie die Gemeinde am Abendmahl beteiligt wird – das könnte man auch anders machen. Ich kann mir denken, dass ihr das Abendmahl vielleicht fröhlicher und verständiger mitfeiern könntet, wenn die Liturgie einfacher und deutlicher wäre. Darum: Setzt euch in kleinen Gruppen mit euren Teamern zusammen und schaut euch die Liturgie genau an – was möchtet ihr anders machen oder übersetzen? Ich bin sehr gespannt auf eure Vorschläge."

Besprechen

Im Plenum werden die Vorschläge vorgestellt und gemeinsam entschieden, was probiert werden soll. Zu einer kleinen Abendmahlsfeier gehen alle noch einmal in die Kirche. (endet mit Vaterunser, Lied und Segen).

Mehr

Nachhaltigkeit und Weiterarbeit

Arbeit mit dem *konfi live Begleiter*

S. 139–150. Diese Seiten spannen einen Bogen von Gemeinschaft / Teilen über Erinnern bis hin zur Schuldvergebung. Außer den schon genannten Geschichten können die abgedruckten Lieder zum eigenen Verständnis von Abendmahl beitragen.

Alternative / ergänzende Ideen

Einladung: Die Konfis bereiten ein besonderes Mahl für die Eltern (oder für die Gemeinde) vor; sie gestalten hierzu einen Einladungsflyer, der auf die Gemeinschaft stiftende Kraft gemeinsamen Essens, Trinkens und Feierns hinweist. Ein solches Projekt entspricht auch gut den Herausforderungen einer inklusiven Konfirmandenzeit.

Dem Geheimnis des Abendmahls auf der Spur: Die Konfis bekommen eine Ablage, z. B. eine Teppichfliese, und sollen mit wenigen Mitteln, die ihnen zur Verfügung gestellt werden, ihre „Insel" gestalten. Im zweiten Schritt bekommen sie die Aufgabe, eine Verbindung zu einem, zu zwei, zu drei Nachbarn zu legen. Dabei kann Krepppapier oder Wolle benutzt werden. Im dritten Schritt wird ein Symbol des Abendmahls in die Mitte des Raumes gestellt. Dazu gibt es die Erklärung: Christi Einladung zum Abendmahl gilt allen. Darum wird im Anschluss von diesem Symbol zu jedem Einzelnen eine Verbindung gelegt.

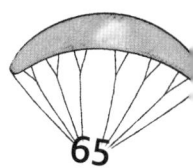

12 „Glauben" im SMS-Format

Zur Einführung für Pfarrer/in und Team Unübersehbar viele individuelle Wege gibt es heute, Gott zu suchen und mit Gott zu leben. Das steigert den Wert eines gemeinsamen Bekenntnisses. Zusammengehörigkeit entsteht, wo Menschen überall auf der Welt sich auf gemeinsame Grundüberzeugungen einigen. Glaubenssprache ist symbolische Sprache; jede Zeit, jede Generation und heute auch jedes Individuum wird sie neu für sich mit Bedeutung füllen. Dabei bleiben die Eckpfeiler: Gott der Schöpfer, Jesus Christus, der Gott-bei-den-Menschen, der Heilige Geist, Gott-in-den-Menschen.

Die Einheit hat eine empirische und eine theologische Hälfte:
> Was ist „bekennen", was ist „glauben" einerseits,
> was sind verbindlich christliche Glaubensinhalte andererseits – und wie kann ich sie verstehen?

Vorbereitung / Material

M12.1

Teil 1: Stimmzettel **M12.1**; Antwortkarten der Konfis Nr. 12; Ordner „Was Promis glauben" des Katholischen Schulkommissariats in Bayern (oder eine ähnliche Sammlung; es gibt auch Filme zum Thema, z. B. Porträts christlicher, jüdischer und muslimischer Kinder im Kika-Film „Schnitzeljagd im Heiligen Land", mit Arbeitsmaterial bei Matthias-Film gGmbH, Berlin); die Konfis können auch in der Gemeinde Statements einfangen, z. B. nach dem Gottesdienst von den Kirchgängern.

M12.2

Teil 2: Gips und Mullbinden, um Masken zu bauen; Farben, Bibeln, Gesangbücher, Vortrag **M12.2**

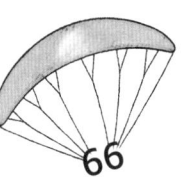

Verlauf

Teil 1: Ich bekenne, ich glaube

EINSTIEG

M12.1

Ankommen
Die Konfis erhalten einen Stimmzettel „Ja, ich will" (**M12.1**), mit Möglichkeit zu unterschreiben / mit der impliziten Aufforderung zu unterschreiben.

Begrüßung
„Herzlich willkommen zu unserem heutigen Treffen. Wir sind schon mitten im Thema – Ihr habt einen Stimmzettel bekommen, auf dem ihr ein Bekenntnis ablegen solltet. Wer hat denn schon unterschrieben?" Teilung der Gruppe in die, die unterschrieben haben, und die, die nicht unterschrieben haben. Murmelphase, in der sie sich gegenseitig über ihre Entscheidung verständigen. Dann im Plenum: Statements beider Gruppen (z. B. „Man muss doch erst wissen, zu was man sich bekennt"; „Wir haben gedacht, es wird wohl um die Konfirmation gehen" o. ä.)

Statt Andacht
Die Konfis lernen ein Glaubenslied, z. B. EG 184 (EG Bayern 704)

ENTDECKEN

Ich-Sagen
Im Konfer-Saal wird eine Bühne markiert (z. B. einfach mit Kreppband); die Konfis sitzen davor in Kinositz-Anordnung. Jeder Konfis hat nun seinen Auftritt. Nach vorn an die Linie treten, einen Augenblick stehen bleiben, ins Publikum schauen, deutlich und klar seinen Namen sagen: „Ich bin NN", dann noch einen Augenblick stehen bleiben, dann erst zurücktreten.

Ich-will-sagen
Die Übung soll wiederholt werden. Dazu zieht sich zunächst jeder Konfi an einen ruhigen Platz zurück und überlegt sich, wozu er öffentlich ja-sagen kann. Er formuliert einen Satz (kann notiert werden: *konfi live Begleiter* S. 161). Er soll seinen Satz aber frei sprechen können. – Das Prozedere ist dann das Gleiche wie bei Durchgang 1. Anschließend Erfahrungsaustausch: Wie ist das, da vorn zu stehen und sich zu bekennen?

Ich-glaube-sagen
Für den dritten Teil der Übung wird die Gruppe in die Kirche gehen; statt der „Bühne" sind dort Altar und Kanzel Orte des Bekenntnisses. Jeder überlegt sich einen Satz, der beginnt mit: „Ich glaube an" oder „Ich glaube, dass" (*konfi live Begleiter* S. 163). Dieser Satz kann an verschiedenen Orten probiert werden.

DEUTEN

Glauben ist ...

Lasst euch Zeit. Überlege ganz für dich allein: Was bedeutet eigentlich „glauben"? Was hat es dir bedeutet, laut zu sagen, was du glaubst / zu hören, was andere glauben? Notiere einen Gedanken im *konfi live Begleiter* (S. 163).

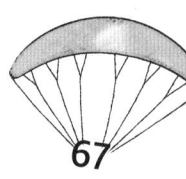

Die Antwort-Karten der Konfis liegen zur Betrachtung aus. Die Konfis gehen in Gruppen und überlegen, was das ist: Glauben. Sie überführen ihre Überlegungen in ein Standbild, um im Plenum ihr Ergebnis präsentieren zu können.

Woran Menschen glauben und was das für sie bedeutet
> Entweder: Die Konfis bilden Gruppen „Sport", „Film", „Politik" – und erhalten entsprechend die Glaubens-Aussagen von Promis aus dem Ordner.
> Oder: Vorführung von Kinderporträts aus dem Film „Schnitzeljagd im Heiligen Land"; jeweils mit der Frage: Was glauben diese Kinder / Jugendlichen? Und: Was bringt ihnen das?
> Oder: Angenommen, dieser erste Teil der Einheit kann an einem Sonntagvormittag/frühen Nachmittag stattfinden und am Abend wäre der Gemeindegottesdienst, dann können die Konfis gemeinsam in den Gottesdienst gehen und anschließend die Kirchenbesucher befragen: „Woran glauben Sie? Was bringt Ihnen das?"

GESTALTEN **Filme drehen**
In Gruppen: Die Konfis drehen selbst kleine Porträts: Eine/r nach dem/der anderen erzählt in die Kamera, wer sie ist, was sie gern macht, was sie hofft, fürchtet, träumt, wie das ist mit ihr/ihm und Gott …

ABSCHLUSS Teil 1
Gemeinsames Glaubensbekenntnis, Lied „Gott liebt diese Welt" (EG 409), Segen

Teil 2: Ich bekenne, ich glaube – was?

ANKNÜPFEN **Ankommen**
Glaubensbekenntnislied

Begrüßen und Überleiten
„Erinnert ihr euch noch? An die verschiedenen Glaubenszeugnisse, mit denen wir uns beim letzten Treffen auseinandergesetzt haben? Das war sehr eindrucksvoll. Neben den vielen privaten Glaubensbekenntnissen gibt es aber auch eines, dass Christen aller Kirchen, Konfessionen und Länder eint – das Apostolische Glaubensbekenntnis …"

DEUTEN **Einführung**
Einführung ins Glaubensbekenntnis
Ein Kirchenvorsteher/Hauptamtlicher führt in das Glaubensbekenntnis ein (mit **M12.2**); die Dreigliedrigkeit ist Abbild der Trinitätslehre – Stolperstein und Alleinstellungsmerkmal christlichen Glaubens.

M12.2

Lasst euch Zeit: Zieh dich mit deinem **konfi live Begleiter** zurück, lies für dich allein das Glaubensbekenntnis (S. 122) und schau dir die Seiten zum Thema an (S. 161–170). Du findest auch Platz für Notizen.

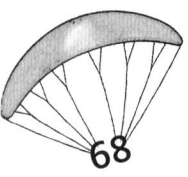

Einführung des Bildes der Maske

Von Personen der Trinität sprechen wir – von lateinisch „persona"; das waren im antiken Theater die Masken, durch die hindurch die Schauspieler sprachen. Mit diesem Bild (das wie alle Bilder natürlich nicht überinterpretiert werden darf) lässt sich veranschaulichen, dass EIN Gott uns in drei „Rollen" (personae, „Masken") begegnet.

GESTALTEN

Maskenbau

Entweder: In Din-A4-Blätter zwei Augen- und einen Mundschlitz arbeiten, an den Ecken zur Mitte hin 2 cm einschneiden, zusammentackern;

Oder: einen (bei größeren Gruppen zwei oder drei) sehr großen Luftballon (Durchmesser 1 m²) mit Gipsbinden bedecken und so eine Pappmaché-Kugel herstellen. Diese in drei Masken unterteilen.

Masken kenntlich machen

Jede erste Maske wird Symbole für und Hinweise auf Gott Vater, den Schöpfer, tragen; jede zweite Symbole für und Hinweise auf Jesus Christus; jede dritte Symbole für und Hinweise auf den Heiligen Geist. Je zwei bis drei Konfis arbeiten an einer Maske. Als Hintergrundmaterial dienen der jeweilige Artikel des Glaubensbekenntnisses (*konfi live Begleiter*, S. 122) sowie die Seiten zu „Gott" (S. 21–38), „Jesus Christus" (S. 39–58) und „Heiliger Geist" (S. 59–68) im *konfi live Begleiter*.

Aus den Masken sprechen

Die jeweiligen Gruppen entscheiden, was ihre Maske sagen soll; dazu suchen sie Ideen im *konfi live Begleiter*, in Gesangbuch und Bibel …

Probieren

Jeweils ein Sprecher spricht durch drei Masken in drei verschiedenen Rollen (Vater, Sohn und Heiliger Geist) – und ist dennoch immer derselbe.

ABSCHLUSS Glaubensbekenntnis, Segen, Lied: „Gott liebt diese Welt" (EG 409)

Mehr

Nachhaltigkeit und Weiterarbeit

> Das Glaubensbekenntnis ist mit persönlicher Auseinandersetzung und Erfahrung verbunden worden.

Arbeit mit dem *konfi live Begleiter*

S. 122: das Glaubensbekenntnis zum Aufschlagen

S. 23–38 / 39–58 / 59–67: Aufschlussreiches zu den drei Personen der Trinität

S. 161–169: weitere Aspekte zum Glaubensbekenntnis zum Nachlesen und zum Austausch

Alternative / ergänzende Ideen

M12.2

Das Apostolische Glaubensbekenntnis: mit Hilfe von **M12.2** können die Konfis in Gruppen die einzelnen Verse (oder Artikel) des Credo lesen, diskutieren und mit eigenem Leben füllen. Es gibt zwei Varianten: Entweder die Konfis übertragen die alten Sätze zunächst in ihre Sprache (ohne inhaltliche Anleitung), erhalten dann Erschließungshilfen, setzen sich inhaltlich auseinander – und formulieren dann noch einmal; oder sie erhalten die Sätze und den Kommentar von Anfang an zusammen und setzen sich eigenständig mit beidem auseinander.

Anm.: Variante 1 ist besonders interessant, wenn die beiden Arbeitsphasen weit auseinandergezogen werden, z. B.: erster Kontakt am Anfang der Konfi-Zeit, Wiederaufnahme und Weitererarbeitung am Ende.

Credo: Es gibt viele moderne Glaubensbekenntnisse, auch von Jugend- und Konfi-Gruppen. Sie können ebenfalls als Material zur Auseinandersetzung verwendet werden. (Beispiele im digitalen Zusatzmaterial)

KA inklusiv: Wenn das Auswendiglernen des Credo Schwierigkeiten macht, hilft das Basteln einer Credo-Kette: Benötigt werden drei große Perlen – Vater, Sohn und Heiliger Geist (golden, weiß und rot); dazu drei kleinere goldene (Gott, Allmächtiger, Schöpfer), zwei kleinere weiße (Jesus Christus, Herrn) und neun durchsichtige (für die Stationen des Kirchenjahres: empfangen, geboren, gelitten, gekreuzigt, hinabgestiegen, auferstanden, aufgefahren, sitzt zur Rechten, wird kommen), fünf violette für die Wirkungen des Heiligen Geistes: Kirche, Gemeinschaft der Heiligen, Vergebung, Auferstehung, Ewiges Leben. Die Perlen werden in drei Abteilungen aufgefädelt, Vater, Sohn, Geist. Jede Perle wird mit einem Knoten fixiert. Das Band kann je nach Größe der Perlen und Länge am Handgelenk getragen oder als Strang oder Kette am Hosenbund getragen werden. Eine Variante mit großen Holzperlen ermöglicht es, die Perlen mit Symbolen oder Initialen zu markieren.

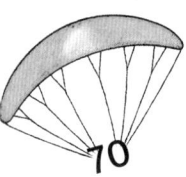

Leitplanken der Lebensstraße: Gebote

Zur Einführung für Pfarrer/in und Team Die Regeln sind um des Menschen willen gemacht, nicht der Mensch um der Regeln willen – diese „Regel" (Jesus, Mk 2,27, über den Sabbat) vor allem sollen die Konfis erlernen, um zu mündigen Bürgern und mündigen Christen heranzuwachsen. Am Umgang Jesu mit den Gesetzen des Alten Testaments lässt sich entdecken, wie der Lebens-Sinn von Regeln immer wieder neu gesucht werden muss.

„Was ist Gottes Wille? Wie sollen wir leben?" Diese Frage scheint eindeutig zu beantworten zu sein mit dem Verweis auf die Zehn Gebote und das Doppelgebot der Liebe. Und doch gibt der Wortlaut der Gebote keine Sicherheit bezüglich des Lebenssinns: Was heißt „den Feiertag heiligen" angesichts der Beschleunigung und Ent-Rhythmisierung des Lebens? Was heißt „nicht töten" angesichts von Apparatemedizin, Genforschung und Massentierhaltung? Wo beginnen Ehebruch, Betrug, Diebstahl in einer so komplexen Gesellschaft wie unserer? Und das Liebesgebot: Wer ist der Nächste? – Schon Jesus musste es erklären ...
Die Konfis lernen vor allem eines: dass sie es sind, die immer wieder selbst zu entscheiden haben, wo für sie die Grenze verläuft zwischen Gut (dem, was dem Nächsten, dem Leben dient), und Böse (dem, was schädigt und verletzt).

> Sie fragen Gemeindeglieder, was nach deren Meinung „Gottes Wille" ist.
> Die Konfis setzen sich mit den Antithesen der Bergpredigt auseinander und „übersetzen" sie.
> Sie werden mit Bearbeitungen der zehn Gebote konfrontiert und erarbeiten eigene.

Vorbereitung / Material

M13.1, M13.2

M13.3

Teil 1: Kann ein Muslim gewonnen werden, der ein kurzes Referat über die „Fünf Säulen", den Willen seines Gottes, hält? Sonst muss der Einstieg referiert werden (mit **M13.1**); Teamer bereiten ein Anspiel „Jesus – Schriftgelehrter" vor (**M13.2**); Gestaltung der Vaterunser-Bitte „Dein Wille geschehe" aus Einheit 8; ein Blatt „Schreibgespräch" für je vier Konfis (**M13.3**); pro Konfi ein frankierter Briefumschlag. Adressliste Gemeinde – pro Konfi eine Adresse zum Abreißen.

M13.4
M13.5

Teil 2: Teamer bereiten ein Anspiel „Antithesen" vor (**M13.4**), die Gebote (nicht töten, nicht ehebrechen, nicht falsch schwören, Auge um Auge, Nächstenliebe), **M13.5** werden größer und auf festeres Papier kopiert, für jeden Konfi eins. Viel Platz an Stellwänden, Sprühfarbe.

Teil 3: Die Antwortkarten der Konfis Nr. 13.

Verlauf

Teil 1: Dein Wille geschehe

 **EINSTIEG**   **Ankommen**
Prominent ausgestellt ist die Vaterunser-Bitte „Dein Wille geschehe".

Begrüßung
„Herzlich willkommen zum unserem Treffen. Was Gott will – davon handeln viele Geschichten und Texte im Alten und im Neuen Testament. In Frieden mit Gott und den Menschen leben – darum bemühen sich viele: Juden, Christen, Muslime ... nur: Sie packen es im Einzelnen ganz unterschiedlich an ..." (Vorstellung des Muslim / der Muslima, falls eine(r) zu Gast ist)

 ENTDECKEN   **Vortrag**

M13.1

Die Konfis informieren sich über das, was Muslime über den Willen Gottes denken und glauben (z. B. mit **M13.1**).

Anspiel

M13.2

Die Teamer spielen eine kurze Szene: „Der reiche Jüngling" (**M13.2**).

 DEUTEN

Lasst euch Zeit. Murmelphase: Heftig, oder? Muss ich alles aufgeben? Und was, wenn nicht ...?
Überlege ganz für dich allein: Was denkst du über das „echte Leben"? Notiere einen Gedanken im *konfi live Begleiter* (S. 177)

Schreibgespräch

M13.3

Zu viert: Auf einem großen Blatt Papier steht: „Gott will, dass ihr ein Segen für seine Erde seid." (**M13.3**) Das Blatt geht im Kreis und jeder / jede schreibt auf, was ihm / ihr zu diesem Satz einfällt; Regel für alle nach dem Ersten: Immer erst lesen, dann schreiben.

Spielszenen
Je zwei Vierergruppen setzen sich zusammen und lesen und vergleichen die Notizen. Sie bilden neu zwei Kleingruppen, die je eine Spielszene entwickeln: „Ein Segen für die Erde sein" – wie geht das (ein Beispiel)?

An die Präsentationen schließt sich die Frage an: „Gott will ..." – Woher wissen wir das? (Mögliche Antworten: von Jesus, von den Propheten, aus biblischen Geschichten, von den Zehn Geboten; vielleicht auch: aus gesundem Menschenverstand und natürlichem Empfinden?)

Aufgabe
Jeder Konfi entwirft einen Brief an ein Gemeindeglied: *„Dein Wille geschehe – was glauben Sie, was Gottes Wille ist? Und wie versuchen Sie, ihn zu halten?"* Der Brief soll

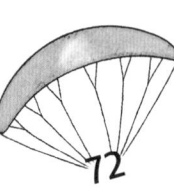

LEITPLANKEN DER LEBENSSTRASSE: GEBOTE

außerdem eine kurze Vorstellung des Konfirmanden und ein paar Infos zum Konfer-Kurs enthalten, dazu die herzlichen Bitte um postwendende Antwort (Jede/r Konfi legt einen an das Pfarramt adressierten Rückumschlag bei.)

Die Konfis tragen ihre Briefe persönlich aus (Adresse durch Pfarrer/in anhand der Gemeindebrief-Adressliste). Zuvor: gemeinsamer Abschluss …

| ABSCHLUSS | Mit Lied „Gott gab uns Atem" (EG 432), Gebet und Segen |

Teil 2: Ich aber sage euch …

| EINSTIEG | Ankommen |
| M13.4 | Jede/r Konfi erhält beim Ankommen ein Gebot (**M13.4**). |

Begrüßung
„Herzlich willkommen zu diesem Treffen. Ihr haltet unser Thema bereits in den Händen. Gebote – Willen Gottes." Die Konfis gehen umher und suchen Partner mit anderen Geboten, bis sich Fünfer-Gruppen zusammengefunden haben. (Bei kleinen Gruppen sind auch unterschiedlich besetzte Dreier-Gruppen möglich.)

| ENTDECKEN | Anspiel der Teamer/innen (**M13.5**) |
| M13.5 | Die Konfis erleben, wie Jesus „ihre" Gebote provokant umdeutet. |

DEUTEN

Lasst euch Zeit. Schlage in deiner Bibel auf: Matthäus 5; lies selbst: Was sagt Jesus dort zu seiner Stellung zum Gesetz?

Gespräch
In Gruppen geht es um die Frage: Was macht Jesus mit den alten Geboten? (Das ist für „nicht töten", „nicht ehebrechen", „nicht falsch schwören" eine Überspitzung; für „Auge um Auge" und „liebe deinen Nächsten" ein radikales Umdenken).

Heißer Stuhl
Auf der Bühne werden ein „Jesus"-Stuhl und drei Stühle für „Gesetzeslehrer" stehen. Der Reihe nach wird ein Gebot nach dem anderen aufgerufen und zusammen mit der Antithese genannt. Die Konfis sind eingeladen, ein Streitgespräch zu führen: Zunächst nehmen vier auf den Stühlen Platz und diskutieren als „Jesus" und „Schriftgelehrte" – wer nichts mehr zu sagen hat, macht Platz für den/die nächsten.

| GESTALTEN | Auf den Punkt |
| | Die Konfis erhalten ein oder zwei Stellwände (je nach Gruppengröße) zur Gestaltung mit Spraydosen; Thema: Jesus als „Radikaler" / „Revolutionär" / „Aufrührer". |

Teil 3: Und was sagst du?

 EINSTIEG/   **Ankommen**
 ENTDECKEN   Die Briefe der Gemeindeglieder (noch im Umschlag), die Antwortkarten der Konfis an der Stellwand; die Konfis beginnen die Briefe zu öffnen und ggfs. nach thematischen Gemeinsamkeiten zu sortieren. Gemeinsames Betrachten und Würdigen der Antworten; Themen, Gemeinsamkeiten, Auffälligkeiten.

 DEUTEN

Lasst euch Zeit. Überlege ganz für dich allein: Entdeckst du einen Roten Faden in all den Äußerungen über Gottes Willen – einen „Schlüssel" zum Reich Gottes? Notiere einen Gedanken im *konfi live Begleiter*, S. 179.

Überleitung
„So verstehe ich Jesus: Gebote muss man immer wieder neu deuten. Der Maßstab ist Liebe. – Das wollen wir jetzt gleich mal probieren ..."

Ansage
Zunächst zieht sich jede / jeder mit seinem Begleiter zurück und liest die Gebote. Wir legen währenddessen Ziffern aus von 1 bis 10. Entscheidet euch für eines der Gebote und geht zu der entsprechenden Ziffer. Dort findet ihr euch zu Gruppen zusammen.

Aufgabe
Besprecht, wie das gewählte Gebot heute verstanden und eingehalten werden kann.

GESTALTEN   **Unser Gebot – heute**
Überlegt dazu eine Gestaltung: ein Plakat mit eurer Formulierung des Gebots als „Kulisse" und dazu ein Standbild oder ein Anspiel.

Präsentation
Die „Kulissen" werden in der Reihenfolge der gewählten Gebote aneinandergefügt; davor wird posiert / gespielt; unbedingt fotografieren!

ABSCHLUSS   Ggfs. das Gebote-Lied, Gebet und Segen

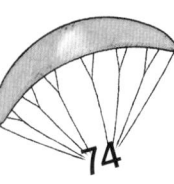

Mehr

Nachhaltigkeit und Weiterarbeit

Fotos der Gebote-Plakate werden für den kommenden Konfi-Jahrgang aufbewahrt, um dort wiederum in das Studium der Gebots-Varianten einbezogen zu werden.

Arbeit mit dem *konfi live Begleiter*

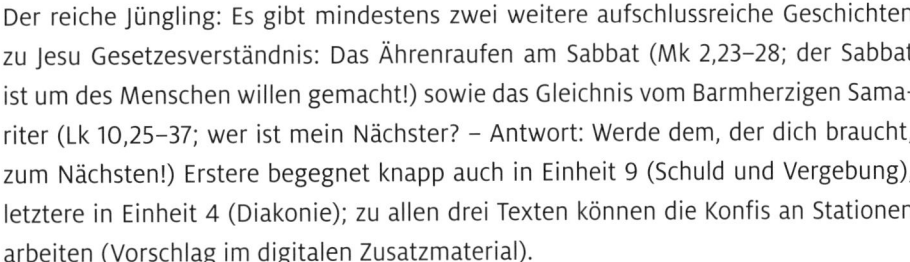

S. 177: Der reiche Jüngling: Nacherzählung zum Selbst-Lesen

S. 171–179 zum Selbstlesen und zum weiteren Austausch über Sinn, Zweck, Verständnis der Gebote.

Alternative / ergänzende Ideen

Der reiche Jüngling: Es gibt mindestens zwei weitere aufschlussreiche Geschichten zu Jesu Gesetzesverständnis: Das Ährenraufen am Sabbat (Mk 2,23–28; der Sabbat ist um des Menschen willen gemacht!) sowie das Gleichnis vom Barmherzigen Samariter (Lk 10,25–37; wer ist mein Nächster? – Antwort: Werde dem, der dich braucht, zum Nächsten!) Erstere begegnet knapp auch in Einheit 9 (Schuld und Vergebung), letztere in Einheit 4 (Diakonie); zu allen drei Texten können die Konfis an Stationen arbeiten (Vorschlag im digitalen Zusatzmaterial).

Eine aktuelle Interpretation hat der „kika" in Zusammenarbeit mit den Kirchen versucht: für Kinder ab etwa 10 Jahren gibt es die Serie „Unsere zehn Gebote". Für die Konfis interessant: Was im Internet über die Filmsequenzen erklärt wird: http://www.unsere-zehn-gebote.de/

M13.6
M13.7

KA inklusiv: Die Konfis bauen in Kleingruppen je ein „Spiel des Lebens": Dazu wird ein Spielfeld als Straße / verschlungener Lebensweg gestaltet, neben normalen Feldern gibt es darauf „Ereignisfelder". Die Ereignisfelder (Beispiele auf **M13.6**) geben Entscheidungs- / Krisensituationen vor. Dann gibt es noch Hilfe-Karten (**M13.7**) mit Geboten Gottes (für jeden Spieler ein Set). Gespielt wird mit Spielfiguren und einem Würfel. Die Hilfskarten liegen aufgedeckt vor jedem Mitspieler. Wer auf ein Ereignisfeld kommt, zieht eine Ereigniskarte. Er wählt eine Hilfskarte aus und erklärt, wie er die Krisensituation lösen will. Wenn er dabei eine Hilfskarte berücksichtigt, darf er diese umdrehen. Wer zuerst alle Hilfskarten umgedreht hat, hat gewonnen.

14 Haus des Lebens: Ökumene

Zur Einführung für Pfarrer/in und Team Ökumene wird sichtbar als weltweite Gemeinschaft christlicher Kirchen, wie sie zum Beispiel im Lutherischen Weltbund (die lutherischen), in der Weltgebetstagsarbeit (alle) oder im Ökumenischen Rat der Kirchen (evangelisch und orthodox, die katholische Kirche hat Beobachterstatus) zusammenarbeiten.

Vor Ort und in der Schule erleben die Konfis vor allem die Differenz „evangelisch" – „katholisch", insbesondere angesichts des konfessionell erteilten Religionsunterrichts. Dabei sind theologische Unterschiede weniger augenfällig und erfahrbar als solche der Glaubenspraxis.

Teil 1: Die Weite der Ökumene wird erlebt in fremden Sprachen und Speisen; die Verantwortung der Zusammenarbeit an konkreten Projekten im Dienst von Frieden, Gerechtigkeit und Bewahrung der Schöpfung.

Teil 2: Es bietet sich an, die „Fremdheitserfahrung" zu machen – eine katholische Messe zu besuchen, Vertreter der katholischen Gemeinde zu einem Treffen einzuladen und sich, zum Beispiel vom Ministrantendienst, der Erstkommunion, der Bedeutung der Jungfrau Maria oder des Papstes erzählen zu lassen.

Vorbereitung / Material

M14.1

M14.2

Teil 1: Weltkarte Christen (digitales Zusatzmaterial), Länder-Lose (z. B. Fähnchen) für je drei Konfis (überprüfen, ob Vaterunser und / oder Glaubensbekenntnis der Länder im Netz auffindbar sind); Länderquiz (**M14.1**): Gruppenaufgabe für ca. 14 Tage; anschließend „Ökumene-Messe" (z. B. Sonntag nachmittags für die Gemeinde); Vaterunser auf Esperanto (**M14.2**).

M14.3

Teil 2: Besuch einer katholischen Messe; Vertreter der katholischen Gemeinde (wenn möglich auch Jugendliche) werden eingeladen mit der Bitte, dass sie für Fragen zur Verfügung stehen und von ihrer Glaubenspraxis erzählen; Konfis bereiten die Begegnung vor: Tisch decken, Raum gestalten mit Erzeugnissen der bisherigen Arbeit. Namensschilder. Schlüsselanhänger „Glaube, Hoffnung, Liebe" (Einheit 7) als Gastgeschenk. Für die gemeinsame Aktivität: „Lutherrose" **M14.3** größer kopieren, Seiten A und B aufeinanderkleben, Puzzleteile schneiden (je einmal für ca. vier bis fünf Teilnehmer, Konfis und Gäste!); Antwortkarten der Konfis Nr. 14

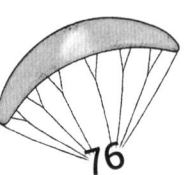

Verlauf

Teil 1: International

EINSTIEG

Ankommen
Weltkarte ist aufgehängt oder projiziert; bunte Länderfahnen liegen aus und können gewählt werden: Frankreich, Spanien, Italien, Dänemark, Schweden, Finnland, Polen, Ungarn, Kroatien, Tansania, Südafrika, USA, Brasilien, Argentinien, Indien, Korea, Japan, China, Papua Neuguinea, Australien …

Begrüßen
z. B. in verschiedenen Sprachen – wer von den Konfis kann noch einen weiteren fremdsprachigen Gruß? „Überall, wo ihr hinkommt in der Welt, gibt es heute Christen. Die Kirchen mögen anders aussehen als bei uns, die Sprachen anders klingen. Aber sie beten das Vaterunser und bekennen ihren Glauben, so wie wir."

ENTDECKEN
M14.1

Spiel
Länderquiz, aus dem sich der „Taufbefehl" zusammensetzt (**M14.1**)

Musik
Vielleicht der Kantor, vielleicht ein anderer Mitarbeitender singt mit den Konfis geistliche Lieder aus aller Welt.

ABSCHLUSS
M14.2

(des gemeinsamen Teils)
Vaterunser auf Esperanto (**M14.2**), Segen

DEUTEN

Projekt
Die Konfis erhalten die Aufgabe, in Kleingruppen selbstständig zu einem Land, das sie gewählt / erlost haben, zu forschen: Stadt, Land, Fluss; Sprache, Glaubenszugehörigkeit, Schulsystem / schulischer Religionsunterricht? Wie sehen dort eine christliche Kirche / ein christlicher Gottesdienst / christliches Leben aus?

Sie sichten und gewichten ihre Ergebnisse: Was sind interessante Gesichtspunkte für die „Messe" und wie lassen sie sich präsentieren?

GESTALTEN

Die Konfis bauen „Messestände" auf – Tische, auf denen sie ihre Ergebnisse präsentieren. Während der Öffnungszeit der Messe haben sie Standdienst. Wenn sie Getränke oder Spezialitäten anbieten, bitten sie um Spenden – die kommen einer ökumenischen Partnerschaftsarbeit der Gemeinde zugute (nach Abzug der Unkosten).

HAUS DES LEBENS: ÖKUMENE

Teil 2: Interkonfessionell

EINSTIEG   Die Konfis haben bereits eine katholische Messe besucht.

Vorbereiten
Sie bereiten das Treffen mit den Katholiken vor: Kaffeetafel, Ausstellung der bisherigen Erzeugnisse der Konfi-Zeit; evtl. Schlüsselanhänger „Glaube, Hoffnung, Liebe" (Einheit 7) als Gastgeschenk; Vorbesprechung: Welche Fragen sind evtl. aufgetaucht?

Pause

Ankommen
Vorstellung / Namensschilder

Begrüßung
„Herzlich willkommen in der Ökumene! Ich begrüße die Konfis – und besonders unsere Gäste aus der NN-Gemeinde. Vieles verbindet uns – unser Glaube an Jesus Christus, die Bibel, eine lange gemeinsame Geschichte –; manches unterscheidet uns auch und davon soll heute noch die Rede sein. Auf jeden Fall können wir gemeinsam anfangen mit einem Lied, das wir gern singen ..."

DEUTEN   **Fragen und Antworten 1**
Die Konfis stellen ihren Konfi-Kurs vor; anhand von Bildern, sonstigen Produkten und des *konfi live Begleiters* erzählen sie, was sie bisher getan und erfahren haben.

Gemeinsames Essen und Trinken
Einladung an die gemeinsame Tafel; Tischgebet; ausführliche Vorstellungsrunde.

Fragen und Antworten 2
Die Konfis berichten von ihrem Besuch in der Messe. Sie formulieren Eindrücke und Fragen.

GESTALTEN   Die Antwortkarten der Konfis werden herumgegeben. Die Katholiken zeigen den Konfis, wie man das Kreuzzeichen macht. Die Konfis probieren es aus.

M14.3   Konfis und Gäste legen gemeinsam (in gemischten Kleingruppen) die Lutherrose – und erfahren, was sie bedeutet. (**M14.3**)

ABSCHLUSS   Gemeinsames Vaterunser, Segen, Lied

Mehr

Nachhaltigkeit und Weiterarbeit

Ein Gegenbesuch der Katholiken im evangelischen Gottesdienst wird verabredet; ebenso ein Gegenbesuch der Konfis in der kath. Jugendstunde o. Ä.

Arbeit mit dem *konfi live Begleiter*

S. 93: Der Konfessionenbaum zeigt die große Vielfalt christlicher Kirchen und Denominationen; die Gestalt lädt zum Nachdenken ein: Äste und Zweige einer Wurzel …

S. 92: Als „nächster Anderen" ist hier der katholischen Kirche eine Impulsseite gewidmet; auffällige Merkmale der Glaubenspraxis sind kurz genannt; als Einladung, weiter nachzuforschen.

Alternative / ergänzende Ideen

Das Thema Ökumene vom Aspekt „Trennung" aus anzugehen, versucht Ramona Richter in einem ursprünglich für die Schule entwickelten Baustein. Wann ist es gut und sinnvoll, sich zu trennen? Von Alltagserfahrungen ausgehend (Scheidung der Eltern, Umzug) entdecken die Jugendlichen den Schmerz und den Segen des eigenen Weges. Anschließend kann es – statt fokussiert auf eine andere Konfession – im Schwerpunkt um die Vielfalt gehen; in sechs Interviews werden sechs Konfessionen kenntlich (im digitalen Zusatzmaterial).

KA inklusiv: Die Elemente des Besuchens und Feierns brechen den rein kognitiven Zugang zum Thema auf. Ein weiteres Element: Der „Konfessionenbaum" wird als Wandbehang gestaltet (ohne Rücksicht auf Chronologie und Alter); aus einer festen Basis aus Bibelworten oder biblischen Symbolen wachsen Äste und Zweige, die die Namen der Konfessionen tragen; am Zweig der ev.-luth. Konfessionen hängen Früchte mit den Namen der Konfis. (An den Ästen andere Namen von Bekannten, deren Konfessionszugehörigkeit bekannt ist, auch Promis!).

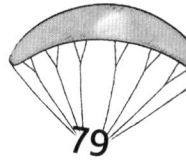

15 Meine Religion – deine Religion

Zur Einführung für Pfarrer/in und Team Christen müssen über das Judentum Bescheid wissen. Denn da liegen ihre Wurzeln. Christen müssen über den Islam Bescheid wissen. Denn es gibt immer mehr Muslime in Deutschland. Menschen aus dem westlichen Kulturbereich sind oft fasziniert von den Religionen Asiens. Denn sie geben neue, ungewohnte Impulse. Menschen aller Religionen sollen miteinander sprechen – und miteinander handeln: Im Ringen um eine humanere Welt – um Gerechtigkeit, Frieden und Bewahrung der Schöpfung – stehen sie zusammen.

Teil 1: Zum Thema „Wer ist Gott" sprechen Gäste einer oder mehrerer anderer Religionen sowie, für das Christentum, Teamer/innen. Anhalt geben die Seiten 23–37 im konfi live Begleiter.

Dieser Teil ist in seiner konkreten Durchführung von den Gegebenheiten vor Ort abhängig. Eingeladen werden Vertreter/innen der im eigenen Umfeld praktizierten nicht christlichen Religionen – und zwar solche, die auskunftsfähig sind auf einer Ebene, die nicht auf Bekehrung, sondern auf Bildung zielt. Wo solche authentischen Begegnungen in keiner Weise möglich sind (z. B. im ländlichen Bereich) bietet das digitale Zusatzmaterial die Möglichkeit zumindest mittelbarer Begegnungen.

Teil 2: Religion – ein Band zwischen „Himmel" und Erde. Was Religion (welcher Ausprägung und Tradition auch immer) für Menschen bedeutet, wird an der Gebetspraxis deutlich (Beispiel „Perlen des Glaubens"; alternativ am gemeinsamen Einsatz für Gerechtigkeit und Frieden (Beispiel „Weltethos").

Vorbereitung / Material

Teil 1: Wenn Gäste eingeladen sind, sollten sich die Konfis an den Vorbereitungen des Treffen beteiligen, z. B. in der Vorbereitung des Raumes (Ausdrucke des Zeichens der Einheit 15; Zeichen und Symbole der betreffenden Religionen besorgen; den eigenen Part inhaltlich vorbereiten (Lektüre und Arbeit im *konfi live Begleiter*, S. 23–38). Plakate aus **M15.1**.

M15.1

Teil 2: 18 große „Perlen" (Kugeln, Bälle) sowie einige Perlenbänder zur Demonstration); Rosenkranz, muslimische Gebetskette, Tallit; Farben und Stifte; Informationen zum Beten in den Religionen (**M15.2**), Beschreibung des Perlenbandes (**M15.3**); Gebetsstationen

M15.2, M15.3

Perlen / Kugeln / Bälle: Acht große, vier kleine, sechs längliche.
> Große: 1 golden, 2 weiß, 1 sand, 2 rot, 1 dunkelblau, 1 schwarz
> Kleine: 4 weiß
> Oval: 6 beige

Verlauf

Teil 1: Und was glaubst du?

Ankommen
Der Raum ist thematisch und kulinarisch vorbereitet: Zeichen der vertretenen Religionen; Getränke, Knabberzeug. Podium und Zuschauerplätze.

Begrüßung
... der Gäste / des Gastes. Gegenseitige Vorstellungsrunde: Namen, Alter, Hobbys (von Seiten der Konfis und Teamer/innen); Name, Herkunft, Lebensumstände o. Ä. (von Seiten der Gäste / des Gastes).

 **ENTDECKEN / DEUTEN**

Hören
(Jeder) Gast gibt einen Einblick in seine Religion – allgemein, besonders aber mit dem (vorher verabredeten) Fokus „Wer bist du, Gott?"

Antworten
Die Teamer/innen oder eine vorbereitete Gruppe aus Konfis und Teamern antwortet mit einer entsprechenden eigenen Darstellung.

Pause: Essen, trinken, Small talk

Lasst euch Zeit: Zieh dich mit deinem *konfi live Begleiter* zurück. Lass dir das Gehörte durch den Kopf gehen. Füge deiner „Gott-und-ich-Seite" (S. 38) noch einen besonderen Gedanken hinzu.

Und jetzt?
Je nach Verlauf des Vortrags-Teils und nach den Gegebenheiten (wer von den Gästen ist noch da?): In kleineren Gruppen oder im Plenum werden Ideen gesammelt zur Frage: Wie geht es jetzt weiter? Wie wollen wir mit dem Gehörten umgehen? Was wollen wir miteinander besprechen? (Vorschlag: nicht über „richtig" und „falsch", „wahr" oder „unwahr", eher über Zusammenhänge: Woher „wissen" die Vertreter/innen ihrer Religion von Gott, woher kommen die Glaubens- und Gebetspraxis, die Regeln und Rituale?)

Austausch
M15.1

Im Sitzkreis. Die Plakate (**M15.1**) können als Impulse verwendet, gelegt, sortiert, geclustert werden.

 **ABSCHLUSS**

„Wir beenden unsere Treffen mit Vaterunser und Segen. Heute haben wir uns das so gedacht: Wir zeigen uns gegenseitig, wie wir einen geistlichen Abschluss gestalten ..."
Jeder Gast spricht ein Gebet / einen Segen aus seiner Tradition – und die Gastgeber auch. Als gemeinsames Lied kommt ein Friedenswunsch in Betracht, z. B. „Schalom chaverim".

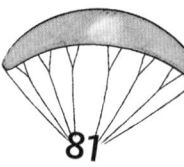

Teil 2: Ein Band zwischen Himmel und Erde

Ankommen
Rosenkranz, muslimische Gebetskette, Tallit ... sind auf einer Theke ausgebreitet; „Perlen des Glaubens" (Kugeln, Bälle) sind im Raum versteckt. Die Konfis erhalten den Auftrag: Perlen suchen (insgesamt 18 Stück). Die Fundstücke werden auf der Theke gesammelt.

Andacht
z. B. mit A15

ENTDECKEN

Anknüpfung
Die Gebetsketten werden betrachtet, in die Hand genommen. Der eine oder die andere wird den Rosenkranz oder die Gebetskette der Muslime erkennen. Erinnerungen an das in Einheit 8 zum Beten Erfahrene (Beten als Kommunikation mit Gott). Beten als ein Grundmuster der Religionen / von Religion.

Hören
M15.2

Pfarrer / Pastorin gibt Informationen zum Beten in den Religionen (**M15.2**). Frage: Warum verwendet man zum Beten Bänder / Perlen / „was zum Anfassen"?

DEUTEN

Erkunden
M15.3

Die Konfis erhalten zu dritt ein Infoblatt **M15.3** zu den Perlen des Glaubens. Sie suchen den Namen „ihrer" Perle (das heißt: der Perle / Kugel / Ball, die sie beim Kommen gefunden haben); sie bedenken ihre Bedeutung.

Lasst euch Zeit. Zieh dich mit deinem *konfi live Begleiter* zurück; auf S. 156 ist Platz, um deine Perle zu zeichnen und einen Gedanken dazuzuschreiben.

GESTALTEN

Gedanken veranschaulichen
In Partnerarbeit beschäftigen sich die Konfis mit einer der Perlen. 1) Mind-Map; 2) Entwicklung einer Traumreise mit den Gedanken zur Perle.

Aufgabe: „Stellt euch vor: Wer eure Perle zur Hand nimmt, der bekommt ein Stück vom Band zu fassen, dass Himmel und Erde verbindet. Er hebt ein Stück ab und fliegt ... – malt mit Worten die Bilder, die er sieht, die Eindrücke, Erfahrungen ... Ein Beispiel findet ihr auf dem Info-Blatt."

Mehr

Nachhaltigkeit und Weiterarbeit

Die geknüpften Beziehungen zu Vertretern anderer Religionen können weiter gepflegt werden (auch im Hinblick auf die nächsten Konfi-Generationen. Vielleicht sind gegenseitige Besuche (Kirche, Moschee, Synagoge, Tempel) möglich.

Arbeit mit dem *konfi live Begleiter*

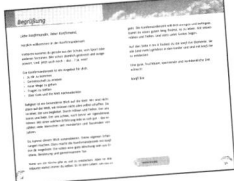

S. 23–38: Als exemplarischer Schwerpunkt für das interreligiöse Gespräch dient die Gottesfrage.

S. 98 / 99: Ein gut gemachter Internetauftritt, der spielerisch elementare Informationen über die Weltreligionen entdecken lässt – immer mit dem Ziel der Verständigung.

S. 100: die „Weltethos"-Internetseiten (Hans Küng) geben einen Eindruck davon, wie Religionen zusammenarbeiten können, jenseits ihrer besonderen Traditionen und Bekenntnisse.

S. 92: Als „nächster Anderen" ist hier der katholischen Kirche eine Impulsseite gewidmet; auffällige Merkmale der Glaubenspraxis sind kurz genannt; als Einladung, weiter nachzuforschen.

Alternative / ergänzende Ideen

Wenn es nicht möglich ist, Vertreter der Religionen live kennenzulernen, bieten Medien eine Alternative.

Medienstellen bieten die DVD educativ „Schnitzeljagd im Heiligen Land" von Matthias Film an; zwar ist die Rahmenhandlung eher auf Kinder als Jugendliche zugeschnitten (kika); der Film enthält aber Einzelporträts junger Muslime und Juden im Alter der Konfis. Im mitgelieferten Arbeitsmaterial finden sich viele Impulse zur vertiefenden Auseinandersetzung.

Interviews mit Jugendlichen aus sechs Religionen bietet das Material von Karlo Meyer, „Weltreligionen" (Göttingen 20112; http://www.v-r.de/de/title-542-542/weltreligionen-1002858); die dazu gehörige CD enthält Mini-Filme über den Besuch in Moschee, Synagoge, Tempel …

KA inklusiv. Die „Perlen des Glaubens" bieten eine gute Basis für inklusives Begreifen. Das Texten von Traumreisen sollte ergänzt werden durch alternative Aufgaben wie die farbige Gestaltung von Styropor-Kugeln oder Steinen nach dem Muster des Perlenbandes; daraus kann dann eine entsprechende Mitte gelegt werden. Mit den entsprechenden Farben können auch Bilder zu den einzelnen Perlen entstehen.

16 Vertraut den neuen Wegen: Konfirmation

Zur Einführung für Pfarrer/in und Team Das Ziel des Kurses ist in Sicht. Die Konfis erhalten verschiedene Signale über die Bedeutung der Konfirmation: Zu Hause wird eine Familienfeier organisiert, unter Freundinnen geht es um Frisuren und Kleidung, unter Freunden möglicherweise um die „Nachfeier" und die dazugehörigen Getränke. Im Konfer-Kurs soll der Segen im Mittelpunkt stehen – Gott begleitet auf dem Weg in eine ungewisse Zukunft.

Teil 1: Was hat euch die Konfirmation gebracht? Frage an Senioren (Dieser Teil kann einzeln und deutlich vor den beiden anderen stattfinden.)

Teil 2: Was habt ihr euch von eurer Konfirmation erhofft / Was erhofft ihr von unserer? Frage an die Eltern / Paten

Teil 3: Wie war das – konfirmiert zu werden? / Wie wird das für uns sein? Frage an die Teamer

Vorbereitung / Material

Teil 1: Die Konfis werden in die Gestaltung einer Goldenen Konfirmation eingebunden. Die Goldenen Konfirmanden werden gebeten, Fotos ihres Ehrentages mitzubringen und von ihrem Konfer und ihrer Feier zu erzählen. Alternativ: gezielte Einladung an einige Mitglieder des Seniorenkreises und / oder Großeltern der Konfis.

M16.1

Teil 2: Gemeinsames Treffen mit Konfis, Eltern und / oder Paten, Angehörigen ... Kreppklebeband (als Namensschilder); Name-Frage-Memory **M16.1**; gelbe und weiße Moderationskarten, Imbiss

Teil 3: Die Antwort-Karten der Konfis Nr. 16, die Teamer bereiten eine Präsentation der eigenen Konfirmation vor.

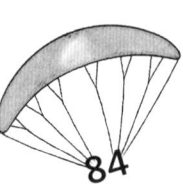

Verlauf

Teil 1: Konfirmation damals

Ankommen
Goldene-Konfirmations-Anstecker und Adresse eines Goldenen Konfirmanden für je zwei / drei Konfis (je nach Anzahl)

Begrüßen
„Herzlich willkommen. Ihr wisst ja schon: Wir haben etwas Besonderes vor. Am .. ..
soll wieder einmal Goldene Konfirmation gefeiert werden. Menschen, die vor fünfzig Jahren bei uns in der Kirche Konfirmation gefeiert haben, werden eingeladen, das Jubiläum zusammen zu erleben: in der Kirche mit einem Gottesdienst, hier im Gemeindehaus bei Kaffee und Kuchen, dazwischen vielleicht mit einem Spaziergang. Ihr als die aktuellen, die „grünen" Konfirmanden könnt zweierlei tun: erstens mit uns zusammen Gastgeber sein, zweitens aber auch: von den Alten lernen, wie das ist: konfirmiert zu werden, und was es, im Rückblick von 50 Jahren, fürs Leben gebracht hat. Daher laden wir euch heute ein, euch in die Vorbereitungen einzubringen und euch mit uns auf die Feierlichkeiten vorzubereiten."

Aufgabe
„Ihr habt nun je eine Adresse eines Goldenen Konfirmanden, für den ihr so etwas wie die „Patenschaft" übernehmt. Zunächst wird er / sie eingeladen. Die offiziellen Einladungen der Kirchengemeinde habe ich hier. Ihr solltet dazu eine eigene Einladung stecken: Stellt euch vor, bittet, dass er oder sie ein paar alte Fotos mitbringt, kündigt an, dass ihr euch gern über die Konfirmation und das Leben als Konfirmierter unterhalten möchtet …"
(Natürlich werden nicht alle Angeschriebenen auch tatsächlich kommen; die Kleingruppen, die je einen Konfirmanden betreuen, werden später entsprechend vergrößert.)

Planungen
Die Konfis erhalten Planungs- und Vorbereitungsaufgaben – am besten in Ausschüssen mit je auch zuständigen Erwachsenen zusammen (Küster, Kirchenvorstand, Gottesdienst-Team …); eine Gruppe erarbeitet Ideen und einen Ablauf für die Fragestunde.

Teil 2: Konfirmation der Eltern

 EINSTIEG

Ankommen
Eltern / Paten / Angehörige und Konfis treffen gemeinsam ein. Namensschilder werden beschriftet und an die Kleidung geheftet.

Andacht
z. B. mit A16

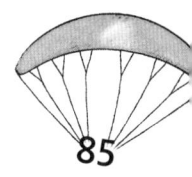

Gruppen bilden
Kreis bilden. Konfis stehen mit ihren Angehörigen zusammen, die Konfis im Innen-, die Angehörigen im Außenkreis. Dann bewegen sich die Konfis mit dem Uhrzeigersinn, die Angehörigen gegen den Uhrzeigersinn, drei Stationen weiter. Immer drei oder vier „Paare" (aus Konfi und Angehörigen) bilden eine Gruppe für die erste Gruppenphase.

 **ENTDECKEN**
M16.1

Erste Gruppenphase
Gegenseitiges Vorstellen; Namen-/Frage-Memory (**M16.1**)

Plenum
Lied; die Konfis erhalten weiße, die Erwachsenen gelbe Moderationskarten, schreiben auf jede Karte je ein Stichwort, das ihnen angesichts der bevorstehenden Konfirmation wichtig ist.

 **DEUTEN**

Zweite Gruppenphase
Die Konfis gehen mit den Erwachsenenkarten in Kleingruppen, die Erwachsenen mit den Konfi-Karten. Versuchen jeweils zu verstehen, was die anderen mit ihren Notizen meinen. Wo ergeben sich Rückfragen, worüber „sollte man mal reden"?

Plenum
Berichte aus den Kleingruppen: Was ist uns aufgefallen? Rückfragen? Diskussion ausgewählter Punkte.

 **GESTALTEN**

Anschließend bereiten die Teamer einen Imbiss vor, während die Konfis und die Eltern folgende Einzelaufgabe lösen:

Aufgabe
Schreibe einen Brief an Mutter / Vater …: Was ich mir von meiner Konfirmation erhoffe

Schreiben Sie einen Brief an Ihre/n Konfirmandin / Konfirmanden: Was ich dir zur Konfirmation wünsche … (Diese Briefe können am Tag der Konfirmation ausgetauscht werden.)

 **ABSCHLUSS**   Gemeinsamer Imbiss, Lied, Vaterunser, Segen

Teil 3: Unsere Konfirmation

EINSTIEG

Ankommen
Die Antwortkarten der Konfis Nr. 16 sind ausgestellt; werden beim Ankommen gesichtet.

Begrüßen
„Herzlich willkommen. Heute haben wir zweierlei vor: Die Teamer erzählen euch von ihrer Konfirmation und stehen euch für Fragen zur Verfügung. Und zweitens: Wir blicken in die Zukunft: Was erträumt ihr euch von der Zukunft? Wovor habt ihr Angst? Wo wollt ihr hin?"

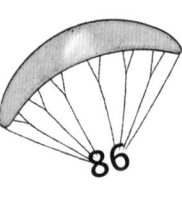

 **ENTDECKEN /**
 **DEUTEN**

Lied
Ich möcht, dass einer mit mir geht (EG 209)

Vortrag
Die Teamer zeigen und erzählen, wie ihre eigene Konfirmation verlaufen ist.

Fragerunde
Die Konfis stellen ihre Fragen.

GESTALTEN

Lebensweg
Die Konfis (und die Teamer) gestalten jede/r ein eigenes Plakat: einen Lebensweg „Baby", „Kind", „Jugendlicher", „Erwachsener" (wo komme ich her? Wo will ich hin? Wo will ich in 10 Jahren sein?)

Präsentationen
Ausstellung der Plakate; wer will, kann seines vorstellen (muss aber nicht).

Segen
„Bei der Konfirmation bekommt ihr für das, was ihr vorhabt, und für das, was euch bevorsteht, Gottes Segen. Gottes Segen bedeutet: Was auch geschieht – ihr könnt glauben, dass Gott für euch da ist."

Die Konfis erhalten die Aufgabe, eine Segenshandlung darzustellen: „Segen bei der Konfirmation". Spielregel: Alles ist erlaubt, nur nicht das gewohnte Handauflegen.

Präsentationen

 ABSCHLUSS Segenslied, Segenskreis

Mehr

Arbeit mit dem *konfi live Begleiter*

S. 181-183: Hier blicken die Konfis zurück auf ihre Konfirmandenzeit.

S. 184: Hier können Erwartungen an das Fest der Konfirmation eingetragen werden.

S. 185: Hier unterschreiben die Gäste.

S. 186-188: Hier ist Platz für erste Schritte in die Zukunft.

Ergänzungen / Alternativen

Die Konfis gestalten ihren Lebensweg aus Naturmaterialien und allem, was im Haushalt oder im Hobbykeller so anfällt (Die Teamer/innen bereiten eine Materialtheke vor).

Exkurse

Die Themen „die Bibel" oder „Jesus Christus" liegen quer zur Struktur der Einheiten – beides spielt schließlich immer und überall eine Rolle, wo christlicher Glaube erkundet und bedacht wird. Grundlagen zu diesen beiden Themen werden häufig auf Freizeiten erarbeitet; es ist auch möglich, einen großen Teil der Konfi-Zeit darauf zu fokussieren oder den Konfis Projektarbeit zu verordnen.

„Martin Luther" ist ein Sonderthema, das besonders in der Luther-Dekade nahe und besonders der VELKD als Herausgeberin dieses Materials am Herzen liegt. Hier wird ein Theaterprojekt vorgeschlagen, das parallel und / oder außerhalb des Konfi-Kurses angeboten werden kann (auch regional); es gibt auch eine „kleine Lösung", Ideen für einen einzigen Termin.

Die Bibel

***Z**ur Einführung für Pfarrer/in und Team* Jugendliche und Bibel – zwei Welten …? Jedenfalls ist „Bibel" ein Reizwort für viele Vierzehnjährige, das oft mit jäher Abwehr beantwortet wird. Und es ist weder sinnvoll, diesen Widerstand einfach zu ignorieren, noch zu verbergen, dass die Bibel die Grundlage des christlichen Glaubens ist. Besser: den Widerstand ernstnehmen, thematisieren und dann zusammen mit den Jugendlichen überprüfen, woher ihr Widerwille kommt und ob er stichhaltig ist.

Das vorgeschlagene Projekt folgt dem Angebot zum Thema im *konfi live Begleiter*.
> *Im ersten Teil* werden Einstellungen erhoben und diskutiert.
> *Im zweiten Teil* geht es um die Frage der Wahrheit und um Zugänge zur Bibel am Beispiel „Rede von Gott", „Gleichnisse" und „Wunder".
> *Das Volx-Bibel-Wiki* ist ein Beispiel dafür, dass es auf einmal herausfordernd und „cool" sein kann, selbst um das rechte Verständnis von Bibelstellen zu ringen – wie einst Martin Luther (s. Exkurs D).

Vorbereitung / Material

Bibel M1, M2

Teil 1: verschiedene Bibelausgaben (Auch für Kinder und Jugendliche), eine Folge „Chi Rho" (DVD, z. B. bei Matthias Film gGmbH) oder der Internet-Auftritt http://www.chirho.tv/: Plakate mit den Thesen **Bibel M1**; Bildbeschreibung **Bibel M2** und Bild zur Projektion (digitales Zusatzmaterial)

Bibel M3, M4, M5

Teil 2: für jeden Konfi ein Samenkorn; Meditation (**Bibel M3**); Lose (**Bibel M4**), Einführung „Wahrheit der Bibel, Entstehung, Inhalt, Gattungen" (= **Bibel M5**).

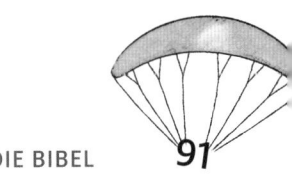

DIE BIBEL

Verlauf

Teil 1: Wie viel Abstand …?

 ENTDECKEN   Ankommen
Im Konfi-Raum sind verschiedene Bibeln ausgestellt – zum Schauen und Blättern. Es läuft eine Episode „Chi Rho" per Beamer an der Leinwand.

Begrüßen
„Schön, dass ihr da seid. Ihr habt wohl schon gesehen, um was es heute geht? – Ja, um das meist verbreitete Buch der Welt, die Bibel." Kurzer Austausch über die Exponate, z. B. darüber, was alles getan wird, um die Bibel attraktiv zu machen.

Positionieren
Eine eindrucksvolle Bibelausgabe wird auf einen Stuhl in der Mitte eines freien Raums gelegt. Die Konfis werden gebeten, sich so nah oder fern dazu zu positionieren, wie es ihnen spontan stimmig erscheint. So bleiben sie stehen. Einzelne geben freiwillig (durchaus aber auf Nachfrage) Kommentare zu ihrer Position ab.

 DEUTEN   Stellung nehmen
An vier Ecken des Raumes wird je eine These angebracht. Die Konfis gehen umher und lesen die Thesen. Dann entscheidet jede/r für sich, welche These ihn / sie besonders anspricht oder auch reizt. Jede/r begibt sich zu seiner / ihrer These. Die These wird abgenommen; die Gruppe, die sich dort eingefunden hat, führt ein (Schreib-) Gespräch dazu. Dieses soll anschließend zusammengefasst dem Plenum vorgetragen werden.

 Lasst euch Zeit. Wer fertig ist, zieht sich mit seinem *konfi live Begleiter* zurück; schau die Meinungen auf den Seiten 70 / 71 an. Du kannst deine eigene Meinung dazuschreiben.

Auswerten
Die Ergebnisse aus den Gesprächsgruppen werden vorgetragen und gewürdigt. Vermutlich spielen die Frage des Alters und der Glaubwürdigkeit die Hauptrolle. Es wird herausgearbeitet, dass „alt" oft „wertvoll" bedeutet; und dass Glaubwürdigkeit nicht am Buchstaben oder am Glauben an Verbalinspiration hängt, sondern an den Lebensweisheiten, die sich aus Bibelworten und Bibelgeschichten erschließen lassen.

Weiterführen
„Was das genau sein kann, das werden wir uns nächstes Mal noch genauer anschauen; heute testen wir einfach mal einzelne Worte und Sätze – was sie euch zu sagen haben …"
Das Bibel-Bild von Silke Rehberg (*konfi live Begleiter* S. 69; zur Projektion: im digitalen Zusatzmaterial) wird vorgestellt. Erster Eindruck: „Wie wirkt das Bild?" – Beschreibung: „Was sehe ich?" – Erläuterungen (**Bibel M2**) – Auseinandersetzung: „Wie verstehe ich das Bild?"

Bibel M2

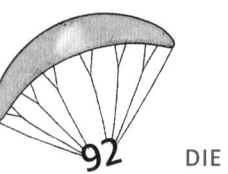

DIE BIBEL

GESTALTEN	**Aufgabe**
	„Suche im *konfi live Begleiter* oder in der Bibel oder im Internet ein Bibelwort, das dich anspricht. Schreibe es auf ein Blatt (buntes) Zeichenpapier und gestalte es."
	Ausstellung
	Die Werke der Konfis werden präsentiert; wer will, kann eine Erläuterung zu seinem Werk abgeben (muss aber nicht). Die Werke bleiben unbewertet.
ABSCHLUSS	Vaterunser und Segen

Teil 2: Welche Bedeutung?

EINSTIEG
Bibel M3

Meditation mit Samenkorn
(Andacht: **Bibel M3**). Jede/r Konfi erhält ein Samenkorn; im Meditieren wird deutlich: Dieses Samenkorn ist ein Sinnbild (ein Gleichnis).

ENTDECKEN
Bibel M4

Einstimmen
Jeder Konfi zieht ein Los (**Bibel M4**); die Konfi, die dasselbe Wort gezogen haben, bilden eine Gruppe und besprechen: Was erwarte ich, wenn ich diese Sendung anschaue? Insbesondere: Wie steht es mit dem Wahrheitsgehalt? – Anschließend Austausch

Überleitung
„Ja, die Wahrheit ... Mit Wahrheit in Film und Fernsehen geht ihr, wie wir gesehen haben, ja ganz locker um. Anders ist es oft bei der Bibel. Da gibt es welche, die sagen: Das ist alles wortwörtlich Gottes Wort. Das ist alles genauso passiert. Und da gibt es andere, die sagen: Wenn ich das so wortwörtlich glauben soll, dann nein danke! Ich bin doch nicht blöd. Ich möchte euch heute eine Mittelposition vorschlagen – eine Position, die Wissenschaft und Glauben versöhnt ..."

DEUTEN
Bibel M5

Vortrag
(mit **Bibel M5**). Anschließend und währenddessen Gelegenheit zu Fragen, Kritik ...

Übertragung
Drei Teamer/innen stellen ihr Projekt vor; gemäß den im Vortrag angesprochenen Themen geht es an Station 1 um „Reden von Gott", Station 2 „Gleichnisse", Station 3, „Wunder". Arbeitsmaterial ist der *konfi live Begleiter* mit seinen jeweiligen Infos und je einem Beispiel (1: Info Reden von Gott, S. 26. Dazu: Gott als Töpfer und Gärtner, S. 27–29; 2: Info Gleichnisse, S. 78. Dazu: Der gütige Vater, S. 36 / 37; 3: Info Wunder, S. 80. Dazu: Bartimäus, S. 48 / 49).

Aufgabe
„Lest und besprecht den Info-Text. Wo steckt die Wahrheit in solchen Geschichten? Untersucht entsprechend die Beispielgeschichte: a) in der Bibel, b) in der Version eures *konfi live Begleiters*: Was ist das Entscheidende an der Geschichte?"

DIE BIBEL

 GESTALTEN „Erzählt es in euren Worten. Verdeutlicht das Wahre an der Geschichte in einer eigenen Darstellung: als Standbild, Anspiel oder Collage."

Präsentationen
Die Ergebnisse werden vorgestellt. Rückfragen sind zugelassen. Die Gruppe, die das Ergebnis erarbeitet hat, hat das letzte Wort.

 ABSCHLUSS Vaterunser, Segen

Teil 3: Welche Übersetzung?

 ENTDECKEN ### Ankommen
Textbeispiele aus der Volx-Bibel – herauskopiert und vergrößert – sind im Raum verteilt; z. B. aus der Bergpredigt, Psalm 23, Sieben-Tage-Schöpfung.

Einstimmen
Texte aus der Volx-Bibel werden gelesen (Teamer/innen, im Raum verteilt). Die Konfis äußern erste Eindrücke, vielleicht Befremden – „Ist das aus der Bibel?"

 DEUTEN

Vorstellen
Das Volx-Bibel-Projekt wird vorgestellt und am Beispiel „Ihr seid das Salz der Erde" anschaulich.

 GESTALTEN ### Übersetzen
Die Konfis suchen aus den „starken Worten" aus Teil 1 welche aus, die sie in Kleingruppen ihrerseits übertragen: einmal rein in Jugendsprache, in einem zweiten Durchgang dann in eine Sprache, von der sie finden, dass sie dem Inhalt angemessen ist und gut seinen Sinn / die Bedeutung, die sie ihm beimessen, wiedergibt.

Präsentieren
Mündlich: Die Ergebnisse der Übersetzungsversuche werden vorgetragen – in zwei Runden: streng „jugendlich"; „mit Sinn".

ABSCHLUSS Vaterunser und Segen

DIE BIBEL

Mehr

Nachhaltigkeit und Weiterarbeit

Die hier erarbeitete hermeneutische Kompetenz im Umgang mit Bibeltexten kommt allen regulären Einheiten zugute. Sie soll immer wieder ausdrücklich abgerufen werden.

Arbeit mit dem *konfi live Begleiter*

S. 69–82: Infotexte und Beispiele unterstützen einen aufgeklärten Umgang mit der Bibel.

S. 73: Darstellung und Link veranschaulichen grafisch und praktisch die Mehrstimmigkeit der biblischen Schriften; hier besteht die Möglichkeit, bibelkundliche Kenntnisse zu erwerben.

Alternative / ergänzende Ideen

Die drei Teile ergänzen einander und bauen aufeinander auf. Wer einen kürzeren Exkurs wünscht, kann sich entweder auf Teil 1 oder auf Teil 1 und 2 beschränken.

Zu Teil 3: Das Volx-Bibel-Projekt ist umstritten. In Teil 3 wird es exemplarisch vorgestellt – als ein Projekt, wie Jugendliche und Bibel zusammenfinden. Das ist offen für alle Kritik. Wer den Vorschlag dennoch nicht verwenden möchte: Es ist auch möglich, medienkritisch mit aktuellen Bibelportalen im Internet zu arbeiten oder mit Bibel-Comics oder Bibel-Manga (z.B. Jesus. Die größte Geschichte aller Zeiten, von Mechthild und Veronika Kleineidam, erschienen im Chrismon Verlag).

B Spurensuche Jesus Christus

Zur Einführung für Pfarrer/in und Team Die Relevanz von Jesus-Geschichten steht und fällt mit dem Jesus-Bild, das vermittelt bzw. mitgebracht wird. Ist Jesus einfach ein guter Mann, der vor etwa zweitausend Jahren in Palästina gelebt hat, so gehört er in das Reich der Legenden und Heiligen – und hat mit dem Leben heute wenig zu tun.

Es gilt, die Jugendlichen so in die Geschichten von und das Geschehen um Jesus Christus zu verwickeln, dass die Frage „Wer ist dieser Jesus?" immer wieder aufbricht. Es geht darum, zu „christologisieren" – am besten vom Kreuz und von Ostern her.

Der **konfi live Begleiter** stellt die Frage „Wer ist Jesus Christus?" explizit. Die dort zusammengestellten Materialien können als Grundlage eines Jesus-Seminars dienen. Es ergibt sich eine Zweiteilung: ein empirischer Teil, in dem Voreinstellungen und geprägte Bilder erhoben und reflektiert werden; ein rezeptiver und produktiver Teil, in dem Geschichten gedeutet und neu erzählt werden – unter der nachösterlichen Frage: Wer war dieser Jesus?

 Zur Ergänzung oder alternativ findet sich im digitalen Zusatzmaterial eine Lektüre. Unser Vorschlag dazu: Die Konfis lesen das *Jakobus-Tagebuch* (fiktionale Nacherzählung wichtiger Stationen Jesu aus der Perspektive des jüngeren Bruders) begleitend zum Konfi-Kurs; sie führen dabei ein Lese-Tagebuch, in dem sie die Jakobus-Texte mit eigenen Leseeindrücken kommentieren.

Vorbereitung / Material

Jesus M1

Teil 1: Das Bild „Rühre mich nicht an" von Silke Rehberg zur Projektion (aus dem digitalen Zusatzmaterial); Infos zum Bild: **Jesus M1**; eine Auswahl von Christus-Bildern (Kinderbibeln, Kunst, Film); Moderationskarten oder Vordrucke leerer Sprechblasen; das Lied „der Gammler", z. B. als YouTube-Video.

Teil 2: Erzähl-Projekt (im digitalen Zusatzmaterial): Aus sieben Bibelgeschichten und einer Vielzahl von Impulsen kann ausgewählt werden.

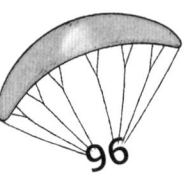

SPURENSUCHE JESUS CHRISTUS

Verlauf

Teil 1: Was sagen die Leute, wer ich bin?

ENTDECKEN   **Ankommen**
Ausgelegt / ausgestellt sind Jesus-Bilder. Das Lied „der Gammler" wird abgespielt. Die leeren Sprechblasen (oder Moderationskarten) liegen bereit.

Begrüßung
„Wer ist dieser Jesus?" – Das haben sich Leute gefragt, die ihm begegnet sind. Das fragen Leute bis heute. Wir werden heute verschiedene Antworten sammeln, z. B. die Antworten, die Künstler aller Zeiten durch ihre Jesus-Darstellungen gegeben haben."

Einladung
„Schaut euch um. Betrachtet in aller Ruhe die unterschiedlichen Bilder. Worauf ist es dem Künstler jeweils angekommen? Was will er ausdrücken? – Findest du ein Lieblingsbild?"

 DEUTEN

Lasst euch Zeit. Wenn du genug gesehen hast, zieh dich mit deinem *konfi live Begleiter* zurück. Auf den Seiten 40 / 41 findest du verschiedene Meinungen zum Thema „Jesus". Was denkst du? Du kannst unterstreichen, ankreuzen, durchstreichen, hinzuschreiben ...

Austausch
Die Konfis verwenden leere Sprechblasen / Moderationskarten, um einen Lieblingsgedanken zu „Jesus" aufzuschreiben. Die Ergebnisse werden an eine Flipchart geheftet und gemeinsam gelesen bzw. kommentiert, befragt, erläutert.

Erweiterung
Jesus M1
Das Bild von Silke Rehberg (*konfi live Begleiter* S. 39) wird projiziert. Erster Eindruck: „Wie wirkt das Bild?" – Beschreibung: „Was sehe ich?" – Erläuterungen (**Jesus M1**) – Auseinandersetzung: „Wie verstehe ich das Bild?"

 **GESTALTEN**   **Aus vielen Jesus-Bildern – eines!**
In Kleingruppen: Jede Gruppe erarbeitet (aufgrund des bisher Erfahrenen und der Materialien im *konfi live Begleiter*) eine eigene Jesus-Darstellung; die Form ist freigestellt: Anspiel, Standbild, Collage.

Präsentationen

Ggfs. ABSCHLUSS *oder weiter mit dem nächsten Teil*

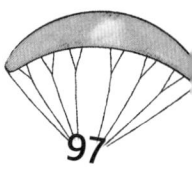

SPURENSUCHE JESUS CHRISTUS

Teil 2: Was sagst du, wer ich bin?

  Ggfs. EINSTIEG *oder Fortsetzung von Teil 1*

Gemäß dem Entwurf im digitalen Zusatzmaterial werden drei Arbeitsphasen gestaltet: a) Haltungen unter dem Kreuz; b) Begegnungen mit Jesus; c) Interviews und Erzählungen.

Mehr

Nachhaltigkeit und Weiterarbeit

Interview-Situation und Erzählungen können ein zweites Mal aufgeführt werden: als Gemeindeabend oder im Gottesdienst.

Arbeit mit dem *konfi live Begleiter*

 S. 39–58: Mithilfe dieser Seiten ist der Gedankengang des Jesus-Seminars individuell nachzuvollziehen.

Alternative / ergänzende Ideen

Teil 2 baut auf Teil 1 auf; wer eine „kleine Lösung" sucht, kann sich auf Teil 1 beschränken. Wer Teil 1 und Teil 2 zusammen anbietet, kann Teil 1 ggfs. um die abschließende Phase der Gestaltung kürzen.

Die Jesusbiografie (digitales Zusatzmaterial) als Konfi-Lektüre: ausdrucken und portionsweise lesen; dazu Lesetagebuch führen. Ein reichhaltiges Angebot an Impulsen ist beigegeben – für den Fall, dass die eine oder der andere Lust bekommt, mit diesem Material eine Freizeit oder einen Teil des Konfi-Kurses zu gestalten.

Martin Luther

Zur Einführung für Pfarrer/in und Team Jenseits der historischen Gestalt und Bedeutung Luthers finden sich eine Vielzahl von Denkansätzen, die bis heute wirken und es wert sind, immer wieder neu entdeckt und erschlossen zu werden:
> Der Wert des Originals (Jeder soll selbst in der Bibel lesen können!)
> Der Wert der eigenen Überzeugung (Niemand kann mir vorschreiben, was und wie ich glauben „muss".)
> Die Unterscheidung von Form und Füllung (Immerwährende Reformation als Aufgabe der Kirche)

In einer gezielten Beschäftigung mit den prägenden Etappen des Lebens Luthers kann es gelingen, dass die Jugendlichen selbst solche Aktualitäten entdecken. Angesichts dessen, dass „Luther" gewiss schon mehrfach und alle Jahre wieder im schulischen Religionsunterricht Thema gewesen ist, soll es hier konzentriert zugehen: Aus anspruchsvollen Texten entwickeln die Konfis ein eigenes Luther-Theater – und im Planen und Proben entdecken sie – ebenso beiläufig wie nachhaltig –, was das mit ihnen zu tun hat.

Theaterprojekt: Benötigt werden eine Startsitzung für die Gesamtgruppe, mehrere Einzelgruppentreffen und schließlich ein Tag für die gegenseitigen Vorstellungen; am Ende des Weges steht die Aufführung des ganzen Stückes in der Gemeindeöffentlichkeit.

Vorbereitung / Material

Luther M1, M2, M3, M4, M5, M6	*Auftakt*: Die Texte **Luther M1** bis **Luther M6** aus Gottfried Orth (Hg.), Martin Luther in der Gemeinde (Gemeindearbeit praktisch, Göttingen 2013), Kapitel 1, eine narrative Biografie (digitales Zusatzmaterial) Auf http://www.kirchenshop-online.de/themenbereiche/luther.html können Lutherbonbons, Lutherkekse und Luther-Luftballons bestellt werden – passendes Zubehör für den Lutherexkurs. Lutherspiel, Lutherquiz und Persönlichkeitstest „Sind Sie ein Luthertyp" herunterladen bzw. zur digitalen Nutzung bereitstellen (Netbooks). http://www.ekd.de/medien/film/martinluther/luthertyp.html http://www.ekd.de/medien/film/martinluther/spurenluthers.html
Luther M7	*Gruppentreffen*: Requisiten je nach Drehbuch, Aufgaben **Luther M7**

Verlauf

Der Auftakt

ENTDECKEN **Ankommen**

… bei Tee und Lutherkeksen; der Raum kann außerdem mit Lutherporträt, Luther-Filmplakat und Fotos von Luther-Botschaftern („Lutherzwerge") dekoriert sein http://www.ottmarhoerl.de/sites/projekte/projekt_39.php?link=39&pro=sta.   Verschiedene Angebote:

> An einer großen Stellwand werden spontane Äußerungen gesammelt: „Martin Luther – da fällt mir ein …"
> Ein Podest mit der Sockelaufschrift „Hier stehe ich; ich kann nicht anders" lädt dazu ein, eine eigene Bekenntnispose einzunehmen.
> Einspielung: „Ein' feste Burg" (EG 362)
> Auf den Netbooks läuft der „Persönlichkeitstext", Spiel und Quiz sind ausgedruckt und vorbereitet.

Begrüßen

„Luther heute" – Ihr seht, was alles gemacht wird, um Martin Luther lebendig zu halten. Auch wir hier werden heute und in den nächsten Tagen einen Teil dazu beitragen. Aber zunächst einmal: Kommt an; schaut euch um und probiert das eine oder andere aus: Wie schmecken Lutherbonbons, bin ich ein Luthertyp, was weiß ich von Luther, wie fühlt es sich an, öffentlich zu protestieren?
Hin und wieder wird ein Gong ertönen. Dann setzt sich jede/r da, wo er gerade steht, auf den Boden und hört den Luther-Text, den Teamer oder Teamerin euch vorlesen werden."

 DEUTEN

Lasst euch Zeit. Überlege allein für dich: Was gibt mir im Zusammenhang mit Martin Luther zu denken? Nimm hinzu: **konfi live Begleiter**, S. 95: Was denkst du über Tinas Brief?

Die Texte 1 bis 6 werden nach und nach in Abschnitten vorgelesen. Am Ende ordnen sich die Konfis in kleinen Gruppen je einem der Texte zu.

Aufgabe

„Bearbeitet den Text für ein Anspiel. Die Angaben auf dem Aufgabenblatt geben euch den Rahmen vor. Es geht um einen Spagat von Luther damals und Luther heute." Verabredet euch zu Gruppentreffen. Am Ende stehen die Abstimmung der Gruppen und eine Gesamtaufführung.

 **ABSCHLUSS** Mit Luthers Abendsegen (EG 852, Hannover, Nordkirche)

Das Gebet für den Schluss des Tages
Des Abends, wenn du zu Bett gehst, kannst du dich segnen mit dem Zeichen des heiligen Kreuzes und sagen:
Das walte Gott Vater, Sohn und Heiliger Geist! Amen

Darauf kniend oder stehend das Glaubensbekenntnis und das Vaterunser. Willst du, so kannst du dies Gebet dazu sprechen:

Ich danke dir, mein himmlischer Vater, durch Jesus Christus, deinen lieben Sohn,
dass du mich diesen Tag gnädiglich behütet hast,
und bitte dich, du wollest mir vergeben alle meine Sünde,
wo ich Unrecht getan habe,
und mich diese Nacht auch gnädiglich behüten.
Denn ich befehle mich, meinen Leib und Seele und alles in deine Hände.
Dein heiliger Engel sei mit mir, dass der böse Feind keine Macht an mir finde.
Alsdann flugs und fröhlich geschlafen.

Mehr

Nachhaltigkeit und Weiterarbeit

Die erarbeitete Version wird in der Gemeinde aufgeführt (oder auch gezielt in einem Jugendgottesdienst oder den Eltern im Vorstellungsgottesdienst); sie kann der folgenden Konfi-Gruppe als Impuls dienen, es anders zu machen.

Arbeit mit dem *konfi live Begleiter*

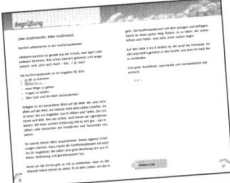

S. 95: Fragen an Martin Luther

Alternative / ergänzende Ideen

Wie hier vorgestellt, ist der Exkurs „Martin Luther" zeitaufwändig. Als Kurzform ist gut denkbar: einfach nur die Vorschläge für den Auftakt umzusetzen – als Einzeltermin. Dieses Angebot eignet sich wegen der vielfältigen Zugänge auch gut für den inklusive Gruppen.

Andachten / liturgischer Rahmen

Es tut allen an der Konfi-Zeit Beteiligten gut, wenn die Treffen in einer wiedererkennbaren Form gerahmt und gehalten sind.

Die Konfizeit ist ein spezifisch kirchliches Angebot; Jugendliche haben ihre eigene Spiritualität, die sie erfahren, erproben und entwickeln möchten. Beides legt nahe: Der Rahmen sollte liturgisch-spirituell gestaltet sein und seinen eigenen Wert, sein eigenes Gewicht haben.

Je nachdem, ob die in den Einheiten vorgeschlagenen Teil als Einzelveranstaltungen oder im Zusammenhang eines Projekttages oder einer Freizeit angeboten werden, wird sich die Position und Häufigkeit der liturgischen Elemente ändern. Generell schlagen wir vor, Anfang und Ende spezifisch zu markieren:

Am Anfang steht die „Andacht" – das kann im Einzelnen Unterschiedliches sein, eine Auslegung, ein Gespräch, ein Anspiel, eine Meditation. Am Ende versammelt sich die Gruppe zu Vaterunser und Segen.

Beide Male sollten Raum und Gestaltung ein klares Signal geben: Ritual! Beispielsweise durch das Einfinden um eine gestaltete Mitte und das Entzünden der Konfer-Kerze. (Bei Wochenenden und Freizeiten bietet sich der Raumwechsel in Kapelle / Kirche / Raum der Stille an.)

Für den **Segen** sind unterschiedliche Formen denkbar. Vorschlag: Die Konfis entwickeln selbst ihr Konfi-Segens-Ritual. Dazu werden ihnen verschiedene Texte und Gesten vorgeschlagen (je nach Gepflogenheiten der Gemeinde und dem, was an Erfahrungen eingebracht wird, z. B. aus Taizé oder vom Kirchentag).

Für den **Anfang** sind grundsätzlich zwei Varianten denkbar:
> Das Thema der Andacht (im weitesten Sinn) ergibt sich aus dem Gesamtthema des Treffens / der Einheit. Ohne die Andacht zu funktionalisieren, wird doch schon ein Denkweg angebahnt, der dann im Weiteren begangen wird. Solche Andachten werden von Pfarrer/in und Team vorbereitet und eingebracht. Hierzu sind im Folgenden Vorschläge für die 16 Einheiten gemacht.
> Das Thema der Andacht kommt von außen. Die Konfis bringen es aus ihrer Lebenswelt und aus ihrem Alltag mit. Von Treffen zu Treffen ist entweder ein Konfi oder eine Kleingruppe für die Gestaltung eines geistlichen Impulses zuständig.

Aufgabe
Entscheidet euch für eine Bibelstelle (Tipp: Herrnhuter Losungen). Schreibt sie auf ein Plakat und legt es als stummen Impuls in die Mitte. Die Gruppe äußert Gedanken; ihr selbst gebt am Ende eine kurze Erläuterung zu eurer Wahl.
Oder: Entscheidet euch für eine aktuelle Zeitungsmeldung / Nachricht, von der ihr annehmt, dass es sich lohnt, sie aus religiöser / christlicher Perspektive zu bedenken. Bringt sie in die Gruppe ein und fordert zu Stellungnahmen auf.
Die Andacht endet mit Lied (evtl. kurzem Gebet).

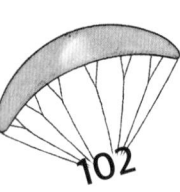

Skizzen für Andachten im Zusammenhang mit den 16 Einheiten

A1: Vom willkommen Sein

Teamer spielen ein paar Runden „Reise nach Jerusalem" nach den gewohnten Regeln: Es gibt immer einen Stuhl weniger als Mitspielende, so dass beim Um-die-Wette-Hinsetzen immer eine/r übrig bleibt und ausscheidet. Zum Schluss streiten zwei um einen Stuhl und eine/r ist Sieger.
Das Spiel endet in einem „Standbild": der strahlende Sieger, im Hintergrund sichtlich geknickte Verlierer.

Ein/e Sprecher/in äußert dazu einige Gedanken: So ist es im Leben … Konkurrenzkampf … man muss sich behaupten … nur der Stärkste kommt durch …

SPRECHER/IN 2: Aber wie fühlen sich die anderen? Die, die nicht im Licht stehen? Und: das sind doch die meisten? – Vorschlag: das Spiel anders spielen. Mit einem Stuhl mehr als Teilnehmende …

SPRECHER/IN 1: Aber dann ist es kein Spiel mehr!

SPRECHER/IN 2: Hatten wir nicht gerade vom Leben gesprochen? Wie wär' das denn im Leben? Wie fühlt sich das an: Ein Stuhl ist immer frei – für jede/n, der / die mitmachen will. Ein Stuhl für … den Armen, den Kranken, den Traurigen …

SPRECHER/IN 1: Bin ich Jesus?

SPRECHER/IN 2: Gut, dass du Jesus erwähnst. Ich kenne da einen Brauch, ich glaube, der kommt aus Osteuropa: Da wird beim Essen immer ein Gedeck mehr aufgelegt, als Familienmitglieder da sind. Für den unverhofften Gast. Oder, man kann auch sagen: für Gott …

Und so soll es hier bei uns im Konfer auch sein: Wir sind offen füreinander, wir haben Platz, wenn einer hinzukommen möchte. Und: In unserer Mitte ist Gott dabei …

A2: Von der Vase

Ein unvollkommenes Stück Töpferware (oder ein Bild, eine Bastelarbeit, eine Handarbeit …) geht von Hand zu Hand. Aufgabe: Schaut einmal, was an diesem Stück Besonderes ist …

SPRECHER/IN 1: Ihr kommt nicht drauf. Ich sag's euch … (erzählt die Geschichte, dass diese Vase der kleine Bruder … getöpfert hat; mit wie viel Mühe …; ausschmücken: Geschenk als Wiedergutmachung für ein früheres Missgeschick …) – Im Ernst: Von außen betrachtet ist das ziemlich hässlich. Das ist mir klar. Aber es ist so: Ich sehe das mit anderen Augen. Ich sehe das an – und sehe dabei das angestrengte Gesicht meines kleinen Bruders – wie er sich abmüht. Und wie er dann strahlt und sich freut. Und ganz stolz das Ergebnis präsentiert. Und verschenkt … Leute, ich glaube: Manche Dinge sind gar nicht das, was sie scheinen. Sondern sind sie das, was in ihnen steckt. Wie findet ihr das?

SPRECHER/IN 2: In der Bibel wird erzählt: Gott hat die Welt gemacht – dich und mich und alles, was lebt. Er hat sich Mühe damit gemacht. Wie dein kleiner Bruder. Und als er fertig war, hat er alles angeschaut. Und er hat sich gefreut. Wie dein kleiner Bruder. Ich frag mich: Verändert sich dadurch mein Blick?

A3 – entfällt wegen Kirchenbegehung mit Meditation

A4: Von den Gaben

SPRECHER/IN 1: Also, was ich da neulich erzählt habe, über Siegertypen ... – das war ja nur die halbe Wahrheit. Gerade die Märchen- und Kinderbücher sind voll von Geschichten, in denen die Kleinen sich durchsetzen, die, mit denen keiner rechnet ... (erzählt z. B. die Geschichte vom „Grüffelo", in der ein Mäuschen seine Fressfeinde überlistet, indem es einen großen Freund erfindet, das Monster „Grüffelo"). Die brauchen eine große Portion Frechheit, diese Kleinen – und hier, im Fall vom „Grüffelo", sogar einen unsichtbaren Verbündeten ...

SPRECHER/IN 2: Ja, du hast recht! Solche Geschichten kenne ich auch! ... (erzählt die Geschichte von David, der den schwer bewaffneten Krieger Goliat mit einer Steinschleuder besiegt).

SPRECHER/IN 1: Stimmt, auch ganz schön frech ...

SPRECHER/IN 2: Und der unsichtbare Freund, den David hatte: Das war Gott.

SPRECHER/IN 1: Stopp! Da ist aber ein Unterschied! Der Grüffelo hat seinen unsichtbaren Freund gebraucht, um den anderen Angst zu machen. David hat Gott gebraucht, um sich Mut zu machen.

SPRECHER/IN 2: Ich frage mich nur: Dass Gott ihm hilft – hat David sich das nur vorgestellt? Oder hat Gott da wirklich eingegriffen?

A5 – entfällt wegen Gottesdienstbesuch

A6: Von den Leiden Christi

(evtl. als Element innerhalb einer Passionsandacht für die ganze Gemeinde)

Sieben Kerzen – sechs Sprecher/innen. Die Sprecher/innen stehen im Altarraum mit je einer brennenden Kerze und einem schweren Last (Schuhkarton, auf dem jeweils der Text einer der Stationen des Leidensweges aufgeklebt ist; s. *konfi live Begleiter*, S. 52 / 53). In ihrer Mitte am Boden: die siebte Kerze. (Den Text der siebten Station halten alle bereit.)

Ein/e Sprecher/in nach dem / der anderen liest ihren Text. Dabei sinkt sie unter dem Gewicht ihrer Last zu Boden. Zum Schluss bläst sie die Kerze aus.

Wenn alle sechs Sprecher/innen am Boden kauern und ihre Kerze erloschen sind, entsteht Stille. Erst dann, zögernd, lesen alle sechs den siebten Text. Sie geben vor, die Kerze in der Mitte auszupusten zu wollen – „schaffen" es aber nicht.

Die Andacht endet im Schweigen und mit der einen letzten flackernden Kerze.

Schließlich kann ein Taizégesang o. Ä. angestimmt werden.

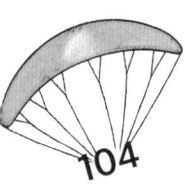

ANDACHTEN / LITURGISCHER RAHMEN

A7a: Aber die Liebe ist die größte unter ihnen

Ein Rätsel: Einige Teamer/innen umschreiben die „Liebe" – „kann man nicht hören", „kann man nicht sehen", „wunderschön", „schmerzhaft", „sanft", „trägt", „kann zerbrechen", „macht glücklich", „macht unglücklich", „ewig", „vergänglich".

Kurze Pause zur Besinnung / Lösung des Gleichnisses
Zwei Teamer treten als „Teekesselchen" gegeneinander an. Der eine umschreibt die Macht der sanften Liebe; die andere eine flüchtige, verlorene Liebe.

Kurze Pause zur Besinnung

Lesung: 1 Kor 13 (mit verteilten Rollen, aus verschiedenen Ecken des Raumes).

A7b: Der Anker

Stürme des Lebens
Teamer 1 beschreibt „Stürme des Lebens": Angst, Stress, Ungewissheit, Prüfungen, Misserfolg

Im Boot sitzen
Teamerin 2 beschreibt das „Boot", in dem sie sitzt: Familie, Freunde, Gaben und Talente, Schwächen … Im Boot bin ich erst sicher.

Stürme des Lebens
Teamer 1 wiederholt, was die „Stürme des Lebens" sind

Sich festmachen können in der Tiefe
Teamer 3: „Ich sitze nicht nur im Boot – halb geborgen, halb ausgesetzt. Wir haben auch einen Anker. Den können wir werfen, wann immer wir Halt brauchen. Halt aus der Tiefe. Festen Halt, um den wir kreisen können. Einen Anker, den wir auch wieder lichten können, wenn der Sturm vorbei ist. Wir führen ihn mit. Vorn, am Bug des Schiffes. Ein Stück Sicherheit. In Freiheit."

Der Glaube als Anker
Pfarrer/in oder Teamerin 4: Was gibt euch Sicherheit und Freiheit zugleich? Christ/inn/en haben den Anker als Zeichen gewählt für ihren Glauben an Gott in Christus. Daran machen sie sich fest. Daran mache ich mich fest. Ich fühle mich geborgen.

A7c: Prinzip Hoffnung

Die Geschichte von der Bärenraupe (von Rudolph Otto Wiemer)
Keine Chance.
Sechs Meter Asphalt.
Zwanzig Autos in einer Minute.
Fünf Laster. Ein Schlepper. Ein Pferdefuhrwerk.

Die Bärenraupe weiß nichts von Autos.
Sie weiß nicht wie breit der Asphalt ist.

Weiß nichts von Fußgängern, Radfahrern, Mopeds.
Die Bärenraupe weiß nur,
dass jenseits Grün wächst.
Herrliches Grün,
vermutlich fressbar.

Sie hat Lust auf Grün. Man müsste hinüber.
Keine Chance.
Sechs Meter Asphalt.

Sie geht los auf Stummelfüßen.
Zwanzig Autos in der Minute.
Geht los ohne Hast. Ohne Furcht. Ohne Taktik.
Fünf Laster. Ein Schlepper. Ein Pferdefuhrwerk.
Geht los und geht und geht und kommt an.

Szenisch lesen. Bedenken. Austauschen

Nachtrag: Übrigens: Aus Raupen (wenn sie überleben) werden wunderschöne Schmetterlinge. Die krabbeln dann nicht mehr. Die fliegen.

A8: Wer Ohren hat zu hören ...

Die Konfis stehen und sitzen im Raum verteilt. Ein Gong ertönt. Sie „frieren" ein, wo sie sind, und werden ganz leise.
In die Stille werden Namen geflüstert. Die Angesprochenen erheben sich lautlos und treten vor. Vor dem Altar bildet sich nach und nach ein Halbkreis. Eine große Schneckenmuschel geht von Hand zu Hand und Ohr zu Ohr. Wir lauschen auf das „Meeresrauschen".

Gemeinsames Lied
Kurze Überleitung: Gerufen werden, den Ruf hören ... Auf welche Stimmen höre ich? Woher weiß ich, welche Stimme zu hören sich lohnt?

Erzählung 1 Sam 3,1–10, *zum Beispiel so:*
„Samuel, warum weckst du mich?" Der alte Priester Eli schreckt aus dem Schlaf. Da steht Samuel, sein neuer Diener, ein freundlicher und kluger Junge. Eli spricht gern mit Samuel. Aber nachts, nachts will Eli lieber schlafen. Samuel wird rot. „Aber du hast mich gerufen, Herr", sagt er. „Ich habe dich nicht gerufen", sagt Eli.
Eli schickt den Jungen schlafen und legt sich wieder hin. Gerade, als der erste Traum kommt, schreckt er wieder hoch. Wieder steht da Samuel, wieder hat er Eli geweckt. „Samuel, warum weckst du mich?" Samuel ringt die Hände. „Aber du hast mich gerufen", stottert er. „Du hast geträumt", sagt Eli.
Eli schickt den Jungen schlafen und legt sich wieder hin. Nicht lange, da wird er zum dritten Mal geweckt. Und zum dritten Mal ist es Samuel, der ihn weckt. „Ich habe ganz deutlich eine Stimme gehört", sagt Samuel. „Es gibt keinen Zweifel. Sie rief meinen Namen." Der alte Priester sieht ihn lange an. „Das war nicht meine Stimme", sagt er. „Ich glaube, das war die Stimme des Höchsten."

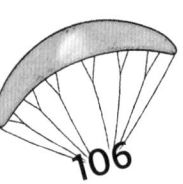

Samuel wird blass. „Was soll ich tun?", fragt er den Priester. „Steh auf und sprich: ‚Hier bin ich, Herr'", rät Eli ihm. Und nur für sich selbst fügt er hinzu: „Mich aber lass schlafen!"

Am Morgen weckt Eli den Jungen. „Erzähl!", sagt er. „Was hat der Herr gesprochen?" Samuel schreckt aus dem Schlaf. Er reibt sich die Augen. „Ich hörte eine Stimme", erzählt er. „Sie hat mich beim Namen gerufen. Und dann war es wie eine Berührung."

„Was?", sagt Eli. „Was hat sie gesagt?"

„‚Hab keine Angst, du bist mein' ", sagt Samuel. „Das hat sie gesagt. Eli, was bedeutet das?" Eli nickt langsam. „Ich bin alt, Samuel", sagt er. „Ich glaube, du wirst nach mir Priester sein."

A9a: Wie Gott sein erstes graues Haar bekam (Märchen)

Es war im ersten Jahr der Erde, da gab Gott einem jeden Baum seine Blätter und sprach zu ihm: „Du darfst dich schmücken damit sieben Monate lang und sie färben und singen lassen im Wind und sie sollen dir eine Krone aufsetzen, dann aber gib sie mir zurück." Und alle Bäume versprachen es.

Und die Eichen und Buchen, Eschen und Kastanien, der Ahorn, die Ulme und all die anderen, ja, selbst die stolzen Obstbäume, die schon vom Menschen träumten, schmückten sich mit einem dichten Blätterkleid und gaben es ab, als ihre Zeit um war, denn sie wussten: Gott weiß, warum er nimmt, und sicher gibt er reichlich wieder ...

Nur die Nadelbäume und einige besonders stachelige und hartblättrige Gesellen haderten mit Gott und machten ihm Vorwürfe, als er seine Stürme in den Garten schickte, um das Laub zu holen: „Allen hast du ein prächtiges Gewand gegeben, uns aber nur dünne Nadeln", sagten die einen. „Mit verschiedensten Farben zieren sich alle und dürfen diese am Ende sogar von Woche und Woche wechseln – wir aber waren immer nur grün", sagten die andern. „Höchstens grau und schmutzig durften wir werden", ergänzten die dritten und wieder andere beklagten ihre Stacheligkeit und Härte. Kurzum, sie ließen Gott wissen, sie seien übereingekommen, ihre Nadeln und Blätter nicht abzugeben, um so die ihnen zugefügte Ungerechtigkeit wenigstens ein bisschen zu schmälern.

Da bekam der liebe Gott sein erstes graues Haar (weißhaarig ist er ja erst geworden, nachdem er uns Menschen geschaffen hat), aber er sagte nichts zu alledem, sondern gab nur seinen Winden den Wink, sich nicht weiter mit den Abtrünnigen zu streiten.

Dann kam der Winter und mit ihm der Schnee. Der deckte die Erde zu und wärmte all die kleinen Blumen und Büsche, Knollen und Wurzeln und sagte den Frühaufstehern, sie müssten noch ein wenig warten, bis der schlimmste Frost vorübergegangen wäre. Auf die Äste der Bäume legte er kleine weiße Schlangen und ließ ihre Kronen glitzern.

Aber halt, fast hätten wir die Nadelbäume und die anderen Immergrünen vergessen, die ihr Kleid nicht hatten zurückgeben wollen. Die stöhnten und jammerten nun unter der Last des Schnees und dem einen oder anderen brach auch einmal ein Ast oder es stürzte der ganze Baum ... Und was das Schlimmste war: Die anderen Bäume lachten und sprachen: „Da schaut euch nur die an, tragen sogar zum Schlafen den grünen Lodenmantel! Und dann im Traum ziehen sie darüber ein Unterhemd nach dem anderen, bis sie fast zusammenbrechen!"

Da bekam der liebe Gott Mitleid mit den Immergrünen und schickte die Sonne, dass sie den Schnee nach Hause rief; und wenn es wieder einmal nicht richtig schneien mag im Winter, dann wissen wir nun, warum.

<small>Aus: Siegfried Macht, Erzähl mir (keine) Märchen. Ein Vorlese- und Praxisbuch für Gemeinden, ©2011, Vandenhoeck & Ruprecht GmbH & Co KG, Göttingen</small>

Gedankenaustausch

Warum wurde dieses Märchen erzählt? Was macht es deutlich: über Gott und seine Geschöpfe? (Geben und nehmen, Rhythmus des Lebens, Erbarmen ...)

A9b: Rebekka (Geschichte)

Ich war jetzt drei Monate mit Rebekka zusammen. So richtig. Verliebt war ich schon viel länger in sie. Aber sie hat mich echt ewig nicht mal mit dem Arsch angesehen. Aber dann hat es gefunkt. Scheinbar.

Sie ist süß. Schöne braune Haare, bis auf die Schultern. Braune Augen. Wie ein Reh. Einen supersüßen Mund, kleine Brüste, schmale Taille und einen traumhaften Hintern. Ein echter Hingucker.

Sie ist erst seit zwei Jahren an unserer Schule. Und vom ersten Tag an, seitdem sie den Kosmos unseres langweiligen Nestes hier betreten hatte, war sie der Star und der Traum aller Jungen. Ungelogen. Nur: Keiner ist an sie rangekommen. Sie war unberührbar. Unerreichbar. Aber das hatte sich geändert. Seit Beginn des neuen Schuljahres war sie wie aufgetaut. Sie ließ sich sehen. Kam zu Partys, tauchte im Club auf und machte Wind. Sie musste gar nichts dafür machen. Einfach nur da sein. In ihren Jeans, Revers, Glitzerohrringe, schwarzen Kapuzen-shirt mit einer weißen Katze drauf. Rote Lippen. Alles passte zu ihr.

Ich habe mich mächtig ins Zeug gelegt. Und gebaggert. Ich habe sie eingeladen. Zur Cola, zum Drink (hat sie abgelehnt. Brav, wie sie ist!), ins Kino, zum Spazieren (!!! Gähn!). Sie hat sich einladen lassen. Und dann habe ich sie geküsst. Und sie hat zurückgeküsst. Und dann waren wir zusammen.

Wir hingen ab. Manchmal kam sie mit zu unserem Treffpunkt, manchmal gingen wir zusammen in den Club, manchmal saßen wir irgendwo rum und quatschten oder fummelten bisschen rum (Gut!). Und dann habe ich Scheiße gebaut. Riesengroße Scheiße! Absoluten Mist. Megablöd.

Klar habe ich angegeben. Ich habe meinen Kumpels von ihr erzählt. Und denen das Blaue vom Himmel geredet. Die wollten alles wissen. Ist ja klar. Körbchengröße und wie sie schmeckt. Und ob wir schon ... und wie. Naja. Das ganze Programm. Und ich habe erfunden, wo noch was fehlte. Ich habe sie verändert. Bisschen wilder gemacht, als sie ist. Nichts von ihrem Bravsein zugegeben. Ganz schön aufgetragen. Was sie alles macht. Wozu sie so bereit ist. Was Jungs eben gern hätten.

Ja, ich mag sie so, wie sie wirklich ist. Aber das hätte meinen Kumpels nicht gereicht. Wie hätte ich dagestanden, wenn sie wüssten, dass ich noch nicht mal eine Brust auch nur halbnackt gesehen habe? Ja, ich wollte schon mehr, aber ich wollte sie nicht zwingen. Wenn ich das versuchen hätte, wäre sie weg gewesen. Das weiß ich. Aber das kann ich doch meinen Freunden nicht erzählen. Die wollen Fakten wissen und bisschen was zum Träumen haben. Haben sie! Und ich habe den Dreck.

Denn sie hat Wind von meinen Erzählungen gekriegt. Irgendwie ist im Tischtennisverein, zu dem auch ihr Bruder gehört, was durchgesickert. Von wegen „geile Torte",

ANDACHTEN / LITURGISCHER RAHMEN

"scharfe Braut", die es nicht so genau nimmt. Verdammt! Und der Idiot hat es natürlich seiner Schwester erzählt. Und dann war ich dran.

Ich habe Mist gemacht. Ich gebe es zu. Und was mache ich jetzt? Mit ihr habe ich es mir verdorben. Keine Frage. Rebekka – das war einmal. Und wie weiter? Ich habe was gelernt, das steht fest: Deine Freundin solltest du niemals in die Pfanne hauen, um deinen Kumpels eine Freude zu machen. Das geht böse aus. Merk dir das!

Christiane Thiel in: dies. / Udo Hahn, Das kannst du glauben. Für Konfis und Konfirmierte,
© 2009, Vandenhoeck & Ruprecht GmbH & Co KG, Göttingen

A10 entfällt (stattdessen Traumreise)

A11 entfällt wegen Gottesdienstbesuch (Abendmahl)

A12 ersetzt durch Glaubenslied

A13 entfällt wegen Besuch

A14 entfällt wegen Besuch

A15: Gott und die Welt (Kurzfilm)

Gezeigt wird der Kurzfilm „Gott und die Welt" von Julia Ocker, Deutschland 2008, 4 min.; Inhalt:

„Zwei kleine Männchen reden über die Nichtigkeit des Lebens, als ihnen plötzlich Gott erscheint und zu ihnen spricht. Vollkommen begeistert gründen sie eine Kirche für Gott und sind glücklich, bis sie merken, dass sie unterschiedliche Bilder von Gott haben. Und schon beginnt der Streit ..."

Mit Vorführlizenz bei Matthias Film gGmbH, Berlin, www.matthias-film.de

Aussprache: Warum „schießen" die Gläubigen auf Gott (und aufeinander)? Was läuft da schief? Wo würdest du schlichtend eingreifen? Wie?

A16: Vertraut den neuen Wegen

Die Strophen des Liedes EG 395 von Peter Hertzsch werden einzeln gelesen. Nach jeder Strophe folgt eine Besinnung:

1. *Die Suche nach dem gelobten Land (am „Ende des Regenbogens")*: Aufbrüche positiv sehen: Was kann nicht alles Gutes geschehen; „festsetzen" bekommt uns nicht.
2. *Gesegnet sein und Segen sein*: Das Gute, wenn wir aufbrechen: Wir dürfen uns gesegnet fühlen (Taufe, Konfirmation); dieser Segen trägt auch die Möglichkeit in sich, dass wir selbst Segen bringen, Segen weitergeben.

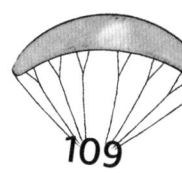

ANDACHTEN / LITURGISCHER RAHMEN

3. *Gottes Land – die Zukunft*: „Ich bin, der ich sein werde", ist Gottes Name; Gott ist uns immer voraus – wohin wir auch gehen, wir kommen zu ihm.

Evtl. mit Abrahams Berufung, 1 Mose 12, beispielsweise so:

Abraham und Sara lebten in Haran, im Zweistromland. Wie sie dort lebten, arm oder reich, glücklich oder unglücklich, wissen wir nicht. Nur, dass es in Abrahams Familie offenbar eine Tradition des Aufbrechens gab. Abrahams Vater war von Ur bis nach Haran gezogen. Und er erzählte wohl noch bisweilen am Lagerfeuer, er habe eigentlich weiter ziehen wollen, in ein wirklich unbekanntes Land, hart, aber schön. Vielleicht fiel bisweilen der Name „Kanaan".

Vielleicht fiel Sara deshalb nicht aus allen Wolken, als Abraham ihr eines Morgens sagte: „Wir ziehen fort, Sara. Mach schon, pack alles zusammen." Jedenfalls wird nichts davon berichtet, dass Sara Einwände machte. Sie packte. Vielleicht hat sie Abraham sehr geliebt, vielleicht hat sie ihn gefürchtet, wir wissen es nicht. Vielleicht auch hat sie gedacht: „Was habe ich zu verlieren?" Denn sie war nicht mehr ganz jung – und in langen Ehejahren hatte sie Abraham kein einziges Kind geboren.

Schöner ist es, sich vorzustellen, Abraham habe Sara beiseite genommen und ihr die Geschichte seines einsamen Entschlusses erzählt. „So einsam war der gar nicht", hätte er dann gesagt, „und er ist auch nicht wirklich meiner. Sondern Gott, der Herr (ich kannte ihn kaum): Er hat zu mir gesprochen. Er sagte zu mir: Abraham, nimm deine Frau und alles, was dein ist, und brich auf. Ziehe fort aus deiner Stadt, weg von deiner Verwandtschaft, fort aus deinem Haus – in ein Land, das ich dir zeigen werde. Kanaan. Und ich will mit dir gehen und will dich segnen. Reich sollst du werden an Herden und an Nachkommen. Und du sollst ein Segen sein." Da erst ist Sara wohl aus allen Wolken gefallen. Und sie hat angefangen zu träumen ...

Aus: Martina Steinkühler, Bibelgeschichten sind Lebensgeschichten. Erzählen in Familie, Gemeinde und Schule, Göttingen 2011

Materialien

Körperteile

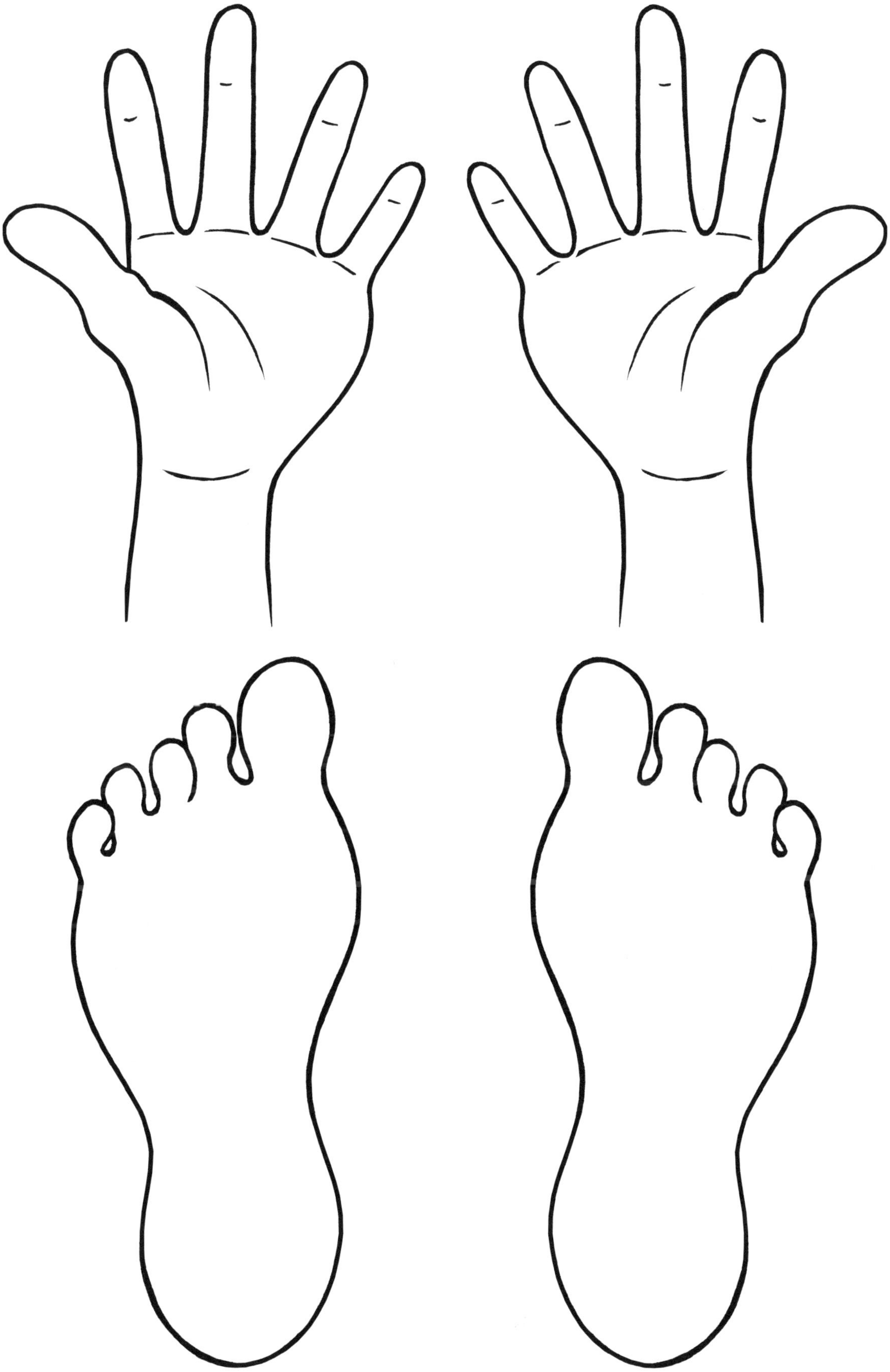

Körperteile

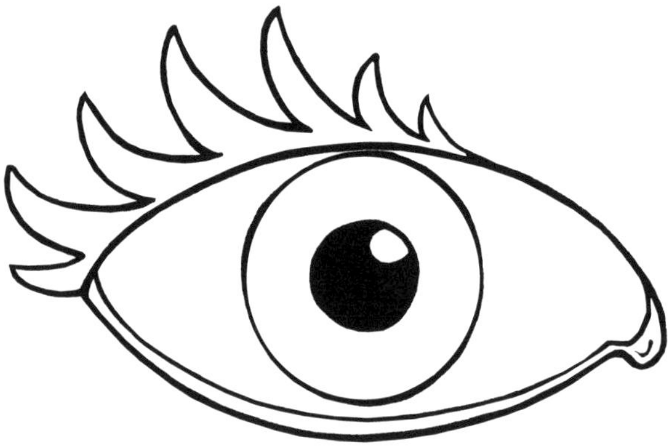

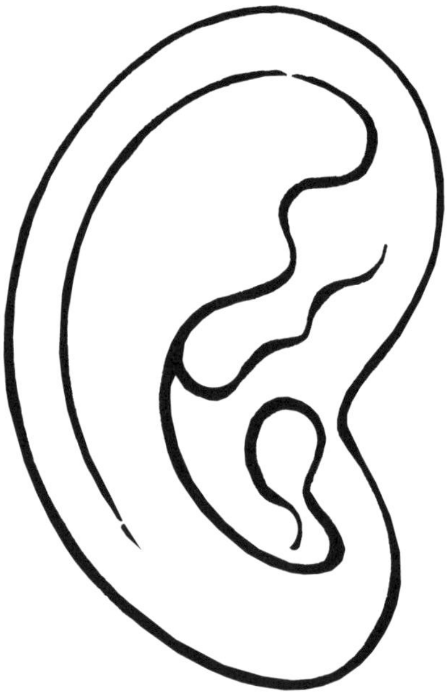

M1.1

Fragen zur Rallye

M1.2

1	Warum hast du dich entschlossen, die Konfizeit mitzumachen?
2	Wer oder was macht dich zu dem, was du bist?
3	a) Skizziere einen Einrichtungsgegenstand der Kirche. b) Mit viel Fantasie: Was könntest du für deine Gemeinde tun?
4	Jeder hat Stärken und Schwächen. Nenne eine Sache, die du nicht so gut kannst …
5	Nenne eine Sache, die dir am Gottesdienst gefällt.
6	Angenommen, du übernachtest auswärts – und über deinem Bett hängt ein Kreuz an der Wand: Was denkst du darüber?
7	„Nach dem Tod ist …" – schreibe den Satz zu Ende.
8	Was bedeutet für dich „beten"?
9	Was kannst du *nicht* verzeihen?
10	Angenommen, dein kleiner Cousin wird getauft – was gehört für dich unbedingt dazu?
11	Der Unterschied zwischen „Abendessen" und „Abendmahl" …?
12	„Glauben bedeutet …" – schreibe den Satz zu Ende.
13	Was fällt dir ein, wenn du hörst: Zehn Gebote?
14	Was ist „bekreuzigen"?
15	Kennst du Menschen, die nicht christlich sind? Was sind sie?
16	Konfirmiert – und dann … – schreibe weiter.

MATERIALIEN

Die Einheiten

M1.3

Die Logos der 16 Einheiten im Quadrat

Interview-Fragen:
Was denken Sie über ... Schöpfung?

Dürfen wir Ihnen 5 Fragen stellen? Wir gehören zur Konfi-Gruppe .... (Gemeinde nennen) und wir sollen herausfinden, was Menschen von heute über Schöpfung denken ...

1	Was bedeutet das Wort Schöpfung?
2	Was bedeutet das Wort Schöpfung für Sie?
3	Wie verstehen Sie die biblischen Schöpfungsgeschichten?
4	Stellen Sie sich vor: ein wunderbarer Sonnenuntergang über dem Meer – was denken Sie?
5	Was mögen Sie an sich selbst? Warum sind Sie so, wie Sie sind – was glauben Sie?

MATERIALIEN

Anleitung

... für Teamer zur Gesprächsführung bei der Auswertung der Interviews

Folgende Punkte können zur Sprache kommen:

● **RUNDE 1: ERZÄHLEN**

Hatten die Leute Lust, interviewt zu werden? / Wie reagierten die Leute, wenn sie hörten, dass ihr Konfis seid? / War euer Thema für die Leute eher wichtig / eher fremd / ganz normal?

● **RUNDE 2: DIE ANTWORTEN SICHTEN**

Frage 1: Was bedeutet das Wort Schöpfung?
> Alle Notizen vorlesen: Gibt es Gemeinsamkeiten, etwas, das alle / die meisten gesagt haben? Wie verstehen die Konfis das? Würden sie das auch so sagen?
> Wer hat etwas ganz Besonderes gesagt? Etwas Schweres oder Einzigartiges? Wie verstehen die Konfis das? Gibt es ihnen zu denken – in welcher Hinsicht?

Frage 2: Was bedeutet das Wort Schöpfung für Sie?
> Vorklären: Worin besteht der Unterschied zu Frage 1?
> Alle Notizen vorlesen: Gibt es unterschiedliche „Sorten" von Antworten? Wie würden die Konfis diese Sorten bezeichnen?
> Welche Antwort gefällt den Konfis besonders? Warum?

Frage 3: Wie verstehen Sie die biblischen Schöpfungsgeschichten?
> Vorklären: Welche biblischen Schöpfungsgeschichten gibt es (Bibel aufschlagen: 1 Mose 1 und 2; oder **konfi live Planer**, Seite 28–30.
> Alle Notizen vorlesen: Lässt sich eine grobe Einteilung vornehmen in a) welche, die gar nichts dazu sagen oder ablehnend sind, b) welche, die sich auf die erste Geschichte (7-Tage-Schöpfung) beziehen, c) welche, die sich auf die zweite Geschichte (Paradies, Adam und Eva) beziehen?, d) welche, die diese Geschichten wortwörtlich glauben, e) welche, die diese Geschichten im übertragenen Sinn verstehen, f) welche, die diese Geschichten für Unsinn halten?

Frage 4: Ein wunderbarer Sonnenuntergang über dem Meer – was denken Sie?
> Alle Notizen vorlesen: Lassen sich die Antworten irgendwie „sortieren" (clustern)?
> Gibt es welche, die ganz nüchtern bleiben? Gibt es welche, die von Gott sprechen? Wie?

Frage 5: Was mögen Sie an sich selbst? Warum sind Sie so, wie Sie sind – was glauben Sie?
> Alle Notizen vorlesen: Lassen sich die Antworten irgendwie „sortieren" (clustern)?
> Gibt es welche, die ganz nüchtern bleiben? Gibt es welche, die von Gott sprechen? Wie?

● **RUNDE 3: EINEN GESAMTEINDRUCK FORMULIEREN**

Was ist uns als Gruppe besonders aufgefallen? Was hat das mit dem Thema Schöpfung zu tun? Hat die Befragung eher Spaß gemacht oder eher nicht? Was hat sie gebracht?

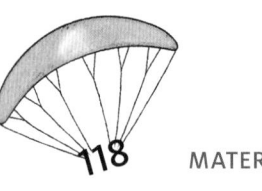

Sprechtext

Ein Vorbeter spricht Satz für Satz vor – die anderen sprechen nach
(Es ist auch möglich, nur den fett gedruckten Teil zu sprechen):

Die Erde ist des HERRN
und was darinnen ist,
der Erdkreis und die darauf wohnen.
Denn er hat ihn über den Meeren gegründet
und über den Wassern bereitet.

Wer darf auf des HERRN Berg gehen,
und wer darf stehen an seiner heiligen Stätte?
Wer unschuldige Hände hat
und reinen Herzens ist,
wer nicht bedacht ist auf Lug und Trug
und nicht falsche Eide schwört:
Der wird den Segen vom HERRN empfangen
und Gerechtigkeit von dem Gott seines Heils.

Machet die Tore weit
und die Türen in der Welt hoch,
dass der König der Ehre einziehe!
Wer ist der König der Ehre?

Es ist der HERR, stark und mächtig,
der HERR, mächtig im Streit.

Machet die Tore weit
und die Türen in der Welt hoch,
dass der König der Ehre einziehe!
Wer ist der König der Ehre?
Es ist der HERR Zebaoth; er ist der König der Ehre.

Psalm 24 (ohne Vers 6), Lutherbibel, © 1999 Deutsche Bibelgesellschaft Stuttgart,
rev. Text von 1984, Neue Rechtschreibung

Fantasiereise

Setzt euch bequem hin, so, dass ihr meint, eine Weile so sitzen zu können. Es soll euch nichts einschlafen, weder die Beine noch die Arme noch der Geist …

Sitzt da und legt ab, was ihr heute mitgebracht habt: Erlebnisse aus der Schule, Begegnungen auf dem Schulweg, ein paar *likes* und *dislikes* im sozialen Netzwerk … Sorgen vor der nächsten Arbeit oder Freude über eine gute Note … die Unruhe, etwas anderes vorzuhaben … seid nun hier, ganz hier. Gebt dem Raum eine Chance.

Sitzt da und **spürt**, wo ihr seid: Der Teppich unter euch ist warm und weich. Darunter Steinplatten, große schwere Quader, ein fester Grund, seit vielen, vielen Jahren (kommt auf die Kirche an), ein Grund, der nicht wankt … Lasst den Gedanken in euch aufsteigen: **Hier bin ich sicher.**

Sitzt da und schließt die Augen. Nehmt wahr, was ihr **riecht**. (Zuerst: was gerade auffällt, kommt auf die Kirche an; zum Schluss:) Das Feuer der Kerzen, die wir für uns angezündet haben. Kerzen haben ihren festen Platz an diesem Ort. Sie geben Licht und Wärme. Lasst den Gedanken in euch aufsteigen: **Hier bin ich willkommen.**

Sitzt da und **schaut**. Seht, was es zu sehen gibt, ohne den Hals zu verdrehen. Einen Tisch, weiß gedeckt, darauf Blumen, die Kerzen, das Kreuz … (kommt auf die Kirche an) Für wen ist da gedeckt? Hast du schon mal gehört: Das ist der „Tisch des Herrn"? Siehst du das große, schwere, dicke, alte Buch? Die Bibel, Wort des Herrn … Lass den Gedanken in dir aufsteigen: **Das Wort des Herrn – für mich?** Was mag er mir zu sagen haben?

Sitzt da und horcht. **Hört**, was es zu hören gibt … den Atem des Nachbarn, der Nachbarin … Hier und da bewegt sich eine, … du bist nicht allein. Wir sind eine Gemeinschaft vor dem Tisch des Herrn, dem Altar. Lasst den Gedanken in euch aufsteigen: **Hier kommen wir zusammen.**

Spruchband / Plakat

M4.1

JESUS CHRISTUS SPRICHT

„Meine Kraft ist in den Schwachen mächtig."

2. Korintherbrief 12,9

Ein Schöpfungs-Märchen

Warum der Mensch tanzt und die Erde sich dreht

Noch waren Himmel und Erde nicht von Leben erfüllt und die Haut der Ozeane war glatt. Gott aber saß am Rande des Meeres und spielte mit den Füßen im Wasser. Er spritzte und schwappte und Gott dachte bei sich: So soll es immer sein. Da schwammen Fische, wo er die Zehenspitzen ins Wasser tauchte, gewaltige Wale um den großen Zeh und winzige Meeresbewohner um den kleinen. Und es spritzte und schwappte, und Gott dachte bei sich: So ist es gut.

Und Gott ging auf Zehenspitzen davon, denn er hatte nasse Füße. Erst als die Wassertropfen getrocknet waren, trat er fester auf und begann sogar zu hüpfen und zu springen. Dann sah er sich um und blickte auf die vielen verschiedenen Spuren im Sand. So soll es immer sein, dachte Gott und setzte kleine und große Tiere in seine Fußstapfen. Und schon liefen die seltsamsten Fährten über die Erde und trugen Gottes Spuren in alle Welt. Und Gott dachte bei sich: Das ist gut so.

Dann sah er in den leeren Himmel und raufte sich die Haare und ein paar davon fielen zu Boden und wirbelten im Wind. Und weil es Gott gefiel, rupfte er auch noch das eine oder andere Haar aus seinem Bart. Da stiegen und sanken mit dem Wind all die verschiedenen Vögel am Himmel.

Und Gott sah die Sonne, wie sie sich im Wasser spiegelte, und sah bald darauf den Mond und die Sterne, wie sie sich im Wasser spiegelten, und er sah die Tiere, die zur Nacht zum Trinken an den Fluss kamen. Und alle blinzelten scheu, welches Aussehen er ihnen wohl gegeben hatte, und alle waren zufrieden. Nun schaute auch Gott ins Wasser und sah – nichts. Da hatte er bisher doch ganz vergessen, der Erde sein eigenes Spiegelbild einzuprägen. Jetzt aber nahm er den schönsten Lehmklumpen, den er finden konnte, begann seine Töpferscheibe zu drehen und – formte den Menschen. Der aber konnte es kaum erwarten und sprang von der Scheibe, ehe sie stillstand, und drehte und drehte sich und tanzt noch heute vor Freude, wenn er daran denkt, dass Gott ihn geschaffen hat für eine Erde, die sich dreht, damit er sich ganz zu Hause fühlen kann.

Siegfried Macht, Erzähl mir (keine) Märchen © 2011 Vandenhoeck & Ruprecht GmbH & Co KG, Göttingen

Ein Schild für den Rahmen

M4.3

*Handgemacht
von Gott*

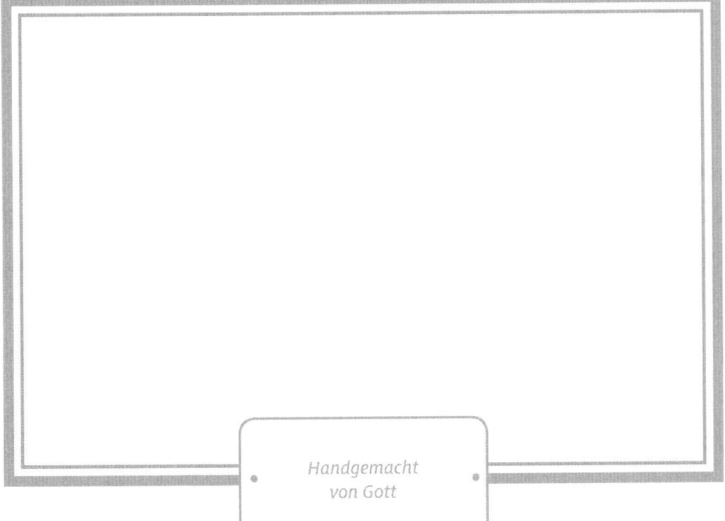

Der See Betesda (nach Johannes 5,1–8)

M4.4

Die Konfis stehen um einen Tisch, auf dem ein blaues Tuch, Modellbausteine, Ton (Modelliermasse) bereit stehen.

● PHASE 1: TEAMER/IN BESCHREIBT DIE UMGEBUNG

Stellt euch vor: einen See. Er liegt vor den Toren Jerusalems. Vor dem Schaftor. Das Schaftor ist das Tor, zu dem die Schafe heraus- und hineingetrieben werden. Aber an diesem See sind nicht nur Schafe. Vor allem sind da fünf Säulenhallen ... Was es damit für eine Bewandtnis hat, das erzähle ich gleich. Zunächst einmal: Damit wir es uns besser vorstellen können – bitte gestaltet den Schauplatz ... *Die Konfis breiten das Tuch als See aus, bauen Säulen, vielleicht einen Teil des Stadttors.*

● PHASE 2: TEAMER/IN BESCHREIBT DIE UMSTÄNDE

In den Hallen liegen Menschen, kranke, verletzte, altersschwache Menschen. Manche liegen auf ihren Matten, andere sitzen. Sie alle schauen auf das Wasser des Sees. Warum? Es heißt: Von Zeit zu Zeit kommt ein Engel und bewegt das Wasser des Sees. Wer dann als Erstes in den See steigt, der wird geheilt von allen seinen Gebrechen ... Damit wir es uns besser vorstellen können – bitte knetet doch einige dieser Menschen und platziert sie am See ... *Die Konfis kneten.*

● PHASE 3: TEAMER/IN GIBT RAUM FÜR IMAGINATIONEN

Da sind sie also: Menschen, die auf ein Wunder warten. Auf ihre Heilung ... Damit wir es uns besser vorstellen können: Der eine oder andere von euch sucht sich jetzt mal eine der Figuren aus und teilt uns ihre Gedanken mit. Bitte, tu das in der Ich-Form: „Ich bin ... ich warte ... ich hoffe ..." *Die Konfis kommen (meist zögernd) ins Erzählen.*

● PHASE 4: TEAMER/IN GIBT GELEGENHEIT FÜR VERÄNDERUNGEN

Da sind sie also – und wir kennen sie nun ein wenig. Jetzt stellt euch vor: Es wird Tag und Nacht, es wird Sonntag und Alltag, es wird Frühling und Sommer ... und sie warten ... So viel Zeit vergeht, kein Wunder geschieht. Was geschieht mit den Menschen? Was fühlen, denken, tun sie jetzt? Wer möchte, kann seine Figur verschieben, anders anordnen – und dazu sprechen lassen ...
(Diese Phase wird so lange wiederholt werden, wie noch Anregungen kommen. Herausforderung für die Teamer/in: Schweigen aushalten, abwarten können!)

● PHASE 5: TEAMER/IN ERZÄHLT VON JESUS

Dann eines Tages: Ein Mann kommt an den See. Er sieht die Kranken. Er geht vorbei. Nein, er bleibt stehen – hinten am Rand, jenseits der Hallen. Bei einem der Kranken bleibt er stehen. Es ist einer, der schon seit 38 Jahren da liegt.
„Jesus", murmelt der eine oder andere. „Das ist Jesus von Nazaret. Der Heiler." Vielleicht geht ein Ruck durch die Menge der Wartenden. Wir wissen es nicht. Wir wissen nur, was zwischen Jesus und dem einen Kranken geschieht.
Jesus fragt: „Willst du gesund werden?" Der Kranke antwortet: „Herr, ich habe keinen Menschen. Wie soll ich zur rechten Zeit ins Wasser kommen?" Jesus sagt zu ihm: „Nimm dein Bett und geh!" Da steht der Mann auf und tut, was Jesus gesagt hat. Ohne Mühe.

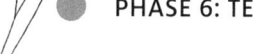

● PHASE 6: TEAMER/IN SCHWEIGT.

Die Konfis kommentieren, stellen Fragen ...

MATERIALIEN

Feedbackwürfel

Kleben Sie die sechs Felder auf einen großen Schaumgummiwürfel oder einen würfelförmigen Karton.

Die Musik war …

Ich habe nicht verstanden, was …

Bei den Leuten, die den Gottesdienst besuchten, ist mir aufgefallen …

Ich hätte mir gewünscht, dass …

Ich habe mich unsicher gefühlt, als …

Ich habe mich gut gefühlt, als …

Meinungen zum Gottesdienst

Für mich besteht ein Zusammenhang zwischen Kirche und Gott. Und doch sind es zwei verschiedene Paar Schuh. Ich muss nicht in die Kirche gehen, um zu beten. Das kann ich auch anderswo. Aber die Kirche ist für mich ein Ort zum Nachdenken, ein Ort, wo ich sein kann …Ja, und ein Gottesdienst ist für mich wie eine Gabe an Gott. Ich gehe oft in den Gottesdienst, um Gott nahe zu sein. Der Gedanke, dass Gott mich umgibt – was nicht heißen soll, dass er es außerhalb des Gottesdienstes nicht tun –, gibt mir ein starkes Gefühl von Geborgenheit und Schutz. *(Junge Frau, beim Gang zum Gottesdienst interviewt)*

Eines ist schon gut: Also, wenn mir was auf dem Herzen liegt oder ich traurig bin und dann gehe ich in die Kirche und lasse den Gottesdienst über mich ergehen – wie soll ich sagen: Danach geht's mir echt besser. *(Konfirmand, beim Gang zum Gottesdienst interviewt)*

Ich gehe jeden Sonntag zur Kirche. Manche sagen: aus Gewohnheit, andere sagen, weil es ihnen wichtig ist. Ich gehöre zu denen, die sagen: Es ist mir wichtig. Gott hat mich geschaffen und ich danke ihm jedes Mal. … Es hat was von einer feierlichen Zeremonie, aber auch etwas Vertrautes und Beschützendes. Im Gottesdienst fühle ich mich nicht allein, auch wenn ich als Einzige da wäre. Das Gefühl einer Gruppe oder Gemeinschaft gibt Halt und stärkt. *(Alte Dame, beim Kirchgang interviewt)*

© 2011 Vandenhoeck & Ruprecht GmbH & Co KG, Göttingen: in: Junge Gemeinde Planig, Jugend macht Kirche

MATERIALIEN

Wem dient der Gottesdienst?

M5.3

MITWIRKENDE: Moderator/in 1, Vater, Mutter, Jörg, Kerstin, Moderator/in 2

SZENE 1: MORGEN IST GOTTESDIENST!

MODERATOR/IN 1: Es ist Samstagabend und wir hören, was in einer Familie kurz vor der Tagesschau gesprochen wird. Im Wohnzimmer sitzen die Eltern mit ihren Kindern, Kerstin (13) und Jörg (17).

MUTTER: Jörg, nimm die Füße vom Tisch! Du lässt dich in letzter Zeit ziemlich gehen. Was hast du eigentlich morgen vor?

JÖRG: Ich? Na, ich werde erst einmal richtig ausschlafen. Und dass mich keiner auf die Idee kommt, mich vor 12:00 Uhr zu wecken!

KERSTIN: Du hast es gut. Das möchte ich auch mal wieder: ausschlafen! Aber ich bin ja Konfirmandin, ich muss morgen früh zur Kirche.

VATER: Was heißt: Du musst ...? Solange du zum Konfirmandenunterricht gehst, gehört das eben dazu.

KERSTIN: Und hinterher nicht mehr?

MUTTER: Ich glaube, so hat dein Vater das nicht gemeint. Ich fände es schon schön, wenn du auch später öfter mal zur Kirche gehst – und nicht so herumhängst wie dein Bruder.

KERSTIN: Und warum muss ich immer allein gehen? Ihr könntet doch mal mitgehen, dann macht es mir auch mehr Spaß.

VATER: Na ja, weißt du, bei mir ist das was anderes ...

KERSTIN: Wieso? Das verstehe ich nicht.

VATER: Ich kann nur glauben und zur Kirche gehen, wenn mir wirklich danach ist.

JÖRG: Das war ja in den letzten Jahren nicht oft.

MODERATOR/IN 2: Bevor jetzt der Familienstreit losbricht, machen wir die Türen zu ...

MODERATOR/IN 1: Das finde ich doof: Gerade, wo es spannend wird, brichst du die Geschichte ab. Es hätte mich schon interessiert, was der Vater seinem Sohn geantwortet hat – wegen seines Glaubens und seiner Kirchenbesuche!

SZENE 2: WAS IST GOTTESDIENST?

MODERATOR/IN 2: Fragen wir doch mal uns selbst: Was verstehen wir unter Gottesdienst? Wie das Wort verrät, hat es was mit Gott zu tun. Ganz allgemein können wir sagen, es ist eine Zusammenkunft von Menschen, die Gott dienen.

MODERATOR/IN 1: Au, klingt das trist und trocken, wie du uns das definierst! Können wir nicht mal darüber nachdenken, was Gottesdienst für uns bedeutet? Mich würde interessieren, was wir in einem Gottesdienst erleben, was er uns gibt und wie es uns dabei ergeht, was wir verarbeiten und wofür wir in die Kirche gehen und all solche Dinge ...

© 2011 Vandenhoeck & Ruprecht GmbH & Co KG, Göttingen: in: Junge Gemeinde Planig, Jugend macht Kirche, 132 f.

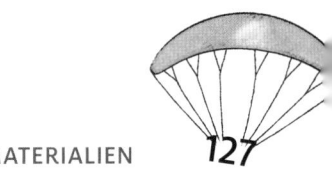

Kyrie, Gloria, Worte der Bibel, Segen

M5.4

1	Kyrie
2	Gloria

Kyrie, Gloria, Worte der Bibel, Segen

M5.4

3	Wort der Bibel
4	Segen

Meditation Gnade, Erbarmen

Gnade, Erbarmen ... wie soll ich beschreiben, was das ist? Ich glaube, ich kann nur davon erzählen: Was für ein Gefühl das ist – vor Gott, von Gott ...

Er fühlt sich mies. Ganz unten ist er gelandet: Schweinehirt. Und so erzählt er den Schweinen, warum er nicht nach Hause kann.

Ich habe ja den Mund ziemlich voll genommen: Ich will endlich auf eigenen Füßen stehen, habe ich gesagt. Ich komme schon klar.

Mein Bruder wird lachen und sagen: Und wie du klar gekommen bist! Arm, zerlumpt und Schweinehirt!

Ich habe gesagt: Ich will weg. Anderswo ist es besser als zu Hause. Ich weiß: Ich habe Vater sehr gekränkt. Abenteuer, habe ich gesagt, ich will Spaß haben und ich will mal was erleben.

Teuer war's. Ich habe alles Geld verbraucht, das Vater mir mitgab. Wird er mich nicht fragen: Wo ist das viele Geld? Was hast du damit angestellt?

Mein Bruder wird sagen: Typisch – jetzt, wo's dir schlecht geht, kommst du heim. Nicht, weil du uns vermisst. Sondern weil du Hunger hast.

Nein, ich kann nicht heimgehen. Es ist zu peinlich ...

Und wenn er sich doch überwindet und aufbricht? Wie wäre es denn, wenn der Vater ihm entgegenliefe, mit ausgebreiteten Armen? Und wenn er laut riefe: Mein Sohn, wie gut, dass du wieder da bist! Und ein großes Fest feierte vor lauter Freude!?

Das wäre Gnade und Erbarmen – aus der Sicht des Jungen. Und Liebe wie Gottes Liebe. Überlege einen Augenblick, vielleicht mit geschlossenen Augen: Gibt es Dinge, die dich belasten, die dir peinlich sind – und du würdest sie gern abladen, doch du traust dich nicht ...

Als Reiseleiter/in im Land des Herrn spreche ich dir zu:
Auf Gottes Liebe, auf Gottes Erbarmen kannst du dich verlassen.

Rollenkarten: Ich gehe zum Gottesdienst, weil …

1	Du bist eine alte Dame, verwitwet. Die Kinder sind aus dem Haus. Jeden Sonntagmorgen gehst du zum Gottesdienst. Du ziehst dein gutes Kleid an, putzt die Schuhe und machst dich auf den Weg …
2	Du bist der Vater zweier Konfirmanden. Du musst jeden Morgen früh raus, außer sonntags. Da könntest du ausschlafen. Aber so alle vier Wochen, da stehst du sonntags in der Frühe auf und machst Frühstück für die ganze Familie. Und dann sagst du: „Los jetzt, gehen wir zur Kirche!"
3	Du bist acht Jahre alt und deine Omi ist für dich der liebste Mensch auf der Welt. Am Wochenende darfst du sie immer besuchen. Du schläfst bei ihr von Samstag auf Sonntag. Der Sonntagmorgen ist für euch etwas Besonderes. Da nimmt Omi dich an die Hand und geht mit dir zur Kirche.
4	Du bist fremd in der Stadt, und weil du Schichtdienst hast, fällt es dir schwer, Kontakte zu knüpfen. Nur eines ist dir vertraut: In der Mitte des Viertels, wo du wohnst, ist eine Kirche. Und sonntags läuten die Glocken. Du läufst los …
5	Du sagst von dir, dass du nicht an Gott glauben kannst. Gerade deshalb gehst du sonntags gern mal zur Kirche. Da beobachtest du die Gläubigen und du fragst dich, wie der Gottesdienst wirkt …
6	Du hast gerade ein Baby bekommen. Du hast große Angst, irgendetwas mit der Kleinen falsch zu machen. Du suchst jeden möglichen Schutz für das Kind. Sonntags gehst du in den Gottesdienst; du willst die Pfarrer in hinterher bitten, dass sie das Kleine tauft.

Jugendliche fragen nach dem Kreuz

M6.1

1.	Jesus ist aus Liebe zu den Menschen gestorben, also auch aus Liebe zu mir, das ist cool.
2.	Dass Jesus Christus am Kreuz gestorben ist, zeigt […], was er alles auf sich genommen hat für uns, nämlich einen schmerzhaften und grausamen Tod, um unsere Schuld auf sich zu nehmen.
3.	Der ist für die gestorben, die an ihn glauben, und er trägt ihre Sünden, damit auch sie nach dem Tod frei von Sünde auferstehen.
4.	[W]as kann Jesus für die Fehler der Menschen, und wieso soll er das auf sich nehmen!?
5.	Für mich hat es wenig Bedeutung, dass er am Kreuz gestorben {ist}, denn für mich ist nicht das Entscheidende, wie er gestorben ist, sondern dass er von Gott wieder auferweckt wurde. Es gibt mir Hoffnung, dass es ein Leben nach dem Tod gibt, auf ein friedliches Leben „im Himmel".
6.	Das nimmt uns die Angst vor dem Tod, weil wir uns sicher sein können, dass es noch ein Leben nach dem Tod gibt. Ich denke, dass man durch diese Sicherheit sogar eine höhere Lebensqualität bekommen kann, weil man vor dem Ende keine Angst mehr haben muss.
7.	Er hat sich für uns alle geopfert und Gott damit freundlich gestimmt, sonst hätten die Menschen damals ein größeres Opfer bringen müssen, um sich mit Gott zu versöhnen.
8.	Ich sehe […] den Tod und die Auferweckung eher als einen symbolischen Akt für unsere Erlösung an.
9.	Ich glaube, dass Jesus gelebt hat, und ich glaube auch, dass er viele gute Taten vollbracht hat und eine sehr intensive Beziehung zu Gott hatte, aber ich kann mir nur schwer vorstellen, dass Gott selbst in Form eines Menschen auf die Erde gekommen ist, um für uns zu sterben und uns zu erlösen. Ich weiß nicht genau, warum, aber ich kann es mir eben nur schwer vorstellen.
10.	… um Hoffnung zu geben als jemand, der sich aufgeopfert hat für die Menschen. – Oder um den Menschen das Gefühl zu geben, dass ihr Leben einen Sinn haben muss, weil jemand dafür gestorben ist.
11.	Wie kann der Tod von jemandem einen anderen erlösen, noch dazu, wenn sich der andere keiner Schuld bewusst ist.
12.	[Manche Menschen können] nicht nachvollziehen […], wieso jemand für jemand anderen sterben sollte. Ich kann das, ehrlich gesagt, auch nicht nachvollziehen.

Aus einer empirischen Untersuchung von Michaela Albrecht: Vom Kreuz reden im Religionsunterricht, Göttingen 2008

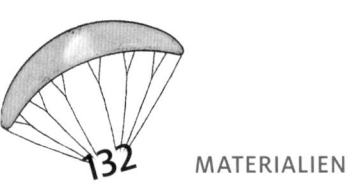

MATERIALIEN

Kunst betrachten: das Kreuz

Eine Anleitung für Teamerinnen und Teamer

Die Betrachtung eines Kunstwerks (Bild, Skulptur) vollzieht sich generell in drei Phasen:

> Was sehe ich?
> Was muss ich wissen? Was „sagt" das Bild?
> Was „sagt" das Bild mir?

Für die zweite Phase braucht der Betrachtende Informationen. Im Fall von Kreuzesdarstellung ist u. a. Folgendes gut zu wissen:

> Wie das Kreuz und der Gekreuzigte dargestellt werden, hängt wesentlich davon ab, wie der Künstler / die Künstlerin Jesus, die Kreuzigung und die Auferstehung versteht. Zwei Grundaussagen stehen nebeneinander:
>
> *Jesus als wahrer Mensch*
> Sein Leiden wird möglichst echt und nachvollziehbar dargestellt. Die Aussage ist: Sieh, wie er leidet. Er erleidet alles, was Menschen je erleiden mussten und müssen. Was dich auch belastet und bedrückt – er wird dich verstehen. Eine Variante: Sieh, wie er leidet – und zwar deinetwegen! Sei dankbar! Erweise dich dieses Opfers würdig!
>
> *Jesus als göttlicher Erlöser*
> Sein Leiden tritt in den Hintergrund. Sein Gesicht ist friedvoll, die Arme sind in der Geste des Segnens geöffnet. Die Aussage ist: Schon am Kreuz ist Jesus der Erhöhte. Er muss diesen Weg gehen und geht ihn selbstbewusst, um so den Tod und die Leiden der Welt zu überwinden. Er tut dies für alle Menschen, die sich ihm anvertrauen. Kommt zu ihm und legt ihm alles zu Füßen, was euch bedrückt. Bei ihm seid ihr gut aufgehoben.

Es gibt Kreuze mit und ohne Gekreuzigten.

> *Kreuze ohne Gekreuzigten*
> können sehr unterschiedliche Bedeutung haben: Von der schlichten Botschaft „hier ist jemand gestorben" (als Symbol auf Traueranzeigen, als Kreuz am Straßenrand) bis zu „wir glauben, dass im Tod nicht alles vorbei ist" (zum Beispiel durch zusätzliche Symbole wie Knospen oder durch einen entsprechenden Bibelspruch; am eindrücklichsten: wenn das Kreuz selbst grünt und knospt).

Notfallseelsorge in einer Schulklasse

M6.3

● TEIL 1: DIE SITUATION

Montagmorgen um acht Uhr bekomme ich den Anruf eines Schulleiters mit der Anfrage, ob ich um neun Uhr in seine Schule kommen könne. Ein fünfzehnjähriger Schüler habe sich am Wochenende von der S-Bahn überfahren lassen, der Klassenlehrer sei mit der Klasse für die ersten beiden Stunden nach draußen gegangen – ob ich ab der dritten Stunde mit der Klasse den Vormittag gestalten könne. Ich sage zu und lasse mich von meinem Schulleiter dafür freistellen.

Dann nehme ich mir eine halbe Stunde Zeit, in mich zu gehen und zu überlegen, was ich jetzt tun kann. Ich komme kurz zur Ruhe und versuche, von einem beteiligt Unbeteiligten, der von der Nachricht so überrascht und erschüttert ist wie andere, die sie hören und dadurch involviert werden, zu einem unbeteiligt Beteiligten zu wechseln, der jetzt aus einer professionellen Rolle heraus die Trauerarbeit in einer Klasse zu organisieren hat, in der einer der Schüler fehlt. Ich gehe ein paar Dokumente durch, die ich für solche Situationen auf dem Rechner habe und merke, sie sind gut, sie treffen den richtigen Ton, ich bekomme Sicherheit für den Kasus, auf den ich nun zugehe. Was ich genau an diesem Vormittag machen werde, weiß ich bis jetzt noch nicht.

Kurz vor neun bin ich in der Schule und sehe, dass eine Trauerecke sichtgeschützt im Foyer sehr würdevoll und dezent arrangiert ist. Als Erstes höre ich, dass die Mutter des Jungen bereits zu Beginn der ersten Stunde in der Klasse gewesen ist. Die Lehrkräfte bewerten dies ambivalent: Der Wunsch nach Kommunikation sei verständlich, sagen die einen; andere befürchten, dass die Mutter der Klasse Vorwürfe gemacht haben könnte. Diese Ambivalenz steht im Raum.

Es gibt ein Gespräch mit dem Schulleiter und Mitgliedern der erweiterten Schulleitung über die ersten Eindrücke vom Tag. Deutlich wird, dass die Schülerinnen und Schüler über soziale Netzwerke alle bereits informiert sind. Es gab bisher in der Schule keine Emotionen, die nicht zu bewältigen waren. Die Schulleitung lässt mir organisatorisch völlig freie Hand an diesem Tag mit der Klasse.

In der Pause kommt der Klassenlehrer dazu und berichtet von seinen ersten Eindrücken. Die Stimmung in der Klasse sei ruhig und beklommen. Man merkt ihm an, dass er froh ist, Unterstützung zu bekommen, zugleich wirkt er besonnen und handlungssicher. Es stellt sich heraus, dass die Mutter die Klasse nicht mit Vorwürfen konfrontiert hat, sondern mit dem Wunsch nach Kommunikation und der Bitte nach einem Erinnerungsbuch an die Klasse herangetreten ist – die Ambivalenz ist aufgehoben. Die Pause ist zu Ende, es wird jetzt Zeit, mit der Klasse zu arbeiten. Ich vereinbare, dass wir den Vormittag zusammen sind und es anschließend ein Gespräch mit Schulleitung und Klassenlehrer zum weiteren Vorgehen gibt.

Fast dreißig Schülerinnen und Schüler betreten zum ersten Mal an diesem Tag ihren Klassenraum. Wir stellen einen großen Kreis. Ich frage nach dem Platz von Marvin,

MATERIALIEN

gestalte seinen Platz als leeren Tisch mit einem dunklen Tuch und einer Kerze und setze mich daneben. Jemand aus der Klasse stellt ein Foto von Marvin dazu. Es gibt einen Moment der Stille und des Nachdenkens, der ausgehalten wird.

TEIL 2: ERINNERUNGEN (PHASE 1)

Ich eröffne eine erste Gesprächsrunde und frage nach Bildern und Situationen von und mit Marvin, die den Schülerinnen und Schülern präsent sind. Ich versuche daraus zu hören, wie nah er Einzelnen konkret stand, wie eng die Bindung an ihn ist und wie die ersten Erfahrungen für die Jugendlichen sind, mit diesem Ereignis umzugehen. Jede/r kann und niemand muss etwas sagen, fast alle sagen etwas.

Die Runde dauert über 40 Minuten, es hat längst zur Pause geklingelt, für uns läuft die Zeit heute anders. Ich erlebe diese erste Runde als sehr dicht. Alle sind emotional gefasst und berichten von ihren Bildern und Erlebnissen mit Marvin. Die Nähe zu ihm ist in der Klasse sehr unterschiedlich, das wird schnell deutlich. Manche hatten wenig mit ihm zu tun und erzählen kurz und mit relativ großem Abstand. Einige sind ganz nah dran und haben noch am Tag des Unglücks mit ihm kommuniziert. Sie erzählen zum Teil mehrere Minuten.

Ich sehe meine Rolle in dieser Runde als Zuhörer und ich wertschätze die Äußerungen der Schülerinnen und Schüler und teile ihnen mit, wie beeindruckt ich von ihrem Umgang mit dieser Situation bin. Alle können diese intensive und dichte Stunde gut aushalten.

TEIL 3: WAS KÖNNEN WIR JETZT TUN? (PHASE 2)

Im zweiten Teil des Vormittags sammle ich gemeinsam mit den Schülerinnen und Schülern Vorschläge, was jetzt zu tun ist. Es kommt etwas Bewegung in die Klasse und das tut ihr gut. Sie haben lange und aufmerksam zugehört und die Erfahrungen der anderen geteilt – jetzt wollen sie etwas tun.

Drei Dinge zeichnen sich ab, die unmittelbar dran sind und die wir miteinander auf den Weg bringen wollen: dem Wunsch der Eltern nachkommen und ein Erinnerungs- und Trauerbuch gestalten, dem eigenen Wunsch nachkommen und eine Anzeige in der Zeitung zu veröffentlichen und Verantwortung für die Schulgemeinschaft übernehmen und eine Trauerfeier für die Schule zu planen.

Diese Dinge gehen in einer ersten Sammlungsphase naturgemäß durcheinander. Meine Aufgabe ist es, zu strukturieren, die Klasse zu beraten und Hilfestellung anzubieten, wo sie nicht weiterwissen oder weiterkommen. So werden die drei Dinge hintereinander abgearbeitet.

Es fällt den Jugendlichen leicht, die Gestaltung des Erinnerungs- und Trauerbuchs zu übernehmen. ie, die Marvin am nächsten stehen, wollen es anfertigen und tun sich mit den Klassensprechern zusammen. Ich gebe einige Hinweise zum Layout des Buches, zum Inhalt und zur Gestaltung der Seiten in Bezug auf Einheitlichkeit des Erscheinungsbildes. Die Klasse einigt sich rasch auf einige Vorgaben und die Klein-

gruppe, die die Verantwortung übernommen hat, wirkt sicher und engagiert. Nach gut zehn Minuten ist diese Idee umgesetzt.

Die Sache mit der Zeitungsanzeige dauert viel länger, weil die Vorstellungen hier viel weiter auseinander gehen. Ich greife nun stärker ein und berate die Klasse, was wie geht und was vielleicht nicht so sinnvoll ist. Ich stelle den Aufbau einer Anzeige kurz vor, nenne die Basics, die auf einer Anzeige erscheinen, und lasse der Klasse noch viel Freiraum für Ideen zur Gestaltung. Diskutiert wird, ob es mit oder ohne Bild sein soll, ob alle Namen erscheinen sollen, ob und wenn welcher Spruch oder welches Abschiedswort als Textzeile kommen soll und ob ein Symbol mitgedruckt wird. Dann spreche ich das Thema des Geldes an, das den Freiraum der Ideen letztlich deutlich begrenzt.

Die Eltern eines Schülers haben Verbindungen zur hiesigen Tageszeitung und wollen versuchen, diese zu nutzen. Auch hier übernimmt eine Kleingruppe die Ausführung. Nach einer guten halben Stunde lenke ich diesen Gesprächsfaden zum Ende hin, da wir für die Detailentscheidungen sicher noch lange brauchen würden. Das kann die Kleingruppe oder auch die Klasse am nächsten Tag entscheiden.

Noch einmal fast so lange brauchen wir für den dritten praktischen Punkt, die Vorbereitung einer Trauerfeier für die Schulgemeinschaft. Fest steht, dass viele aus der Klasse zu der kirchlichen Trauerfeier gehen werden, die zum Ende der Woche angesetzt wird. Darüber hinaus machen die Jugendlichen deutlich, dass es auch für die Schule einen Rahmen braucht, um von Marvin Abschied zu nehmen. Wir gehen in unseren Überlegungen vom Ort aus und bedenken, ob es besser in der Schule oder in einer benachbarten Kirche ist. Dann überlegen wir, ob die ganze Schule oder der betroffene und die beiden angrenzenden Jahrgänge angesprochen werden sollen. Drittens bedenken die Schülerinnen und Schüler, was ihnen inhaltlich in dieser Trauerfeier wichtig ist. Sie nennen Lieder, die eingespielt werden sollen. Sie wollen von eigenen Erinnerungen an Marvin und Erfahrungen mit ihm erzählen, der Klassenlehrer möchte etwas sagen, ich soll auch etwas sagen und die liturgische Leitung übernehmen.

Und es soll ein Abschiedsritual mit Kerzen geben, an dem alle sich beteiligen können. Ich stelle den Schülerinnen und Schülern eine mögliche Form für den Ablauf der Trauerfeier vor, wir legen den Ablauf weitgehend fest und lassen noch etwas Raum, falls die Schulleitung oder jemand aus der Familie auch noch etwas sagen möchte. Vier Schülerinnen wollen an zwei Stellen ein Gebet sprechen und bitten mich um Textvorschläge. An dieser Stelle ist erst einmal die Luft raus aus dem Klassenraum. Wir machen eine Pause, ohne dass viele den Raum verlassen.

Wir sind schon fast zwei Stunden zusammen und haben viel miteinander erarbeitet. Ich überlege, was jetzt nach diesen beiden Teilen der Erinnerung und der praktischen Entscheidungen ansteht, und entscheide mich nach der Pause für eine weitere Gesprächsrunde.

TEIL 4: WIE GEHT ES WEITER? WAS MACHST DU JETZT? (PHASE 3)

Als die Klasse wieder zusammen kommt, stelle ich diese beiden Fragen. Ich richte die Fragen auf einen Übergang hin aus, der den Schülerinnen und Schülern bevorsteht. Die Phase der Klassengemeinschaft in der Schule geht für heute langsam zu Ende, die Jugendlichen nehmen alles das, was sie erlebt haben, mit in ihren Tag. Mir ist wichtig, herauszuhören, wie sie mit dem Erlebten umgehen können und was sie jetzt noch brauchen, um weitergehen zu können.

Diese Runde dauert noch einmal eine gute halbe Stunde und sie fördert für mich ganz erstaunliche und ganz unterschiedliche Ergebnisse zutage. Die meisten wollen nach Hause gehen und ihren Tag so gestalten, wie ein Montag auch sonst abläuft, wobei klar ist, dass die Erfahrung dabei immer mitläuft. Bei den Jungen in der Klasse überwiegen handlungsorientierte Aktionen wie Sport und „am Motorrad schrauben", dazu kommen Fernsehen und PC, ich erinnere mich an Aussagen wie: „mich ablenken", „mich auspowern", „etwas anderes in den Kopf bekommen".

Die Mädchen wollen eher weiter reden, aber nicht in der Klasse, sondern in der Clique. Manche wollen schlafen, manche allein sein, manche unbedingt nach Hause zur Familie. Mich beeindruckt, dass niemand von den knapp dreißig Jugendlichen nicht weiß, was sie oder er jetzt weiter machen kann. Ich biete der Gruppe Einzelgespräche an, die von einigen wenigen noch kurz in Anspruch genommen werden. Mit dem Klassenlehrer, der die ganze Zeit dabei war, stimme ich mich ab, dass es in Ordnung ist, die Klasse für heute gegen 13 Uhr zu entlassen. Es ist abgefragt, dass alle Schülerinnen und Schüler der Klasse abgeholt werden oder sicher sind, allein nach Hause zu kommen. Niemand bleibt auf oder in der Nähe des Schulgeländes, das bestätigt unsere Entscheidung, die Schülerinnen und Schüler zu diesem Zeitpunkt gehen zu lassen.

DIE ANSPRACHE

[Ich halte ein großes Blatt mit den Buchstaben RIP in die Höhe]

„RIP" haben viele von euch im Netz geschrieben: „Marvin, ruhe in Frieden." Drei Buchstaben. Ich möchte euch drei kleine Gedanken mitgeben, jeder braucht nur gut eine Minute Zeit, zwei sind, finde ich, eher leicht, einer ist, glaube ich, eher schwer. Ihr könnt selber bestimmen, ob einer dabei ist, den ihr für euch mitnehmen wollt.

„Diggah, du bist der King!" Das habe ich im Netz gelesen und noch einen Satz: „Mit dir haben wir die beste Zeit unseres Lebens gehabt." Der Satz stimmt, aber nur, wenn man ihn aus Marvins Sicht spricht. Marvin kann sagen: Mit euch habe ich die beste Zeit meines Lebens verbracht. Mit euch, meiner Familie, meinen Freunden, meinen Mitschülern, meinen Lehrern, mit euch allen habe ich die beste Zeit meines Lebens verbracht.

Für uns hier gilt dieser Satz nur im Blick zurück, mit Blick nach vorn stimmt er nur bedingt; er kann nämlich zwei Dinge bedeuten: Es wird nie wieder so schön, weil Marvin nun nicht mehr da ist. Oder: Es werden neue Zeiten kommen und eine kann darunter sein, die die beste sein wird. Für uns können die besten Zeiten noch kommen.

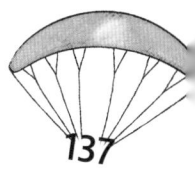

Darum will ich um den Satz von der besten Zeit eine Klammer setzen und komme zum zweiten Gedanken.

Mit euch habe ich die schönste Zeit meines Lebens verbracht (auch wenn nicht alles bestens war). Diese Klammer bildet den Ansatz für eine Antwort auf die Frage, die wir alle haben: Wieso hast du uns das angetan? Wir brauchen eine Antwort auf diese Frage aus zwei Gründen. Einmal: Dann könnten wir es vielleicht verstehen oder wenigstens eine Ahnung davon bekommen, was in dir los war. Der zweite Grund ist beunruhigender: Eine Antwort auf die Frage, wieso du uns das angetan hast, führt uns in die Nähe der Frage nach Schuld und Verantwortung für diese Tat. Jemanden zu haben, der bereit ist, Verantwortung dafür zu tragen, macht es leichter, diese Tat zu ertragen. Und wenn es Marvin selber ist. Wieso hast du uns das angetan?

Und wenn es keine Antwort auf das Warum gibt? Das ist mein schwerer Gedanke. Vielleicht werden wir weiter leben müssen ohne Antwort auf das Warum, vielleicht müssen wir die Frage aushalten. Ich kann das aushalten mit dem Blick auf den Leidenden am Kreuz. Wenn ich aufs Kreuz schaue, dann hoffe, ich, Gott war da, als der Zug kam, aber er war nicht im Zug, er war bei Marvin.

Drittens und letztens: Ich glaube, dass etwas von Marvin unsterblich ist. Und ich kann mir vorstellen, dass es auf der Suche ist nach dem, wovon das, was sterblich ist von Marvin, frei werden wollte.

Noch einmal: Marvin wollte von etwas frei werden; wovon, weiß ich nicht. Und ich wünsche Marvin und dem von ihm, was nicht sterblich ist, dass er findet, was er sucht, damit das von ihm, was sterblich ist, im Frieden ruhen kann und damit auch wir unsere Ruhe (wieder) finden können. Amen.

Von Peter Noß-Kolbe (in: Matthias Günther, Der Tod ist eine Tür. Seelsorge mit trauernden Jugendlichen, Göttingen 2013, 112–123)

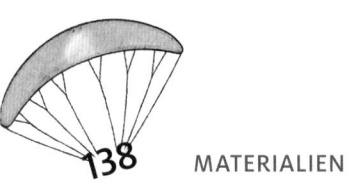

Selbstverletzung „Ritzen"

Interview mit Susanne

Susanne, du bist eine so genannte Ritzerin. Wie sieht das konkret bei dir aus?

> Konkret sieht das so aus, dass ich mich, wenn es mir schlecht geht, ich schlimme erinnerungen oder gefühle habe, angstzustände erlebe oder unter starkem stress stehe, selber verletze. meistens durch schneiden mit rasierklingen, aber auch schlagen bis hin zu blutergüssen, haut abkratzen, verbrennen, verbrühen oder durch einnehmen einer (nicht lebensgefährlichen) überdosis tabletten. die verletzungen sind unterschiedlich schwer. von den meisten schnittwunden bleiben nicht einmal narben …

Wie hast du damit angefangen? War das eine besondere Zeit?

> Ich war 11, als ich anfing mir selber leichte verletzungen zuzufügen. damals hatte ich probleme in der schule … und ständig streit mit meinen eltern. und vor allem kam ich nicht mit dem tod meines bruders klar, der kurze zeit vorher gestorben war.

Hast du schon mit jemand darüber geredet oder irgendwo Hilfe gesucht?

> Ja. ich war 1 ½ jahre in therapie und habe dadurch einiges erreicht. allerdings kann ich immer noch nicht ganz ohne selbstverletzung leben. im moment gehe ich zu einer jugendberatungsstelle, bei der ich erziehungsbeistand bekomme und über meine probleme reden kann.

Was spielt sich in deinem Kopf ab, wenn du ritzt? Was willst du damit ausdrücken oder erreichen?

> Ich erreiche durch die selbstverletzung ruhe und entspannung. ängste verschwinden, druck wird abgebaut, schlimme erinnerungen und gefühle werden erträglicher. ich nehme in dem moment nichts anderes wahr als die ruhe, die sich in mir ausbreitet, denke an nichts.

> Ritzen bzw. selbstverletzendes Verhalten ist heute häufiger als Essstörungen. Nach Meinung von Experten ritzt etwa ein Prozent der Bevölkerung, Frauen häufiger als Männer.

„Aber das tut doch weh!", sagt Majas Oma verständnislos, als sie das Interview liest.
„Sie braucht das", widerspricht Maja.

> › Führt das Gespräch ein Stück weiter. Kann Maja ihrer Großmutter erklären, was in Susanne vorgeht? Spielt das Interview vor.

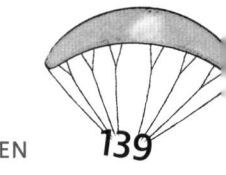

Ego-Shooting

Klaus ist kein Typ, der viel redet, jedenfalls nicht mehr seit dem plötzlichen Tod seines Vaters. Schon gar nicht mit seiner Mutter. Aber er hat auch keinen richtigen Freund. Irgendwie strengen ihn die andern nur an. Und bei Frauen hat er eh keine Chance mit seinem verpickelten Gesicht. Manchmal trifft er sich mit Frank und sie tauschen die neuesten Computerspiele aus.

Meistens sitzt Klaus allein vor seinem PC und bahnt sich mit irgendeiner großkalibrigen Waffe vor der Nase seinen Weg durch ein gut gemachtes unterirdisches Labyrinth. Seiner Mutter ist das egal, sie muss den Tag über arbeiten und entspannt sich abends vor dem Fernseher. Und so genau weiß sie auch nicht, was Klaus da spielt.

Manchmal ertappt Klaus sich in der Schule dabei, wie er in Gedanken die Stelle übt, wo immer das fiese Monster um die Ecke kommt. Eine echte Waffe würde Klaus wohl nie benutzen. Aber manchmal hat er schon darüber nachgedacht, wie das wäre – jetzt hier, in seinem Klassenzimmer. Wenn ihn mal wieder einer dumm anmacht. Schneller als die anderen wäre er auf jeden Fall ...

Aber dann reißt ihn die scharfe Stimme der Lehrerin aus seinen Gedanken und er merkt, dass er statt einer Waffe nur den Stift in der Hand hält.

> Stellt euch vor, Klaus würde interviewt. Denkt euch Fragen und Antworten aus. Spielt das Interview vor.

Spruchbänder

> Nun aber bleiben Glaube, Hoffnung, Liebe, diese drei;
> aber die Liebe ist die größte unter ihnen.
>
> 1 Kor 13,13

> Liebe ist stark wie der Tod und Leidenschaft
> unwiderstehlich wie das Totenreich.
>
> Hoheslied 8,6

Liebe ist ... (Schreibgespräche)

M7.2

Liebe macht ...   *Liebe ist ...*

Wer liebt ...

„So stark ist die Liebe!" – Anleitung

Mögliche Szenarien

● **DAILY SOAP**

> Die Braut inmitten ihrer Brautjungfrauen am Vortag der Hochzeit. Sie erzählen von der Untreue der Männer. Und dass auch der Bräutigam bestimmt – gerad jetzt, bei seinem Junggesellenabschied – ein anderes Mädchen im Arm hätte. Die Braut streitet das ab. Aber sie wird immer unruhiger. Schließlich fahren sie zu der Wohnung, in der die Junggesellenparty steigt, und …

> Junge mit Liebeskummer. Will Selbstmord machen. Vom Dach springen. Im letzten Augenblick kommt sein Vater, reißt ihn zurück. Die beiden kämpfen. Der Junge ist stärker. Aber als sein Vater am Boden liegt – kann er nicht mehr springen.

● **OPER**

> Romeo und Julia, letzter Akt: Julia erwacht aus ihrem Koma-Schlaf. Sieht Romeo neben sich liegen, vergiftet, greift sich seinen Dolch und … Als die miteinander verfeindeten Eltern sehen, was sie ihren Kindern durch ihre unversöhnliche Haltung angetan haben, versöhnen sie sich …

> Die Titanic ist gesunken, Rettungsboote treiben im Meer. Sie reichen nicht für alle. Rose und Jack, zwei unglücklich Liebenden, gelingt es, sich an einer Planke festzuklammern. Die trägt aber auf die Dauer nur einen. Da nehmen sie Abschied voneinander und Jack überlässt seiner Rose die Planke – er stirbt, sie überlebt …

● **PANTOMIME**

> Ein Junge auf dem Weg zu seiner Prüfung. Ängstlich, zögernd, immer wieder in Versuchung, zurückzulaufen. Bleibt stehen, kramt in seiner Tasche nach einem Taschentuch. Da stutzt er, zieht eine Karte hervor. „Du schaffst es. Küsschen, Mama!" Und als er weitergeht …

● **SPIELSZENE**

> Ein Seiltänzer auf dem Hochseil ohne Netz. Er trägt Dinge über das Seil, am Ende schiebt er eine Schubkarre … dann fragt er, ob einer aus dem Publikum es wagt, sich hineinzusetzen … keiner meldet sich bis auf einen kleinen Jungen. Das Publikum hält den Atem an, während der Seiltänzer den Jungen in der Schubkarre über das Seil fährt. Später sagt eine Frau zu dem Jungen: Woher wusstest du, dass du nicht runterfällst? Der Junge: „Das ist mein Vater."

Von allen Seiten umgibst du mich, Herr (Psalm 139)

Achtung: Versnummern sind angegeben; aber nicht alle Verse sind aufgenommen. Die kursiven Texte geben die Übertragung einer Teamergruppe wieder. – Die Streifen werden ausgeschnitten und gut gemischt. Beim Ordnen entstehen Gespräche und eigene Deutungsversuche.

HERR, du erforschest mich und kennest mich. 2 Ich sitze oder stehe auf, so weißt du es; du verstehst meine Gedanken von ferne.

Oh Gott, immer durchschaust du mich, immer weißt du über mich Bescheid. Ob ich nun sitze oder stehe – du bist im Bilde. Und was ich denke, verstehst du besser als ich.

---

3 Ich gehe oder liege, so bist du um mich und siehst alle meine Wege.
4 Denn siehe, es ist kein Wort auf meiner Zunge, das du, HERR, nicht schon wüsstest.

Ob ich nun gehe oder liege – immer bist du da, immer schaust du zu. Ich weiß ja: Kein Wort kommt mir über die Lippen, das du nicht vorher schon weißt.

---

5 Von allen Seiten umgibst du mich und hältst deine Hand über mir.
6 Diese Erkenntnis ist mir zu wunderbar und zu hoch, ich kann sie nicht begreifen.

Du bist vor mir und hinter mir, rechts und links, oben und unten. Du liebe Güte, wie soll ich das nur richtig begreifen! Es ist so großartig und so wunderbar!

7 Wohin soll ich gehen vor deinem Geist, und wohin soll ich fliehen vor deinem Angesicht? 8 Führe ich gen Himmel, so bist du da; bette ich mich bei den Toten, siehe, so bist du auch da.

Kann ich dir jemals entkommen? Ja, wenn ich in den Himmel steige! Aber nein, das würde gar nichts nützen. Du bist im Himmel. Oder: Wenn ich zu den Toten gehe! Aber nein, auch das würde nichts nützen. Bei den Toten bist du auch.

9 Nähme ich Flügel der Morgenröte und bliebe am äußersten Meer, 10 so würde auch dort deine Hand mich führen und deine Rechte mich halten.

Und wenn ich mir Flügel leihe? Und wenn ich weit hinausfahre zu einer einsamen Insel? Ich weiß schon: Dort wirst du schon auf mich warten.

11 Spräche ich: Finsternis möge mich decken und Nacht statt Licht um mich sein –, 12 so wäre auch Finsternis nicht finster bei dir, und die Nacht leuchtete wie der Tag. Finsternis ist wie das Licht.

Und wenn ich die Dunkelheit suche und mich in Nacht hülle – ach, Gott, wo du bist, da wird die Nacht hell. Dunkelheit weicht dem Licht.

14 Ich danke dir dafür, dass ich wunderbar gemacht bin; wunderbar sind deine Werke; das erkennt meine Seele.

Was soll's? Ich bin dankbar! Du hast alles gut gemacht mit mir! Alles, was du tust ist gut, Herr. Mein Herz weiß das längst.

16 Deine Augen sahen mich, als ich noch nicht bereitet war,
und alle Tage waren in dein Buch geschrieben, die noch werden sollten
und von denen keiner da war.

*Als ich noch gar nicht geboren war, da hast du mich schon gesehen.
Du kennst meine Vergangenheit, meine Gegenwart, meine Zukunft.*

17 Aber wie schwer sind für mich, Gott, deine Gedanken! Wie ist ihre
Summe so groß! 18 Wollte ich sie zählen, so wären sie mehr als der Sand:
Am Ende bin ich noch immer bei dir.

*Aber andersherum, oh Gott: Deine Gedanken sind viel so groß und viel
zu schwer für mich. Ich habe keine Ahnung davon. Und kann nur eines:
bei dir bleiben.*

23 Erforsche mich, Gott, und erkenne mein Herz; prüfe mich und erkenne,
wie ich's meine. 24 Und sieh, ob ich auf bösem Wege bin, und leite mich
auf ewigem Wege.

*Durchschau mich ruhig, Gott, sieh in mein Herz; sieh nach, wer ich bin,
gut oder böse, stark oder schwach. Erbarme dich, dass mein Leben gelingt.*

Wasser des Lebens
(Einführung in Joh 4,5–26)

Die Begegnung Jesu mit der Frau am Jakobsbrunnen folgt einer verschlungenen Argumentationsstruktur.

> - Die Ausgangslage ist vergleichsweise einfach: Jesus kommt zu einem Brunnen vor dem samaritanischen Dorf Sychar. Er ist müde und durstig. (V. 6)
> - Eine Frau kommt zum Brunnen, um zu schöpfen, und Jesus bittet sie um Wasser zum Trinken. (V. 7)
> - Die Frau wundert sich, denn Juden und Samaritaner haben keine Gemeinschaft. (V. 8)
> - Daraufhin sagt Jesus sein Rätselwort: „Wenn du wüsstest, wer dich um Wasser bittet, dann bätest du ihn und er gäbe dir lebendiges Wasser." (V. 10)
> - Die Frau, ihn wörtlich nehmend und damit missverstehend, bemerkt, dass er ihr kein Wasser geben könne, da er nichts zum Schöpfen bei sich habe. (V. 11)
> - Außerdem stellt sie die Frage, ob es besseres Wasser geben könne als das aus diesem Brunnen, denn der Erzvater Jakob selbst habe ihn gebaut. (V. 12)
> - Daraufhin spricht Jesus sein zweites Rätselwort: „Wer aus diesem Brunnen trinkt, wird wieder durstig werden. Wer aber mein Wasser trinkt, dessen Durst wird für immer gestillt sein." (V. 13 f.)
> - Die Frau, ihn wieder wörtlich nehmend, frohlockt: Dann müsste sie nie mehr die Mühe auf sich nehmen, Wasser zu schöpfen. „Gib mir solches Wasser, Herr!" (V. 15)
> - Jesus geht scheinbar darauf ein; sie solle ihren Mann holen, bittet er, als würde er dann beide beschenken. (V. 16)
> - Die Frau gesteht, sie habe keinen Mann. (V. 17)
> - Jesus gibt ihr Recht: Sie habe fünf Männer gehabt und lebe jetzt in einer unehelichen Beziehung. (V. 18)
> - Diesmal versteht die Frau ihn besser: Er müsse ein Prophet sein, dass er das wisse, sagt sie. (V. 19)
> - Es folgt ein Exkurs über die Art und Weise der Gottesanbetung der Samaritaner / der Juden. Das Entscheidende an dieser Passage: Jesus kontrastiert das wörtliche Verstehen mit dem geistlichen Verstehen und betont, Letzteres sei das wahre Verstehen. Zurückbezogen auf das Wasser: Wasser aus dem Brunnen kann nicht frei machen – das kann nur das Wasser des Geistes. (V. 20–25)
> - Die Kompetenz, so etwas zu verkünden, spricht die Frau dem „Messias" zu, der da kommen soll. Worauf Jesus sein Offenbarungswort spricht: „Ich bin's." (V. 16)

Schauplatz ist eine alte Kultstätte. Zwei Rätselworte, ein Offenbarungswort – dazwischen eine Frau, die müde ist vom Alltag und sich kaum vorstellen kann, was wahre Erlösung für sie wäre. Die ihr Gegenüber erst erkennt, als er ihr schonungslos die Misserfolge und Schieflagen ihres Lebens entgegenhält. Und die auch dann nichts anderes zu sagen weiß als auf den jüdisch-samaritanischen Kultstreit hinzuweisen.

Was können Jugendliche heute mit dieser Geschichte anfangen? Es stellt sich hier, nicht ausgeführt, überlagert von kultischen und christologischen Fragen, die Frage

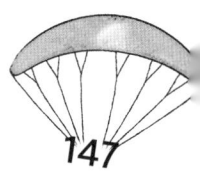

nach dem wahren, dem gelingenden und erfüllten Leben. Die Metapher „Wasser des Lebens", die Vorstellung, den Durst für immer zu stillen – beide gehören, biblisch gesprochen, in den heiligen Raum des Gartens Eden. Der Zutritt ist den Menschen von Alters her versperrt. Aber Jesus hat die Macht, ihn neu zu öffnen. Auch das ist ein sehr fremdes Bild. Es klärt zwar den Zusammenhang, eignet sich aber noch nicht für die Vermittlung.

> Was kann das sein für die Jugendlichen heute: wahres Leben? Am besten, wir fragen sie selbst.
> Am besten, wir konzentrieren den Bibeltext auf diese Fragen:
>> Was bietet das tägliche Leben? (Brunnenwasser)
>> Was brauchen wir wirklich (Lebenswasser)?
>> Und schließlich: Wo finden wir es (Jesus sagt: bei mir!)

Entsprechend kürzer könnte die Lesung der Geschichte ausfallen; und sie müsste offen enden, sie müsste das Rätsel an die Hörer weitergeben: Was ist das Wasser des Lebens?

Weil nun Jesus müde war von der Reise, setzte er sich an einem Brunnen nieder. Es ist Mittag. Da kommt eine Frau, um Wasser zu schöpfen.

Jesus spricht zu ihr: „Gib mir zu trinken!"

Die Frau zögert. „Ich soll dir von meinem Wasser geben?"

Da spricht Jesus zu ihr: „Wenn du wüsstest, wer ich bin, dann würdest du mich um Wasser bitten
und ich würde dir lebendiges Wasser geben."

Die Frau wundert sich. „Du hast ja nicht einmal etwas zum Schöpfen! Willst du behaupten, du hättest besseres Wasser als meines?"

Jesus sagt: „Wer dein Wasser trinkt, wird wieder durstig. Wer aber von meinem Wasser trinkt, der wird nie wieder Durst haben!"

„Oh!", sagt die Frau. „Wie wunderbar! Bitte gib's mir.
Dann muss ich nie wieder schöpfen!"

Jesus sieht sie an. Er sieht, wie erschöpft sie ist.
Und sie merkt, dass er es sieht.

„Herr", sagt sie, „hilf mir!"

MATERIALIEN

Hoffnung des Lebens
(Einführung in Joh 11,1–45)

Die Auferweckung des Lazarus – die so nur bei Johannes steht – ist in der Dramaturgie des Evangelisten der Tropfen, der das Fass zum Überlaufen bringt. Danach ist für die religiösen Oberhäupter in Jerusalem klar: Jesus beleidigt Gott. Jesus muss sterben.

Die Geschichte wird sehr pointiert erzählt: Jesus kommt zu spät: Sein Freund Lazarus ist schon beerdigt, die beiden Schwestern Marta und Maria sind in Trauer. Jesus lässt das Grab öffnen; man warnt ihn: Der Leichnam „stinkt" schon; Jesus macht unbeirrt weiter: Er ruft Lazarus aus dem Grab; der Tote kommt mitsamt seiner Leichenbinden zum Vorschein.

Johannes legt Wert darauf, Verdächtigungen vorzubeugen: als sei Lazarus vielleicht nur scheintot gewesen, als sei die Auferweckung eine Täuschung gewesen, Illusion oder gar ein Trick. Alles war echt, das ist die Botschaft des Johannes.

Und doch geht es dem Evangelisten um mehr als um einen bestimmten Toten, der von Jesus ins Leben zurückgeholt wurde. Das zeigt Jesu Gespräch mit Marta:

> - Marta geht ihm entgegen und sagt: „Wärst du dagewesen, so hättest du meinen Bruder retten können." Sie traut Jesus eine Menge zu: Heilkräfte, ein Heilungswunder. Und ganz ohne Zutrauen ist sie auch jetzt nicht: „Vielleicht könntest du …?" Hofft sie doch noch auf ein Wunder? (V. 21f.)
> - Jesus gibt ihr eine Zusage: „Dein Bruder wird auferstehen." (V. 22)
> - Anscheinend weiß Marta nicht, was sie davon halten soll. Die Zusage des Wunders wird das doch nicht sein? Wohl eher ein Verweis auf das Glaubensbekenntnis: Auferstehung der Toten am jüngsten Tag? Sie legt ein entsprechendes Bekenntnis ab – das ist auf jeden Fall richtig. (V. 24)
> - Jesus antwortet mit einer Selbstoffenbarung: „Ich bin die Auferstehung und das Leben …" – Damit überträgt er Martas Glaubensbekenntnis auf sich persönlich, hier und jetzt, und fragt nach: Meinst du das so? Kannst du so glauben? (V. 25f.)
> - Marta legt ein Christusbekenntnis ab. (V. 26). Damit ist das Gespräch beendet.

Was ist für Jugendliche dran an diesem Text? Dass Jesus einmal vor 2000 Jahren einen Toten zum Leben erweckte – das können sie hinnehmen oder anzweifeln – es ist lange her und wird sie nicht sonderlich betreffen. Anders aber kann es mit dem Gespräch Jesu mit Marta sein. Marta bietet Identifikationsmöglichkeiten und Reibeflächen:

Einerseits: den Tod des geliebten Menschen nicht wahrhaben wollen – kann es nicht doch noch ein Wunder geben?

Andererseits: die Möglichkeit des Wunders dann doch nicht ganz ernst nehmen – ja, später einmal, nicht heute und hier …

Und dann drittens: Ich glaube, dass du der Christus bist, Gottes Sohn! Wie kann sie das, wie meint sie das? Können die Jugendlichen so ein Bekenntnis ablegen? Wie verstehen sie Jesu Selbstoffenbarung? Inwieweit kann für unsere Konfis heute Jesus „die Auferstehung und das Leben" sein?

Es kann helfen, den langen Bibeltext auf diese Fragestellung zuzuspitzen, etwa so:

> Es lag aber einer krank, Lazarus aus Betanien. Da sandten die Schwestern zu Jesus und ließen ihm sagen: Herr, siehe, der, den du lieb hast, liegt krank.
>
> Als Jesus nun hörte, dass Lazarus krank war, blieb er noch zwei Tage an dem Ort, wo er war; danach spricht er zu seinen Jüngern: Lasst uns wieder nach Judäa ziehen! Lazarus, unser Freund, schläft, aber ich gehe hin, ihn aufzuwecken.
>
> Als Jesus kam, fand er Lazarus schon vier Tage im Grabe liegen. Und viele Juden waren zu Marta und Maria gekommen, sie zu trösten wegen ihres Bruders.
>
> Als Marta nun hörte, dass Jesus kommt, ging sie ihm entgegen; sie sagte: Herr, wärst du hier gewesen, mein Bruder wäre nicht gestorben. Aber Gott weiß: Vielleicht könntest du auch jetzt noch ... ein Wunder ... tun?"
>
> Jesus antwortete ihr: Dein Bruder wird auferstehen.
>
> Da wurde Marta unsicher. Sie wollte sich auch nicht zu früh freuen. Darum sagte sie rasch: Ja, ich weiß schon: am Jüngsten Tag.
>
> Aber Jesus schüttelte den Kopf. „Ich bin die Auferstehung und das Leben. Wer an mich glaubt, der wird leben, auch wenn er stirbt; Sag mal, Marta: Kannst du das glauben?
>
> Da überkam es Marta wie ein Schauer. „Ja, Herr", sagte sie. „Du bist Gottes Sohn!"
>
> Später standen sie gemeinsam beim Grab. Es war aber eine Höhle und ein Stein lag davor. Die Trauer kam wieder. Wo war die Hoffnung? Jesus sprach: „Hebt den Stein weg!" „Schon vier Tage", sagte Marta. „Lass ihn ruhen, Herr!" Jesus schüttelte den Kopf. „Hast du vergessen, was ich dir gesagt habe, Marta?" Da hoben sie den Stein weg. Und Jesus rief mit lauter Stimme: „Lazarus, komm heraus!" Und der Verstorbene kam heraus, gebunden mit Grabtüchern an Füßen und Händen, und sein Gesicht war verhüllt mit einem Schweißtuch. Jesus sprach zu ihnen: „Löst die Binden und lasst ihn gehen!"
>
> Und Marta ...? Was Marta da fühlte und dachte und sagte und tat – darüber schweigt der Evangelist. Was meint ihr ...?

Zeichen des Lebens
(Einführung in Joh 20,24–29)

Die Geschichte gehört in die Zeit zwischen Ostern und Himmelfahrt. Von Erscheinungen Jesu wird erzählt – davon, dass er gesehen wurde, dass er aß und trank und predigte. Johannes ist an diesen Erscheinungsgeschichten zweierlei wichtig:

> Dass das echt war!
> Und, für uns heute: dass wir das nicht wirklich brauchen. „Glauben" geht auch ohne Anschauung und Anfassen!

Die Geschichte vom „ungläubigen" Thomas ist eine Ermutigung zum Glauben. Oft wird sie missverstanden in dem Sinn, dass Thomas mit seinen Zweifeln, Thomas mit seinem Beharren auf eigenen Augenschein und eigenes Prüfen „nicht genug" glaube. Demgegenüber ist festzuhalten: Jesus tadelt ihn nicht. Jesus gibt ihm, was er braucht. Jesus nimmt das Bekenntnis des Thomas an.

Jesu Seligpreisung gilt dann uns – allen Späteren, die nicht die gleiche Möglichkeit haben wie Thomas: mit eigenen Augen und Händen zu prüfen. Wie gut, dass es einen Glauben gibt, der keinen Beweis braucht! Wie gut, dass einem solch ein Glaube beschenkt werden kann!

Die Jugendlichen finden zwei Anknüpfungspunkte: So wie Thomas sind sie gern sachlich und vernünftig und legen Wert auf Beweise. Sie wollen sich keine Bären aufbinden lassen.

Wie Thomas suchen sie Hoffnung, Zeichen des Lebens, Trost und Halt – wie finden sie sie? Wie finden sie persönlich Jesus bzw. wie suchen sie ihn?

Die Geschichte ist kurz und klar genug, um im Wortlaut gelesen zu werden – oder auch mit einer gewissen Zuspitzung:

Thomas aber, der Zwilling genannt wird, einer der Zwölf, war nicht dabei, als der Auferstandene seinen Jüngern erschien. Da sagten die andern Jünger zu ihm: „Wir haben den Herrn gesehen."
Thomas blieb lange still. „Freust du dich nicht?", fragte Petrus. Da aber sprach Thomas: „Wenn ich nicht in seinen Händen die Nägelmale sehe und meinen Finger in die Nägelmale lege und meine Hand in seine Seite lege, kann ich's nicht glauben." Es tat ihm weh, das zu sagen. Aber so war es nun mal.
Nach acht Tagen waren die Jünger wieder versammelt und Thomas war bei ihnen. Und wieder erschien Jesus, als die Türen verschlossen waren, und sagte: „Friede sei mit euch." Thomas sah ihn nur an. Er blieb still. Da wandte sich Jesus ihm zu und sagte zu ihm: „Na, komm: Sieh die Zeichen: Sieh meine Wundmale, fass sie an. Auch du sollst das Wunder der Auferstehung glauben!"
Ob Thomas das getan hat? Es wird nicht erzählt. Nur, dass er auf einmal laut jubelte: „Herr! Du bist mein Gott!" Und später sagte Jesus: „Selig, selig ein Vertrauen, das keine Beweise braucht! Hört: Meinem Gott, dem könnt ihr blind vertrauen!"

Jesus Christus spricht: „Ich lebe …"
(Joh 19,14)

M7.8

Jesus Christus spricht: „Ich lebe und ihr sollt auch leben."

Wer ist der „gute Hirte"?

Psalm 23 (im *konfi live Begleiter*: S. 32), der Geborgenheitspsalm schlechthin, ist nicht so leicht zugänglich, wie manchmal geglaubt wird: Was bedeutet: „Der Herr"? Wieso ist er „mein Hirte"? Was bin dann ich? Und wieso brauche ich einen Hirten? Am plausibelsten wird der Prozess, der zum Bekenntnis des Psalmbeters führte, wenn er in drei Stationen mit Lebenserfahrung aufgefüllt wird.

1 David ist ein guter Hirte.
2 David spürt: Das kann auch schiefgehen.
3 David erkennt: Ich habe einen guten Hirten!

Vorgeschlagen wird eine Meditation in zwei Räumen:

> Raum 1: Tageslicht, heitere Atmosphäre; es kann eine Mitte gestaltet sein: mit Naturmaterialien, grünem Tuch und Wasser. Oder, jahreszeit-/wetterabhängig: Hinausgehen an einen entsprechend schönen Ort (See im Park o. Ä.)
> Raum 2: Möglichst dunkel, unheimlich – dunkle Töne, dunkle Schleier, die hier und da über die Zuhörer streichen … Oder: Vom See weitergehen in einen Wald, dorthin, wo es möglichst dunkel und struppig ist …

Im Anschluss sind verschiedene Erarbeitungen möglich. Zum Beispiel,

> dass die Konfis eigene Geschichten erfinden, die zu Bewahrungserfahrungen führen.
> Dass die Konfi die Vorstufen des Psalms mit eigenen Worten formulieren.
> Oder dass sie Davids Erfahrungen mit Farben gestalten …

Meditation

● HINFÜHRUNG

Reist mit mir in ein fernes Land, in ein heißeres Land, ein Land mit wenigen Dörfern und Städten. Viel Einsamkeit gibt es da, Wildnis: Wiesen und Wüsten, Berge, Hügel und Täler. Wasser ist kostbar in dem Land, man findet es nicht überall, nicht immer. Auch wenn man weiß, wo die Quellen entspringen. Große Herden gibt es in dem Land, Schafe und Ziegen. Sie sind der Reichtum der Menschen. Die Herden ziehen umher, auf der Suche nach Wasser, nach Weide, nach Leben. Sie finden es nicht allein. Sie brauchen einen guten Hirten. Ein guter Hirte weiß, wo die Quellen entspringen, er kennt jeden kleinen Bach, jedes Wasserloch, jeden Flusslauf. Ein guter Hirte kennt Weiden – und wenn sie nicht grün sind, dann weiß er, wo er andere suchen muss. Ein guter Hirte kennt auch seine Tiere: jedes einzelne. Und achtet darauf, wie es ihm geht.

David ist so ein Hirte, David, ein Junge, vielleicht noch ein wenig jünger als ihr. Er ist der jüngste von sieben Söhnen. Sein Vater besitzt eine große Herde. Und er, David, der Jüngste, ist dazu bestimmt, ihr Hirte zu sein. (Die großen Brüder werden Krieger.)

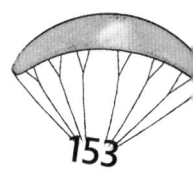

MATERIALIEN 153

TEIL 1

Eines Nachmittags sitzt David an einem kleinen Wasser. Er hat es rechtzeitig entdeckt, bevor der Durst seiner Schafe zu groß wurde. Ringsum ist grüne Weide. Die Herde hat sich auseinander gezogen. Fröhlich grasen sie, durstig trinken sie, träge dösen sie. Eine zufriedene Müdigkeit kriecht in Davids Glieder. Er lehnt sich zurück. Die Sandalen hat er abgestreift. Die bloßen Füße ragen ins Wasser. Die Hände fühlen die warme Erde. Es duftet nach frischem Grün. „Geschafft", sagt David, „ich habe es wieder geschafft!"

David hat noch kein einziges Schaf verloren, solange er Hirt ist. Sein Trick: Er kennt sie alle beim Namen. Und auch die Schafe kennen ihre Namen. Wenn David sie ruft, kommen sie. Meistens. Oder er geht sie suchen. „Ich bin ein guter Hirte!", sagt David voll Übermut zu sich selbst. „Ich bin ein richtig guter Hirte!" Und weil gerade alles so schön ist, zieht er seine kleine Harfe hervor und singt das Lied vom guten Hirten:

Ich bin ein guter Hirte. Es fehlt meinen Schafen an nichts. Ich weide sie auf grüner Aue und führe sie zum frischen Wasser. Ich achte darauf, dass sie Ruhe finden. Ich führe sie auf sicheren Wegen. Und wenn einmal Gefahr droht – Wölfe, Adler, Bären: Dann stehe ich vor meinen Schafen mit meinem Stock und meiner Schleuder! Nicht eines will ich verlieren! Ich bin ein guter Hirte!

TEIL 2

Eines Abends sitzt David am Feuer. Er zieht die Schultern hoch. Diese Nacht – er spürt es – diese Nacht ist nicht geheuer. Etwas liegt in der Luft, etwas Böses. Gefahr. Und da: Da hört er die Wölfe heulen. Sie haben die Herde gerochen. Sie haben Beute gewittert. Es sind viele. Sie kommen von allen Seiten, in einem weiten Kreis. Und sie ziehen ihn enger, immer enger, den Kreis. David ist hellwach. Es kommt auf ihn an. Er nimmt eine Fackel und entzündet sie hell. Er geht zu seinen Schafen. Er ruft jedes beim Namen. „Bleibt beieinander, bleibt bloß beieinander! Dass ihr euch ja nicht zerstreut. Ich bin der gute Hirte. Ich gebe Acht." David hat seinen Stab in der Rechten. Die Linke hält die Fackel. So umkreist er seine Herde. Der Kreis der Wölfe – stockt. Ist es das Feuer? Der Stab? Ist es Davids Stimme? Ist es eine andere Macht …? Einer nach dem anderen geben die Wölfe auf. Sie hören auf zu heulen. Sie ziehen sich langsam zurück.

David kehrt zurück auf seinen Platz am Feuer. Auf einmal ist er ungeheuer müde. „Geschafft", sagt er, „ich habe es geschafft." Aber die Schatten verfolgen ihn. Er kann sich nicht zufrieden geben. „Das war knapp", flüstert seine innere Stimme ihm zu. Und dann kommt ein neuer, unbewohnter Gedanke. Die Dunkelheit der Nacht gibt ihn ein. „Das kann auch mal schief gehen mit den Wölfen."

Einmal gedacht, breitet der Gedanke sich aus. „Das kann auch mal schief gehen mit den Adlern und Bären. Das kann auch mal schief gehen mit der Weide, dem Wasser." Und schließlich: „Ich kann auch mal eines verlieren." Und ich selbst?, denkt David schließlich. „Ich kann auch mal stürzen. Und sterben." Und weil alles gerade so beängstigend still ist, nimmt David seine Harfe und singt gegen die Angst: eine anderes Lied vom guten Hirten:

MATERIALIEN

Wer ist mein guter Hirte? Wer hilft mir meine Schafe weiden? Wer führt mich und sie zur Weide und zum frischen Wasser? Wer achtet darauf, dass sie und ich Ruhe finden? Wer führt mich und sie auf sicheren Wegen? Und wer, ja, wer rettet wirklich aus Gefahren? Wenn es hart auf hart kommt? Ich steh vor meinen Schafen. Aber wer, wer, Gott, steht vor mir?

TEIL 3

Auch die längste Nacht hat ein Ende. So ist es, seit Gott der Herr der Erde sein Versprechen gab: „Solange die Erde steht, wird nicht aufhören Saat und Ernte, Frost und Hitze, Sommer und Winter, Tag und Nacht." Und so schlägt David am Morgen die Augen auf. Am Feuer ist er eingeschlafen, die Harfe im Arm. Das Feuer ist heruntergebrannt zu Asche. Er hat es nicht mehr gemerkt. „Meine Schafe!" Hastig springt David auf die Füße. „Was ist mit meinen Schafen?" Er schaut sich um und Erleichterung macht sich breit. Die Schafe, sie sind alle noch da. Er ruft sie, ruft sie beim Namen. Eines nach dem anderen antwortet. Er sieht: Das Gras ist noch nicht abgeweidet. Sie können eine Weile bleiben. David trinkt. Er backt einen Fladen in der Asche des Feuers. „Das ist wieder gutgegangen", denkt er. „Ich bin nicht allein gewesen." Und er nimmt seine Harfe und singt voller Dankbarkeit ein neues Lied vom guten Hirten:

Mein Hirte ist Gott der Herr …

Der Herr ist mein Hirte, mir wird nichts mangeln … (Psalm 23 lesen)

Anspiel: Keine Verbindung

Rollen: Vater, Mutter, Franzi; Fünf Jugendliche (Kristina, Dome, Julian, Trine, Juli; für Sketch 2: Philipp)

SKETCH 1

Vater näht, Mutter sitzt am Laptop, Franzi kommt rein.

FRANZI:	Paps, kannst du mir helfen? Ich hab da ein Problem und ich würde gern darüber reden.
VATER:	Aber bitte nicht jetzt, mein Schatz. Du siehst doch, dass ich beschäftigt bin, und das ist ein ganz schlechter Augenblick, um zu unterbrechen.
FRANZI:	Es ist aber wirklich wichtig. Ich… (*Handy klingelt*)
VATER:	(*lässt das Nähzeug fallen*) Ja bitte? Ach, Tom! Ja, klar, erzähl: Wie ist das Spiel denn ausgegangen?

Franzi geht zur Mutter.

FRANZI: Mum?
MUTTER: Nicht jetzt, Kind! Ich muss jetzt telefonieren. Die haben hier im Internet diese Handyflatrate … (*greift zum Telefon*)

Franzi verlässt das Haus, Kristina läuft vorbei.

FRANZI: He, Krissi! Gut, dass ich dich … (*Kristinas Handy klingelt*)
KRISTINA: Sorry, Franzi, ich muss … (*meldet sich, hört zu, schimpft*) Das kann ja wohl nicht dein Ernst sein! Hör mal, wir waren fest verabredet und …

Franzi nähert sich Dome und Julian. Sie sitzen da und spielen mit dem Handy.

DOME: Kennst du dieses Lied schon? Hab ich ganz neu.
JULIAN: Ja, kenn ich. Aber schau mal: Ich hab mir ein neues Spiel runtergeladen. Wenn du dir das auch holst, dann können wir gegeneinander spielen.
DOME: O cool! Wart mal, das mach ich gleich. Ich hab doch Internet mit meinem neuen Handy.

Franzi geht weiter, Trine kommt vorbei, das Handy am Ohr …

TRINE: Hallo, Kim! Ja ich bin schon unterwegs. Du, ich muss dir unbedingt was erzählen …

Franzi wendet sich ab; Juli kommt ihr entgegen.

JULI: Hallo! Gut, dass ich dich treffe! Ich wollte grad zu dir.
FRANZI: O das ist prima. Irgendwie scheint heute keiner Zeit zu haben. Alle hängen nur am Handy und ich … (*Julis Handy klingelt.*)
JULI: Tut mir leid, ich muss kurz ran. Dauert nicht lang … (*meldet sich; dann aufgeregt:*) Was? Das ist nicht dein Ernst?! Ja, klar. Ich komme sofort. Das ist ja der Hammer! Ja, ich ruf gleich noch Simon an. Und den Ralf! Bis gleich! (*zu Franzi:*) Tut mir leid. Ich muss los!

Geht telefonierend ab; Franzi bleibt allein zurück.

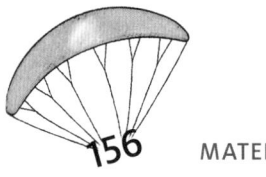

SKETCH 2: WAS WÄRE, WENN EINEN TAG LANG DIE HANDYS AUSFALLEN WÜRDEN?

Vater näht, Mutter sitzt am Laptop, Franzi kommt rein

FRANZI:	Paps, kannst du mir helfen? Ich hab da ein Problem und ich würde gern darüber reden.
VATER:	Aber bitte nicht jetzt, mein Schatz. Du siehst doch, dass ich beschäftigt bin, und das ist ein ganz schlechter Augenblick, um zu unterbrechen.
FRANZI:	Es ist aber wirklich wichtig. Ich brauche deine Hilfe.
VATER:	Okay, mein Schatz. Lass mich das hier bitte noch kurz beenden, dann bin ich da.
FRANZI:	Danke.

Oder: Franzi geht zur Mutter.

FRANZI:	Mum?
MUTTER:	Nicht jetzt, Kind! Ich muss jetzt telefonieren. Die haben hier im Internet diese Handyflatrate… *(greift zum Handy)* … komisch … funktioniert nicht. Na, egal. Was brauchst du?

Oder: Franzi verlässt das Haus, Kristina und Philipp stehen da

KRISTINA:	Super, Philipp. Gut, dass du Zeit für mich hast.
PHILIPP:	Immer doch! Es ist immer besser, so etwas unter vier Augen zu besprechen.
KRISTINA:	Dann gehen wir doch am besten da drüben ins Café …?
	Beide ab; Franzi kommt bei Dome und Julian vorbei
DOME:	Eigentlich wollte ich dir meinen neuen Klingelton zeigen. Aber irgendwie spinnt mein Handy heute.
JULIAN:	Das macht doch nichts. Lass uns kicken gehen. Das haben wir schon ewig nicht mehr gemacht.
DOME:	Au ja, das ist eine gute Idee. Lass uns unterwegs bei Tom und Sebbi vorbei gehen. Vielleicht wollen die auch mit.
	Beide ab, Juli kommt auf Franzi zu.
JULI:	Hallo! Gut dass ich dich treff! Ich wollte grad zu dir.
FRANZI:	O, das ist prima. Ich wollte nämlich auch zu dir …

Aus: Jugendgottesdienstteam St. Maria: Spielen statt predigen. Szenen für Jugendgottesdienste, Göttingen 2011

MATERIALIEN

Psalm 69: Hilfe!

● SZENE 1: _____

> Gott, hilf mir!
> Denn das Wasser geht mir bis an die Kehle.
> 3 Ich versinke in tiefem Schlamm, wo kein Grund ist;
> ich bin in tiefe Wasser geraten,
> und die Flut will mich ersäufen.
> 4 Ich habe mich müde geschrien,
> mein Hals ist heiser.
> Meine Augen sind trübe geworden,
> weil ich so lange harren muss auf meinen Gott.

● SZENE 2: _____

> 14 Ich aber bete zu dir, HERR, zur Zeit der Gnade;
> Gott, nach deiner großen Güte erhöre mich mit deiner treuen Hilfe.
> 15 Errette mich aus dem Schlamm, dass ich nicht versinke,
> dass ich errettet werde vor denen, die mich hassen,
> und aus den tiefen Wassern;
> 16 dass mich die Flut nicht ersäufe und die Tiefe nicht verschlinge
> und das Loch des Brunnens sich nicht über mir schließe.

● SZENE 2: _____

> 31 Ich will den Namen Gottes loben mit einem Lied
> und will ihn hoch ehren mit Dank.
> 34 Denn der HERR hört die Armen
> und verachtet seine Gefangenen nicht.
> 35 Es lobe ihn Himmel und Erde,
> die Meere mit allem, was sich darin regt.

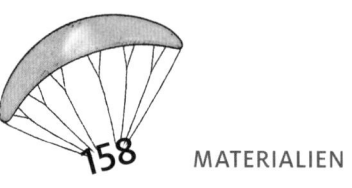

MATERIALIEN

Psalm 22: Oh Gott!

● SZENE 1: _____

13 Gewaltige Stiere haben mich umgeben,
mächtige Büffel haben mich umringt.
14 Ihren Rachen sperren sie gegen mich auf
wie ein brüllender und reißender Löwe.
15 Ich bin ausgeschüttet wie Wasser,
alle meine Knochen haben sich voneinander gelöst;
mein Herz ist in meinem Leibe wie zerschmolzenes Wachs.
16 Meine Kräfte sind vertrocknet wie eine Scherbe,
und meine Zunge klebt mir am Gaumen,
und du legst mich in des Todes Staub.

● SZENE 1: _____

20 Aber du, HERR, sei nicht ferne;
meine Stärke, eile, mir zu helfen!
21 Errette meine Seele vom Schwert,
mein Leben von den Hunden!
22 Hilf mir aus dem Rachen des Löwen /
und vor den Hörnern wilder Stiere –

● SZENE 1: _____

du hast mich erhört!
23 Ich will deinen Namen kundtun meinen Brüdern,
ich will dich in der Gemeinde rühmen:
25 Denn er hat nicht verachtet noch verschmäht
das Elend des Armen
und sein Antlitz vor ihm nicht verborgen;
und als er zu ihm schrie, hörte er's.

Psalm 31: Gott sei Dank!

● SZENE 1: _____

       3 Neige deine Ohren zu mir, hilf mir eilends!
       Sei mir ein starker Fels und eine Burg, dass du mir helfest!
       4 Denn du bist mein Fels und meine Burg,
       und um deines Namens willen wollest du mich leiten und führen.
       5 Du wollest mich aus dem Netze ziehen, /
       das sie mir heimlich stellten; denn du bist meine Stärke.

● SZENE 1: _____

       Mein Auge ist trübe geworden vor Gram, matt meine Seele und mein Leib.
       11 Denn mein Leben ist hingeschwunden in Kummer
       und meine Jahre in Seufzen.
       Meine Kraft ist verfallen durch meine Missetat,
       und meine Gebeine sind verschmachtet.
       12 Vor all meinen Bedrängern bin ich ein Spott geworden,
       eine Last meinen Nachbarn und ein Schrecken meinen Bekannten.
       Die mich sehen auf der Gasse, fliehen vor mir.
       13 Ich bin vergessen in ihrem Herzen wie ein Toter;
       ich bin geworden wie ein zerbrochenes Gefäß.

● SZENE 1: _____

       22 Gelobt sei der HERR; denn er hat seine wunderbare Güte
       mir erwiesen in einer festen Stadt.
       23 Ich sprach wohl in meinem Zagen:
       Ich bin von deinen Augen verstoßen.
       Doch du hörtest die Stimme meines Flehens,
       als ich zu dir schrie.

MATERIALIEN

Das Vaterunser in Abschnitten

> Vater unser im Himmel!
> Geheiligt werde dein Name.
> Dein Reich komme.

> Dein Wille geschehe,
> wie im Himmel, so auf Erden.

> Unser tägliches Brot gib uns heute.

> Und vergib uns unsere Schuld,
> wie auch wir vergeben unsern Schuldigern.

> Und führe uns nicht in Versuchung,
> sondern erlöse uns von dem Bösen.

> Denn dein ist das Reich
> und die Kraft und die Herrlichkeit
> in Ewigkeit. Amen.

Jesus

M9.1

© Katrin Wolff

Der Heilandsruf (Mt 11,28)

> *Jesus Christus spricht: Kommt her zu mir, alle, die ihr mühselig und beladen seid; ich will euch erquicken.*
>
> Matthäus 11,28

Einleitung: Der gütige Vater

M9.3

Bei der Erarbeitung des Gleichnisses vom gütigen Vater („verlorenen" Sohn) ist es wichtig, sich von Vorurteilen und Missverständnissen zu befreien, die z. B. durch Kinderbibeln oder durch Religionsunterricht / Kindergottesdienst entstanden sind: Worin „fehlt" der jüngere Sohn?, „Was ist seine „Reue"?, Wodurch „verdient" er sich die Annahme durch den Vater? Was „stört" den älteren Sohn? Gern wird hier die Geschichte eines Jungen erzählt, der „schuldig" wird, indem er seines Vaters Geld moralisch unordentlich durchbringt, dann seine Schuld einsieht und umkehrt; und weil er Reue zeige, nehme ihn der Vater wieder an. Steht das aber wirklich im Text? Schauen wir ganz genau hin:

> Ein jüngerer Sohn fordert vom Vater „sein Erbteil", „was ihm zusteht". Daraufhin teilt der Vater (er hat zwei Söhne) sein Vermögen und gibt dem Jungen, was er verlangt. Damit, so müssen wir es verstehen, ist der Junge ausgezahlt und hat keine weiteren Ansprüche mehr auf das Familienguthaben. (V. 11 f.)

> Der jüngere Sohn zieht mit seinem Erbteil fort und gibt ihn aus – der Text legt nahe: unbesonnen und ohne Maß. Sogleich verlässt ihn das Glück: Das Geld ist weg, zugleich kommt eine Hungersnot. Der Junge sucht sich einen Arbeitgeber, der ihn Schweine hüten lässt. Und nicht einmal von dem Futter, das die Schweine fressen, darf er sich sättigen. (V. 13–16) Hier stoßen wir auf ein Merkmal der Gattung Gleichnis: Extreme werden so weit wie möglich (und weiter, als es nachvollziehbar wäre) zugespitzt. Daher nicht nur der Vermögensverlust, sondern zusätzlich Hungersnot; nicht nur Schweinehüten (für einen frommen Juden unerträglich!), sondern auch noch die Bereitschaft, Schweinefutter zu essen – und selbst das wird verwehrt. Das bedeutet: Er ist in einer ganz und gar verzweifelten und ausweglosen Lage.

> In dieser Lage kommt ihm ein Gedanke: Zu Hause wäre es besser. Sogar für die Knechte. Und dann legt er sich ein Schuldbekenntnis zurecht und zudem noch einen Kompensationsvorschlag: Ich habe den Sohn-Status verloren, das weiß ich. Ich wäre zufrieden, nun Knecht sein zu dürfen. (V. 17–20)

> Und jetzt kommt's: Sein Vater sieht ihn kommen und empfindet „Erbarmen". Er läuft ihm entgegen und schließt ihn in seine Arme. (V. 21) Das ist die entscheidende Stelle. Der Vater kommt ihm entgegen. Und zwar, bevor der Sohn seinen vormeditierten Satz gesprochen hat. Ist das Vergebung? Vergebung vor dem Schuldbekenntnis? Oder ist das nicht etwas ganz anderes, eine andere Kategorie: Erbarmen, steht im Text. Einfach Liebe, kann man auch sagen. Die Liebe des Vaters zum Kind, die nicht an Wohlverhalten, an „Lieb-Sein", an „Gut-Sein" gebunden ist.

> Es folgt der Satz, den der Junge sich vorgenommen hat (Reue) und die Reaktion des Vaters: ein Mantel, ein Ring, ein Fest für den Wiedergefundenen. Möglicherweise ist das dann Vergebung; eher aber, so wie Jesus es hier erzählt: weiterhin die Freude des Vaters. (Ich kann mir immer noch vorstellen, dass nach dem Fest ernsthaft geredet wird: Das Geld ist weg – wie geht es weiter?) Mantel, Ring, Fest – da ist sie wieder, die Zuspitzung des Gleichnisses. So wie die Erniedrigung des Jungen überwältigend rigoros war, so jetzt seine Erhöhung. (Märchenmotive kommen einem in den Sinn: Pech-Marie und Gold-Marie; das ist die gleiche Logik!)

> Der Vater hat einen zweiten Sohn – und das Gleichnis eine zweite Pointe: Der ältere Sohn empfindet die Freude des Vaters als ungerecht, zumindest die Art und Weise, wie sie sich zeigt. Mir hast du nie auch nur einen Bock geschenkt, ihm aber das gemästete Kalb ... Der Vater antwortet mit seiner Freude und mit der Bitte, der Sohn möge sich mitfreuen. Der Vater sagt nicht: Er hat ja bereut! Der Vater sagt: Er war verloren und ist gefunden worden! (V. 25–32)

Das Gleichnis steht im Lukasevangelium im engen Zusammenhang mit zwei anderen Gleichnissen vom Verlorenen: das verlorene Schaf, der verlorene Groschen. Und immer ist das Motiv die Freude (die unvernünftige Freude) des Wiederfindens. Vor ihr treten alle Fragen von Verschulden in den Schatten: Das Schaf geht ohne sein Zutun verloren, der Groschen erst recht. Der Junge, der da weggegangen ist, weil er auf eigenen Füßen stehen oder ein leichteres Leben haben wollte oder Abenteuer erleben – der ist nicht viel anders. Auch sein Wiedergefunden-Werden löst unbeschreiblichen Freude aus. – Beim Vater, nicht mein Bruder.

Hier klingt das Leitmotiv der Geschichte Jesu an: Er kam, um zu retten – Kranke, Verlorene, hoffnungslose Fälle – und die anderen, die „ordentlichen", die ärgerten sich. Warum zu denen, warum nicht zu uns? Und Jesus hat immer wieder versucht, sie einzuladen: Freut euch doch, dass die Verlorenen gefunden werden! Ist das denn nicht heilsam und gut!?

Auch die Konfis werden hier das gewohnte Argument bringen: Ja, warum sollen wir uns denn dann überhaupt anstrengen, anständig zu leben? Wenn die, die über die Stränge schlagen, mit offenen Armen empfangen werden? Diese Frage ist eigentlich falsch: Der Junge ist nicht fortgegangen, um zu scheitern und sich retten zu lassen. Er ist fortgegangen, weil er fort wollte. Und erst als er nicht mehr weiterkonnte, als es ihm ganz dreckig ging, da fiel ihm der einzige Ort ein, der Rettung versprach.

Es wäre auch nicht förderlich, das Weggehen des Jungen als „Sünde" zu apostrophieren – die Jugendlichen, denen wir diese Geschichte erzählen, werden alle früher oder später von zu Hause weggehen und sie werden das in der Regel auch auf Kosten ihrer Eltern tun. Dazu gehört Mut, dabei kann vieles schief gehen. Gerade aber auch die Konfizeit und die Konfirmation sollen sie dazu stärken, eigene Schritte zu tun. Dass sie die Liebe der Eltern und ihres Gottes nicht verlieren, wohin sie auch gehen – das wäre mitzunehmen. Und dass, wenn es hart auf hart kommt, nicht über Versäumnisse und Fehler abgerechnet wird, sondern aufgefangen und gehalten. Und sich gefreut!

Einleitung: Zachäus

© Rebecca Meyer

Sehen Sie Zachäus? Wie er da auf dem Baum sitzt? Hinaufgeklettert, um Jesus zu sehen, „wer er wäre" (Lk 19,3). Und nun hat sich schon ein Lächeln in sein Gesicht gestohlen, er hält sich noch fest, ist aber bereits drauf und dran, sich fallen zu lassen, hinterzuspringen ins Ungewisse. Ins Ungewisse? Eine Zusage hat er und die macht ihm das Springen leicht. Unten steht der, den er sehen wollte, und sagt: „Komm. Ich muss heute dein Gast sein." Dieser Moment, als er schon lächelt, aber noch nicht springt, das ist der Moment, der diese Bibelgeschichte zu einer Lebensgeschichte macht.

> Bis dahin ist alles nachvollziehbar menschlich: Da ist dieser Zachäus, ein Schlitzohr und doppelter Verräter, reich an Gütern, die ihm nicht recht gehören, die ihm aber auch niemand nehmen kann. Arm an Freunden, ausgegrenzt. Sie lassen ihn nicht einmal schauen. Sie lassen ihn seine Kleinheit spüren. Und eigentlich ist er selbst an allem schuld ... – eine Geschichte vom Leben, in die man sich, über die Distanz von Zeit und Ort hinweg, hineinfinden und hineinfühlen kann.

Nachvollziehbar menschlich ist es auch hinterher. Wenn dieser Zachäus sein Leben ändert, so wie er es verspricht. Wenn er zurückgibt, was ihm nicht wirklich gehört, wenn er ärmer wird an Gütern, aber reicher, das wünschen wir ihm, an Freunden. Wenn man ihn wieder achtet und größer von ihm denkt, als er körperlich ist – auch das können wir nachfühlen.

> Doch dann ist da dieser eine Moment zwischen dem Vorher und dem Nachher, dieser eine Moment, der mehr ist als nachvollziehbar. Was sieht Zachäus? Was lässt ihn lächeln – und springen? Er wollte „sehen" – und wird „angesehen". Er war Zaungast – und wird Gastgeber.

Die Antwort ist: Jesus. Ein Mann mit staubigen Füßen, mittellos, heimatlos, und wie sich später herausstellen wird: wehrlos. Zachäus muss wohl mehr sehen in dieser Begegnung. Denn er lächelt und springt. Ein Wunder. Sie können diesen Augenblick erzählen, wie Sie wollen, mit aller Er-zählkunst, derer Sie fähig sind: Sie werden ihn nicht ganz erfassen.

> Hier ist die Geschichte mehr. Unerwartetes, Geheimnisvolles, Unverfügbares geschieht. Der Mann, der nichts mehr konnte als „sich aufbäumen", wird gesucht und gefunden. Er wird gestört in seinem eingefahrenen Leben zwischen Reichtum und Armut. Und auf einmal kann er springen.

Wer ist Jesus? Sie denken natürlich, das sei die Antwort auf das Geheimnis. Und wenn Sie nur Jesus eindringlich beschreiben könnten – sein Charisma, seine besondere Aura – dann wäre die Geschichte einfach und klar. Die Wahrheit ist: Sie können es nicht. Sie würden etwas behaupten, dass die Zuhörer Ihnen glauben müssten – oder auch nicht. Und dann wäre die Geschichte zwar „schlüssig", aber geschlossen. Und ihre Glaubwürdigkeit läge in dieser Feststellung: Jesus hatte diese und jene besondere Kraft.

> Das wäre für Ihre Zuhörer langweilig. Das hätte nur noch mit „damals" zu tun, mit diesem Jes, in den wir uns hineinversetzen können, und mit einem Jesus, den wir uns nicht recht vorstellen können. Der fern ist, vorbei – und jedenfalls bis zu uns nicht vordringt.

Das Geheimnis des Moments, der zwischen dem Vorher und Nachher liegt, das ist mir heute unerschließbar und das darf und soll ich erzählen. Ich erzähle, dass dieser Jesus sucht und dass er stört. Das Übrige lasse ich offen. Es soll die Öffnung sein, durch die Jesus-in-der-Geschichte zum Jesus-im-Leben werden kann. Die Zuhörer wundern sich. Und suchen ihre eigene Deutung.

Aus einem Anleitungsbuch zum Erzählen von Bibelgeschichten (M. Steinkühler, Bibelgeschichten sind Lebensgeschichten, Göttingen 2011)

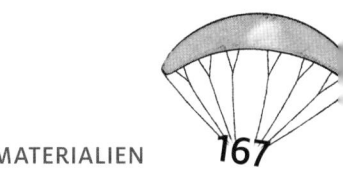

Einleitung: Der „Schalksknecht"

M9.5

„Das Himmelreich gleicht einem König ..." – Jesus erzählt ein Gleichnis, weil Petrus ihn gefragt hat, wie großzügig man seinem Mitmenschen vergeben müsse.

Es ist wichtig, sich klarzumachen, wie Gleichnisse funktionieren. Nicht so, wie man früher dachte:

> dass man jede Einzelheit der Geschichte „übersetzen" kann in die göttliche Sphäre, in das, was „eigentlich" gemeint ist; oder:
> dass man irgendwo eine Pointe findet, die im übertragenen Sinn die Botschaft des Gleichnisses enthält.

Eher ist es so, dass Geschichte und Botschaft nie ganz zusammen passen. Das Himmelreich, zum Beispiel, ist immer viel größer und immer ganz anders als die Logik einer Allerweltsgeschichte. Und so sind es oft die Stellen, die aus der Alltagsgeschichte herausstechen, die nicht ganz zu passen scheinen, die einen sogar ärgern, die genau betrachtet eine annähernde Aussage über das Himmelreich machen – oder über Gott.

Natürlich ist Gott nicht irgendein Gutsherr oder irgendein König, natürlich ist er kein ungerechter Richter und kein Weinbergbesitzer, der seine Lohnarbeiter auszahlt (wie die Hauptpersonen anderer Gleichnisse) – aber irgendetwas an dem Verhalten des Herrn, von dem da erzählt wird, ist in Teilen und unvollkommen ein Hinweis auf das, was im Himmelreich – so oder doch anders – gilt.

Klingt kompliziert? Ist es leider. Was man aber ganz gut machen kann: Das Gleichnis lesen, wie es ist. Und sich dann überlegen: Wo fällt es mir auf? Wo verwundert es mich? Oder wo ärgert es mich? Da ist die Stelle, an der Jesus seine Hörer dazu einlädt, nachzudenken: Könnte das eine Perspektive sein? Ein Ausblick auf eine zwar ungewohnte, aber bessere Welt?

Zum Glück ist das Gleichnis vom undankbaren Knecht (oder wie sollen wir es nennen!? – spannende Frage) eines der weniger anstößigen und beinahe allzu leicht zugänglichen:

> Das erste Mal wundern wir uns vermutlich, dass der König so großzügig ist: Eine unermessliche Summe Schulden erlässt er dem Knecht! Ohne auch nur eine Bedingung zu stellen! Ökonomisch unvernünftig können wir das nennen – oder auch darauf hinweisen, dass so ein Beispiel Tür und Tor zu Faulheit und Leichtfertigkeit öffnet. (s. die Anmerkungen zu M9.3) Aber eigentlich sind wir erleichtert. Der arme Kerl tat uns leid – und die Strafe, die ihn erwartete, erschien uns allzu hart.
> Das Gleichnis hat eine Fortsetzung. Der gerade so überschwänglich Beschenkte erweist sich als unerbittlich gegenüber einem Mit-Knecht, der ihm viel weniger schuldet. Und da – wir wundern uns zum zweiten Mal – trifft ihn der ganze Zorn des Königs. Auf einmal also, mag man sagen, ist der König streng und unbarmherzig! Könnte er nicht wieder freundlich sein und verzeihen? Hatte er seine Großzügigkeit etwa doch an Bedingungen geknüpft? Widerspricht er sich selbst?

Die Herausforderung dieses eigentlich sehr nachvollziehbaren Gleichnisses liegt darin, die Möglichkeiten durchzuspielen: Wo sind die Grenzen der Barmherzigkeit? Wo kann ich auf Gnade setzen – und wo vielleicht nicht? Und wenn es bis dahin gekommen ist – was kann mich noch retten?

MATERIALIEN

Unsere Schuldbriefe ...
(Kolosser 2,14)

Jesus Christus hat den Schuldbrief getilgt, der mit seinen Forderungen gegen uns war, und hat ihn weggetan und an das Kreuz geheftet.

Kolosser 2,14

Wie Jesus uns befreit hat (1)

M9.7

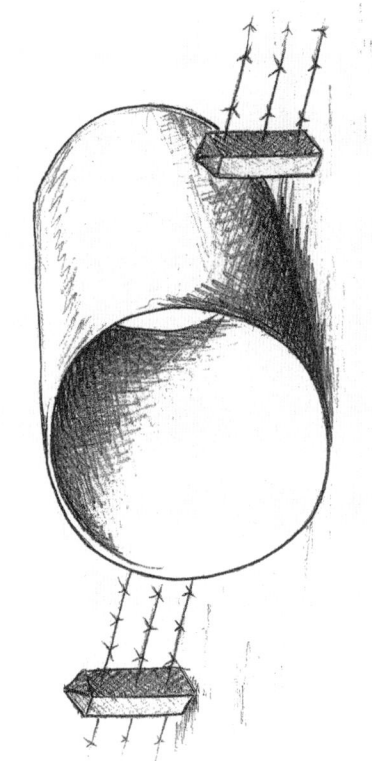
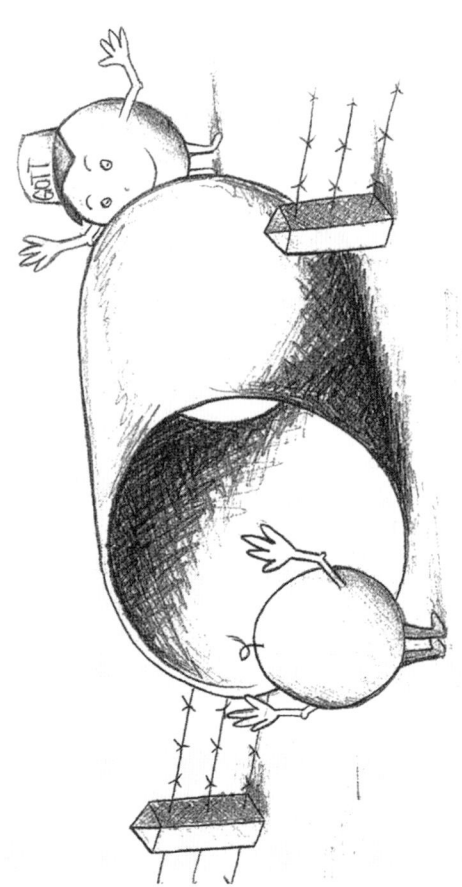

© Johannes Langbein

Wie Jesus uns befreit hat (2)

M9.8

Regeln für den Konfer

M9.9

1 Alle, die hier sind, sagen: „Hallo!"	**2** Alle, die hier sind, setzen sich hin.
3 Alle, die hier sind, halten den Mund.	**4** Alle, die hier sind, ziehen die Schuhe aus.
5 Alle, die hier sind, sitzen gerade.	**6** Alle, die hier sind, falten die Hände.
7 Alle, die hier sind, schließen die Augen.	**8** Alle, die hier sind, halten die Luft an.
9 Und weiter … und weiter …	**10** He, warum hörst du auf!?

Jesus und die Regeln

M9.10

Jesus Christus spricht: „Die Regeln sind um des Menschen willen gemacht, nicht der Mensch um der Regeln willen."

(frei nach Mk 2,27)

Etwas, das mir etwas bedeutet (aus Papua Neu Guinea)

Kelaua, nördlich von Mailang in Papua Neuguinea. Die Hitze flimmert über den Bougainvillesträuchern. Vor seiner Hütte hockt ein älterer Mann. In der einen Hand ein Stück Holz, in der anderen ein Messer. Das Holz hält er zusätzlich mit den Knien. Mit dem Messer schnitzt er verbissen auf dem Holz herum. „Abinun" grüße ich, und „Abinun" antwortet er mir. Ich hocke mich zu ihm, schaue bei der Arbeit zu. Das Holz nimmt Gestalt an. Rohe Formen sind zu erkennen. „Was wird das?" „Tingting bilong mi – etwas, das mir etwas bedeutet." Und dann erzählt er. „Gestern haben wir meinen Sohn begraben. Er war ein guter Sohn." Bald erfahre ich die ganze Geschichte. Linu war mit seiner Familie hierher aus dem Busch gekommen. Er und seine Söhne erhofften Arbeit, besseres Leben, irgendetwas, das anders sein sollte als daheim am Sepikfluss. Dann hatte ein Mitglied seines Stammes in Mailang eine alte Frau überfahren. Sie war einfach in den Lastwagen gerannt. Das Blut der Frau schrie nach Rache, wieder musste ein Mensch sinnlos sterben. Und so wurde der Sohn des Alten mit der Axt erschlagen. Aber auch sein Blut schreit wieder nach neuen Opfern.

Während er stockend, langsam, fast unbeteiligt erzählt, schnitzt Linu immer weiter an dem Holz. Es wird ein Kreuz, ein Kruzifix. „Aber wir sind doch Christen", sagt er, und um das roh wirkende Antlitz entsteht eine Krone, ein Häuptlingsband. Das Gesicht des Christus ist das eines strengen Richters. Über ihm ein Vogel. Ist es eine Taube? Ein Toten- oder ein Ahnenvogel? Es wirkt, als hänge er an den Beinen aufgehängt, sein Schnabel zeigt auf den Gekreuzigten: „Seht her, das ist der Sieger über Blutrache, Hass und Ahnenkult!" Segnende Hände sind weit offen, weisen aber auch ab, alles, was von der Liebe dieses Christus trennen will, wirken, als wollten sie Frieden stiften. Der alte Mann ist mit dem Schnitzwerk fertig, wischt die Hände im Gras ab, reibt über die Augen. Erstmals schaut er mich an. „Meine Trauer steckt in diesem Christus. Wir müssen nicht immer töten. Aber mein Sohn, ja, er war ein guter Sohn!"

Von Jochen Lay, Von der Pioniermission zur Selbständigen Kirche; Freimund Verlag, Neuendettelsau 1985, S.37

Stein auf dem Herzen

M9.12

Till hat ein schrecklich schlechtes Zeugnis. Er traut sich damit nicht zu seinen Eltern. In seiner Not fälscht er ihre Unterschrift. Als das herauskommt, ruft der Direktor die Eltern an und bestellt sie zu sich. Till erfährt erst davon, als er gerade nach Hause will.

Till ahnt, was da auf ihn zukommt …

Am Nachmittag wartet Tills Freund Marius am gewohnten Treffpunkt. Als Till endlich kommt, ist Marius verblüfft. Er hat erwartet, den Freund niedergeschlagen und bedrückt wiederzusehen. Aber Till hält den Kopf hoch und seine Schritte sehen fast aus, als wollte er hüpfen!

Till erzählt, was geschehen ist.

Er sagt: Vorher hatte ich einen riesigen Stein auf dem Herzen. Jetzt aber …

> - Taucht in die Geschichte ein; legt Till drei Texte in den Mund (z. B. durch ein stilles Schreibgespräch).
> - Formt drei Skulpturen von Till: vor dem Gespräch mit dem Schuldirektor und den Eltern, während des Gesprächs, nach dem Gespräch: Wie verändert sich seine Haltung?

*Als „Material" für die Skulptur stellt sich eine/r von euch in die Mitte. Die anderen „formen"
sie / ihn, indem sie Anweisungen zu Haltung und Gestik geben. (Foto!)*

> - Erzählt eine weitere Geschichte dieser Art, z. B.: Einer geht zur Prüfung, hat aber überhaupt nicht gelernt; oder: Einer hat seinen Freund in die Pfanne gehauen – und will es ihm nun gestehen; oder: Eine hat sich vom Freund der Freundin küssen lassen und weiß jetzt nicht weiter …

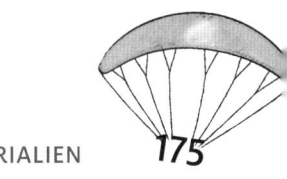

MATERIALIEN 175

Die verkrümmte Frau

Und siehe, eine Frau war da, die hatte seit achtzehn Jahren einen Geist, der sie krank machte; und sie war verkrümmt und konnte sich nicht mehr aufrichten.
Als aber Jesus sie sah, rief er sie zu sich und sprach zu ihr: Frau, sei frei von deiner Krankheit!
Und legte die Hände auf sie. Und sogleich richtete sie sich auf und pries Gott.

Lukas 13, 11–13

Zu dieser kurzen Geschichte gibt es ein eindrückliches Bild, einen Holzschnitt von Siegmunda May, im Kloster Sießen (dort auch als Dia erhältlich).

Die Konfis erarbeiten – im Selbstversuch – die Haltung der Frau: Was sieht sie? Wie fühlt sie sich?

Die Konfis erarbeiten – im Selbstversuch – die Haltungen der anderen: Wie fühlen die sich? Was denken sie von der Frau?

Die Konfis erarbeiten – im Selbstversuch – die Rolle Jesu: Was tut er? Wie? Was will er? Wie erreicht er es?

Am Ende wird das Gesamt-Werk zusammengesetzt: die Anderen, die Frau, dazwischen Jesus: ein Symbol seines gesamten Wirkens auf der Erde?

MATERIALIEN

Traumreise Wasser

Das Wasser – du hast noch ein paar Tropfen an den Fingern ... du hast es gefühlt, kühl und frisch. Nimm das Gefühl von Wasser auf der Haut jetzt mit auf die Reise ... wir reisen nach Süden, in ein wärmeres, trockeneres Land ... Es ist heiß, als wir ankommen ... Wir werfen ab, was uns wärmt. Wir laufen über Sand, tiefen, weichen Sand. Wir ziehen die Schuhe, die Strümpfe aus, wir laufen barfuß über den Sand. Er ist warm, fast zu heiß ... Wir bleiben nicht stehen. Wenn wir stehen bleiben, verbrennen unsere Fußsohlen ... Wir laufen und laufen, wir haben Durst ... die Sonne brennt ... wie lange noch? Und wohin?

Auf einmal hörst du es, vor dir, noch fern: Es klingt wie Rauschen, wie Wellen, wie Wasserrauschen! Wasser, oh ja, das wäre es doch! Du bekommst neue Kraft, allein bei dem Gedanken. An Wasser. An Frische. Trinken. Und Abkühlen. Baden. Und – schwimmen.

Du läufst und das Rauschen kommt dir entgegen, es klingt schon näher. Und lauter. Du ahnst eine glitzernde Oberfläche. Leise Wellen. Vielleicht Vögel ...? Du läufst und du schaust schon voraus: Da, ja da: Du hast dich nicht getäuscht!

Da liegt er vor dir, ein See, ein großer See, eine endliche Fläche Wasser ... Blau, es ist blau wie der wolkenlose Himmel, blau und die Sonnenstrahlen glitzern und funkeln wie Gold.

Du hast vergessen, wie müde du bist, wie erschöpft, wie schwach. Erst, als du am Ufer des Sees zu Boden sinkst, spürst du es wieder. Todmüde.

Aber deine Fingerspitzen berühren das Wasser. Das Kühl. Das Nass. Du ziehst dich weiter nach vorn, langsam, Stück für Stück ... Du schaufelst dir Wasser ins Gesicht, mit einer Hand, mit beiden. Oh, das tut gut. Du kostest, du trinkst, das Wasser schmeckt süß, du kannst nicht länger warten, du trinkst in vollen Zügen.

Wasser. Noch immer nicht genug. Du stehst auf und du watest hinein. Sacht wird es tiefer, zuerst. Es reicht zu den Knöcheln, den Knien, es kriecht langsam die Beine hoch. Umfängt die Hüften, sacht plätschernd. Dann, plötzlich: Du fällst! Es ist tief geworden, von einem Schritt zum anderen. Du fällst und gehst unter. Bist unter Wasser, tief. Wasser im Gesicht, in den Augen, der Nase, dem zum Schrei geöffneten Mund.

Du besinnst dich. Du überwindest den Schock. Du streckst dich. Du kannst ja schwimmen. Ein paar Züge, du bist an der Oberfläche. Wie grell ist es da. Unten war es doch schön ... Du machst dich ganz lang, mehr unter dem Wasser als auf ihm. Du drehst dich auf den Rücken. Dann liegst du still. Es umfängt dich, das Wasser, kühl und frisch, es streichelt dich, es trägt dich ... du lässt dich einfach treiben ...

Und ganz langsam kommst du zurück ... du schwimmst nicht, du sitzt, Luft ist um dich, ein Raum. Deine Mit-Konfis. Ich ... Schau dich um ... schau mich an ... Du bist hier, mit uns ... kommst du an?

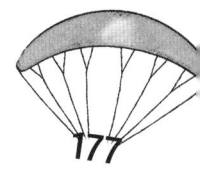

MATERIALIEN

Taufe ist ...

M10.2

... mehr als Namensgebung
Wie ist das, wenn ein Schiff getauft wird?

> Da wird eine Rede gehalten und das Schiff bekommt seinen Namen. „Ich taufe dich Santa Maria ..."
> Kinder im Kindergarten spielen es ähnlich mit ihrer neuen Puppe: „Ich taufe dich Steffi ..."
> Bei der Taufe in der Kirche klingt das anders: „Anna, ich taufe dich im Namen Gottes, des Vaters, des Sohnes und des Heiligen Geistes."

Das bedeutet:

> Anna heißt vorher schon Anna.
> Gott heißt natürlich auch vorher schon Gott. Gott Vater, Sohn und Heiliger Geist.

Die Taufformel bringt beide Namen zusammen – so,

> dass Anna von da an weiß, dass sie zu Gott gehört,
> und Gott – na, der weiß es sowieso, aber hört und sieht noch einmal ganz bewusst: Aha, die Anna, die ist mein![1]

In einem Unterrichtsmaterial finde ich es so erklärt:

> In der Taufe geht der Täufling einen Bund mit Gott ein. Er erhält die Zusage der Liebe und des Segens Gottes. Das heißt, den Eltern und dem Kind wird zugesagt, dass sie nicht allein stehen, sondern dass Gott sie im Leben begleitet.
> Die Taufe ist eine einmalige Handlung im Leben eines Christen und kann nicht rückgängig gemacht werden. Mit der Taufe wird ein Mensch in die christliche Gemeinschaft aufgenommen. Er ist dann Mitglied seiner Heimatgemeinde und gleichzeitig Teil der weltweiten Christenheit.
> Das äußerlich sichtbare Element der Taufe ist das Wasser. Es ist Symbol für das Leben und die Reinigung. Dreimal wird dem Täufling Wasser über den Kopf gegossen und er bekommt einen persönlichen Taufspruch, der ihn das ganze Leben lang begleiten soll.
> Ein katholischer Christ wird zusätzlich nach der Taufe gesalbt und erhält ein Taufkleid oder einen Taufschal als Zeichen des neuen Menschen und er erhält seine Taufkerze.
> In Deutschland wird man meistens als Kind getauft, man kann sich aber auch später noch in jedem Alter taufen lassen.

© Vandenhoeck & Ruprecht GmbH & Co KG, Göttingen, aus: A. Ziemer, S. Drewniok, Das Christentum. Eine Lernstraße

---

[1] „Fürchte dich nicht", spricht Gott, „ich habe dich erlöst. Ich habe dich bei deinem Namen gerufen; du bist mein." (Jesaja 43,1)

Namensgebung in der Bibel

Einführung für die Teamer

Mit Eva geht es los (wenn wir uns an die Reihenfolge der Geschichten in der Bibel halten):

Und Adam erkannte seine Frau Eva, und sie ward schwanger und gebar den Kain und sprach: „Ich habe einen Mann gewonnen mit Hilfe des HERRN." (1 Mose 4,1)

Dieser Satz, den sie spricht, soll den Namen „Kain" erklären; in „Kain" steckt das hebräische Wort für „erwerben", „gewinnen".

Nach Kains Mord an Abel bekommt Eva (was viele nicht wissen) noch einen Sohn:

Adam erkannte abermals seine Frau, und sie gebar einen Sohn, den nannte sie Set; denn Gott hat mir, sprach sie, einen andern Sohn gegeben für Abel, den Kain erschlagen hat. (1 Mose 4,25)

Es fällt auf, dass mit den gleichen Elementen erzählt wird: Dass Eva mit Adam schläft, ihm einen Sohn gebiert und ihn dann mit einem Namen nennt, der im Zusammenhang mit den Umständen der Geburt steht (Im Namen „Set" kann man das hebräische Wort für „setzen / ersetzen" mithören).

Weiter geht es mit Sara und dem Sohn, auf den sie so lange gewartet hat:

Und Sara ward schwanger und gebar dem Abraham in seinem Alter einen Sohn um die Zeit, von der Gott zu ihm geredet hatte. Und Abraham nannte seinen Sohn, der ihm geboren war, Isaak, den ihm Sara gebar. (1 Mose 21,2f.)

Diesmal ist es der Vater, der dem Kind einen Namen gibt, und er gibt keine Begründung. Dennoch hören Hebräer in dem Namen „Isaak" das Wort für „lachen", was wohl gutmütigen Spott darüber meint, dass die Eltern des Kindes schon betagt sind (Sara hat schon gelacht, als die Geburt angekündigt wurde!).

In den folgenden Erzelterngeschichten – und darüber hinaus – sind es wieder die Mütter, die die Namen der Kinder erfinden und erklären: Rebekka mit Esau und Jakob, Lea mit Ruben, Levi, Juda ..., Rahel mit Josef. Bei Benjamins Geburt stirbt Rahel: Da nennt sie das Kind Ben-Oni, Sohn des Unglücks, aber Jakob, der Vater, benennt es um: Benjamin, Sohn des Glücks. (1 Mose 35,18)

Die Beispiele zeigen ein Schema:
> Wie kurz die Notiz auch jeweils sein mag – wichtig sind Zeugung, Geburt und der Name des Kindes.
> Ein Elternteil bestimmt den Namen des Kindes. (Eine wichtige Ausnahme ist jenseits der Erzelterngeschichten Mose: Dem gibt die ägyptische Prinzessin, die in findet, seinen Namen; das ist offenbar ein Akt der Adoption!)
> Die Namen haben einen (nicht immer offensichtlichen und einleuchtenden) Sinn.

Neben diesem „normalen" Typ der Namensgebung gibt es einen zweiten: Gott selbst bestimmt den Namen des Kindes.

Das erste Beispiel ist Hagar, Abrahams ägyptische Zweitfrau, die vor Sara schwanger wird und vor der eifersüchtigen Hauptfrau in die Wüste geflohen ist; da findet sie „ein Engel des Herrn". Er befiehlt ihr zurückzukehren und fügt eine Prophezeiung an: Sie werde die Stammmutter eines großen Volkes werden, durch den Sohn, den sie erwartet:

„Siehe, du bist schwanger geworden und wirst einen Sohn gebären; dessen Namen sollst du Ismael nennen; denn der Herr hat dein Elend erhört ..." (1 Mose 16,11)

Das zweite und dritte Beispiel sind weitaus berühmter: Im Lukasevangelium wird erzählt, dass der Engel Gabriel dem Priester Zacharias die späte und nicht mehr erwartete Geburt eines Sohnes voraussagt (Lk 1); als Nächstes dann der jungen Maria die frühe und unzeitige Geburt eines vorehelichen Kindes. Und beide Male wird zugleich der Name bestimmt:

„Du sollst ihm den Namen Johannes / du sollst ihm den Namen Jesus geben."

(Bei Matthäus erscheint der Engel nicht Maria, sondern Marias Verlobten Josef und überredet ihn, Maria nicht zu verlassen; auch hier wird der Name des Kindes durch den Engel bestimmt: Jesus.)

Der Engel Gottes tut in den drei Beispielen an den Ungeborenen das, was Gott selbst in besonderen Situationen an Erwachsenen tut:

Wenn er Abram in Abraham umbenennt (1 Mose 17), Sarai in Sara und Jakob in Israel (1 Mose 32), so schafft er damit ein besonderes Verhältnis zwischen dieser Person und sich selbst, er besiegelt einen langen gemeinsamen Weg.

Die Umbenennung ist Inanspruchnahme, Weihe, Auszeichnung. Zugleich Neubeginn. Man könnte auch sagen: Taufe. Im Sinn der Taufe der ersten Gemeinden.

Was ist dann die Namensnennung über dem ungeborenen Kind? Inanspruchnahme von Anfang an, Adoption. Gefühlsmäßig lässt sich hier sagen: Wir sind nahe bei der Säuglingstaufe.

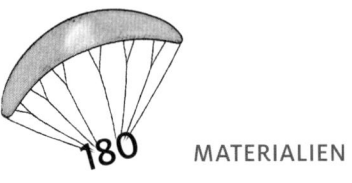

MATERIALIEN

Sonderfall: Die Taufe Jesu

Jesu Taufe wird in allen vier Evangelien erzählt; sie ist der Auftakt seines Wirkens als Erwachsener. Diese Taufe wird verbunden mit der Person Johannes des Täufers. Er wird in den Evangelien als Vorgänger und Wegbereiter Jesu vorgestellt. Historisch betrachtet spricht einiges dafür, dass dies nicht ganz so selbstverständlich gewesen ist. Johannes hatte eine eigene Jüngerschaft und ein eigenes Thema: „Kehrt um. Das Himmelreich ist nahe herbeigekommen." Jesus mag sich ihm zunächst angeschlossen, dann aber erkannt haben, dass seine Botschaft eine andere war: „Das Himmelreich ist nahe herbeigekommen – freut euch und fasst Mut."

Die Taufe, die Johannes und Jesus zusammenführt und wieder trennt, hat mit Wasser und Segen (Geist aus dem Himmel) zu tun, das dritte Element – Namensnennung – spielt aber keine Rolle.

● **BEI MARKUS ...**

wird Johannes eingeführt mit dem Prophetenwort: „Es ist eine Stimme eines Predigers in der Wüste: Bereitet den Weg des Herrn, macht seine Steige eben!" (Jes 40,3) Johannes lebte in der Wüste und predigte die „Taufe der Buße zur Vergebung der Sünden" (Mk 1,4). Es kamen viele zu ihm, die sich taufen ließen, um ein neues Gott gefälliges Leben zu beginnen. Schließlich kam auch Jesus und ließ sich taufen:

Und alsbald, als er aus dem Wasser stieg, sah er, dass sich der Himmel auftat und der Geist wie eine Taube herabkam auf ihn. Und da geschah eine Stimme vom Himmel: Du bist mein lieber Sohn, an dir habe ich Wohlgefallen. (Mk 1,10 f.)

● **MATTHÄUS ...**

hält sich zunächst an das Arrangement von Markus (Prophetenwort, Buß-Taufe, Auftritt Jesu), baut dann aber aus und um: Zum einen gibt es einen Dialog zwischen Johannes und Jesus, in dem Johannes deutlich macht, dass Jesus eine Bußtaufe von Johannes nicht nötig habe. Jesus besteht aber darauf. Und schließlich, als sich nach dem Taufakt der Himmel öffnet, hören wir anstelle des Zuspruchs („Du bist mein lieber Sohn") die Proklamation: *„Dies ist mein lieber Sohn."* (Mt 3,17)

● **LUKAS ...**

hat eine Mischung aus Matthäus und Markus: den längeren Exkurs über Johannes, aber die kürzere Fassung der Taufe (ohne Dialog) mit Zuspruch: „Du bist mein lieber Sohn" (Lk 3,22).

● **JOHANNES ...**

erzählt ganz aus der Perspektive des Täufers: zuerst ebenfalls vom Prophetenwort und der Bußpredigt, dann ausführlich, wie Johannes Jesus erwartet und wie Gott selbst ihm offenbart, dass derjenige, auf den der Geist Gottes herabfährt, der erwartete „Christus" sei. Diese Offenbarung ersetzt den Zuspruch an Jesus bzw. die Proklamation vor der Menge. Zweimal legt stattdessen Johannes – nach der Offenbarung – ein Bekenntnis ab: „Das ist Gottes Lamm" (Joh 1,29.36)
In welchem Kontext auch immer ...

M10.4

Es geht bei der Taufe Jesu nicht um Reinigung im Sinn der Bußpredigt des Johannes; Jesu Taufe ist besonders. Sie markiert den Einstieg in Jesu Wirken.

> Markus und Lukas legen nahe: Dies ist der Moment, an dem Jesus sich seiner Bestimmung bewusst wird; Gott bestätigt ihm die besondere Beziehung (von der die Leser jeweils schon aus den Weihnachtsgeschichten wissen!)
> Matthäus will es anders: Sein Text liest sich, als seien sich Jesus und Gott längst „einig"; mit der Taufe erfährt nun auch die Welt ganz offiziell von Jesu besonderer Würde.
> Noch einmal anders Johannes: Er hat keinerlei Notwendigkeit für eine Anerkennungsformel gesehen. Gott und Jesus wissen, was sie aneinander haben und mit welchem Auftrag Jesus zur Erde gekommen ist; die Menschen aber erfahren es jeweils im persönlichen Gegenüber zu Jesus (sofern Gott ihnen diese Erkenntnismöglichkeit schenkt).

Vergleichen wir die Johannestaufe und die Taufe Jesu mit unserer Säuglingstaufe, so bedeuten sie alle drei: Hier beginnt ein neuer Lebensweg mit Gott.
Aber die Akzente sind unterschiedlich gesetzt.

> Bei Johannes: Vorher wart ihr schlecht, das müsst ihr abwaschen.
> Bei Jesus: Vorher warst du „Privatmann", jetzt beginnt die Zeit deines Wirkens.
> Bei Babys / Konfis, die sich taufen lassen: Vorher warst du schon Gottes Kind – aber mit dem Zeichen der Taufe wird das lose Band sichtbar geknüpft.

„Ich habe dich bei deinem Namen gerufen" – Gottes Taufzusage mit allen Sinnen erleben

In der dunklen Kirche. Nur die Taufkerze brennt.

Die Konfis bringen – wenn vorhanden – ihre eigene Taufkerze mit; die anderen bekommen eine Kerze mit Manschette in die Hand.

Die KonfirmandInnen und Konfirmanden ziehen einzeln (oder zu zweien) ein und suchen sich vorsichtig einen Platz.

Wir singen den Begrüßungsteil des Gottesdienstes: Kyrie / Gloria (oder ein Taizé-Kyrie)

● **GEBET**

Gott des Himmels und der Erde, du, der du groß bist,
so dass Himmel und Erde dich nicht fassen,
du, der du das Kleine achtest, jedes Samenkorn und jeden dünnen Halm:
Du kennst auch jeden einzelnen von uns.
Du kennst unsere Namen. Du rufst uns.
Du sagst uns: Wir sind in deiner Hand,
da sind wir sicher und gut aufgehoben.
Herr, ruf uns doch! Dass wir dich hören.
Herr, halt uns doch! Dass wir dich spüren.
Heute und hier. – Morgen. Und an allen Tagen, die noch kommen. Amen.

● **ANSAGE**

Es ist sehr dunkel hier drinnen. Ihr wundert euch sicher, warum wir kein Licht einschalten. Aber halten wir das mit der Dunkelheit ruhig einmal eine Weile aus. „Gott will im Dunklen wohnen", hat der König Salomo einmal gesagt. Das steht im Alten Testament (1 Kön 8,12).

Wir gehen sogar noch einen Schritt weiter: Wir wollen zusätzlich zur Dunkelheit auch noch die Stille aushalten. Wenn ich gleich den Gong schlage, dann werdet einmal ganz, ganz still. Werdet so still, dass ihr die Stille hören könnt. Keiner rutscht auf seinem Stuhl rum, keiner raschelt mit seinen Klamotten … ganz ganz still … Was werden wir dann hören …?

Und wenn es dann ganz ganz still ist, dann wird NN (Teamer, laut Verabredung) leise einen Namen rufen. Und wer gerufen ist, kommt leise nach vorn. Er / sie zündet seine / ihre Kerze hier vorn an der Osterkerze an – und kehrt zurück an seinen Platz. Das machen wir so lange, bis alle Kerzen brennen. Erst dann heben wir die Stille wieder auf.

Gong … (und Aktion wie beschrieben)

Lesung von zwei Sprechern (von hinten; zum Beispiel von der Orgelempore)

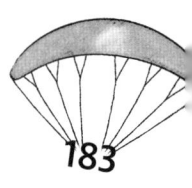

MATERIALIEN 183

Spr. 1: Und nun spricht der HERR, der dich geschaffen hat, ...,
Spr. 2: und dich gemacht hat, ...:
Spr. 1: Fürchte dich nicht, denn ich habe dich erlöst;
Spr. 2: ich habe dich bei deinem Namen gerufen;
Spr. 1: du bist mein!
Spr. 2: Wenn du durch Wasser gehst, will ich bei dir sein,
Spr. 1: dass dich die Ströme nicht ersäufen sollen;
Spr. 2: und wenn du ins Feuer gehst, sollst du nicht brennen,
Spr. 1: und die Flamme soll dich nicht versengen.

ANSAGE

Ihr habt die Zusage gehört, die sich mit eurem Namen verbindet. Wenn ihr euren Namen gleich noch einmal hört, steht auf und geht mit eurer Kerze – der Stimme nach, die euch ruft; ihr erhaltet ein Schutzzeichen gegen die Gewalten von Wasser und Feuer.

Die Lesung wird jeweils für zwei Konfis wiederholt, indem Vers 1 und 2 personalisiert werden:

Spr. 1: Und nun spricht der HERR, der dich geschaffen hat, *Anna*,
Spr. 2: und dich gemacht hat, *Jan* ...
Wenn die beiden auf dem Weg sind:
Spr. 1: Fürchte dich nicht, denn ich habe dich erlöst;
Spr. 2: ich habe dich bei deinem Namen gerufen;
Spr. 1: du bist mein!
Beide Sprecher zusammen: „So spricht Gott!"

Wenn die beiden oben sind, bekommen sie mit Salböl ein Kreuz in die Handinnenfläche gezeichnet; dazu wird wiederholt:

Spr. 2: Wenn du durch Wasser gehst, will ich bei dir sein,
Spr. 1: dass dich die Ströme nicht ersäufen sollen;
Spr. 2: und wenn du ins Feuer gehst, sollst du nicht brennen,
Spr. 1: und die Flamme soll dich nicht versengen.

Die Konfis, die gesalbt sind, bleiben oben stehen; sie beginnen einen leisen Gesang, während mehr und mehr ihrer Mit-Konfis hinzukommen, z. B. „laudate, omnes gentes". Wenn alle beieinanderstehen als ein Chor aus Licht und Lob, gehen in der Kirche allmählich die Lichter an (am besten gezielt dort, wo die Tafel zum Agape-Mahl aufgebaut ist).

EINLADUNG

„Kommt, es ist alles bereit: Schmecket und sehet, wie freundlich der Herr ist."
Unter Führung der beiden Teamer, die die Salbung vorgenommen haben, ziehen die Konfis zur Tafel. Nach einem Tischgebet werden Brot / Kuchen herumgereicht: „Für dich." Traubensaft und Wasser angeboten. Nach und nach geht die feierliche Stimmung in ein fröhliches ungezwungenes Beisammensein über.

Tischgebet und Dankgebet

Gebete, die vielleicht noch der eine oder die andere kennt:

> Komm, her, segne diese Speise,
> uns zur Kraft und dir zum Preise.
>
> Zwei Dinge, Herr, sind not,
> die gib durch deine Huld:
> Gib uns das täglich Brot,
> vergib uns unsre Schuld.
>
> Alle guten Gaben,
> alles, was wir haben,
> kommt, o Gott, von dir.
> Wir danken dir dafür.

Gebete müssen sich natürlich nicht reimen. Die Konfis überlegen:

> - was sie Gott sagen wollen und
> - wie sie es sagen wollen …

● **THEMEN / GEDANKEN**

> Das Essen und sein Duft
> Unser Hunger und Durst
> Gott als Schöpfer
> Gott als der, der alles wachsen lässt
> Essen gibt Kraft
> Essen macht Freude
> Gott sitzt mit am Tisch
> Wir haben zusammen gekocht
> Wir denken auch an die Menschen, die nicht genug zu essen haben
> Wir pflügen und wir streuen – Gott gibt dazu Segen

Bekenntnis

Ja, ich will!

Unterschreibe jetzt, hier

_____

Ja, ich will!

Unterschreibe jetzt, hier

_____

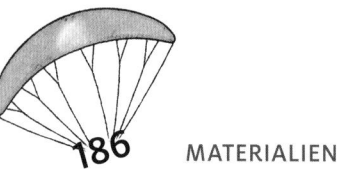

MATERIALIEN

Das Apostolische Glaubensbekenntnis

Bausteine für einen Vortrag von Pfarrer/in,
Team oder anderer Gemeindeglieder

> … ist die Vereinbarung darüber, was im christlichen Glauben verbindlich gilt. Entstanden ist es aus Taufformeln der frühen Kirche. Wer getauft wurde, wurde auf den gemeinsamen, einen und klar bestimmten Glauben der Kirche getauft, die sich auf die ersten Lehrer des Glaubens, die Apostel, beruft. Heute wird das Glaubensbekenntnis in fast jedem Gottesdienst von der ganzen Gemeinde gebetet.

> „Manche Sachen glaube ich nicht" – so lautet der Titel eines Bandes des „Jahrbuchs für Kindertheologie", in dem Kinder (jünger als ihr) mit ihren Lehrern (oder Interviewern) die einzelnen Sätze des Glaubensbekenntnisses besprechen. „Manche Sachen glaube ich nicht" – das hängt davon ab, ob wir am Buchstaben „kleben" bleiben, oder nach dem Sinn fragen, der hinter den Worten steckt. Wenn wir das tun, kommen wir weiter.

> Das apostolische Glaubensbekenntnis hat drei Teile. Christen haben den einen einzigen Gott in dreifacher Weise kennengelernt: als Schöpfer und Vater, als Sohn und Erlöser, als Geist, der sie zum Glauben beflügelt.

DER ERSTE ARTIKEL

Ich glaube an *Gott, den Schöpfer* – für uns heißt das nicht, dass wir wortwörtlich glauben, dass Gott die Erde in sieben Tagen geschaffen hat. Oder dass er den Menschen aus Lehm von der Erde geformt hat. Sondern: Wir glauben, dass er das Leben ist und dass es ohne ihn kein Leben gibt. Wir glauben, dass er das Leben hält und bewahrt. Wir glauben, dass er sich Mühe mit seinen Geschöpfen gibt und dass er jeden Einzelnen von uns kennt und liebt. Von Gottes Liebe können wir leben.

Ich glaube an *Gott, den Allmächtigen* – für uns heißt das nicht, dass wir denken: Gott wird's schon richten. Sondern wir glauben, dass, solange es Leben gibt (also Gott) alles möglich ist! Egal, wie schlimm die Lage ist – wir müssen nie verzweifeln und aufgeben.

Gottes Allmacht ist die Macht der Liebe. Die Liebe kann glücklich machen, Grenzen überwinden, Wunder vollbringen. Die Liebe kann aber auch sehr, sehr schwach und verletzlich sein. Niemand kann gezwungen werden, zurückzulieben. Das tut weh. Das hat auch Gott erlebt, zuletzt in Jesus am Kreuz.

Ich glaube an *Gott, den Vater* – Vater ist ein Bild für Gott, eines von vielen. Gott ist immer größer als jedes Bild. Und auch besser. Wir denken, wenn manche Väter ihre Kinder schlagen oder immer betrunken sind oder wenn sie ihren Kindern Gewalt antun – oder wenn sie sie einfach nicht genügend lieben: So ein Vater ist Gott nicht. Aber wir können uns Gott anvertrauen, als wäre er uns ganz nah und vertraut und als hätte er uns mehr lieb als sich selbst. Wie ein vollkommener Vater, eine vollkommene Mutter. Das ist unser Trost.

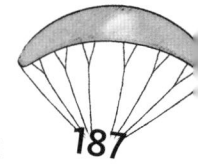

DER ZWEITE ARTIKEL

Ich glaube an *Jesus Christus, seinen eingeborenen Sohn* – für uns ist auch das ein Bild: Jesus war wie Gott-bei-den-Menschen. So wie Jesus von Gott erzählte, so ist Gott. So wie Jesus handelte, die Menschen behandelte, so handelt Gott. Weil Gott aber immer noch mehr ist als das Gegenüber der Menschen, darum passt es ganz gut zu sagen: Jesus ist Gottes Sohn. Markus erzählt: In der Taufe hat Gott Jesus als seinen Sohn anerkannt (sozusagen adoptiert): Mk 1,11.

... unsern Herrn – uns erinnert das daran, dass Jesus in seinem Erdenleben *gedient* hat: den Armen und Kranken, denen, die ihn brauchten. Und Gott, indem er den Menschen von Gott erzählte, auch Sachen, die sie nicht hören wollten. Bei allem, was er tat, schien aber auch seine Macht durch, mehr Macht, als ein Diener hat: über böse Geister und Krankheiten, über falsche Mächte und über seinen „eigenen Schweinehund". So einem können wir vertrauen und ihm folgen, auf ihn wollen wir hören, er kann uns retten. Ja, wir können gut sagen: Er ist mein Herr.

... empfangen durch den Heiligen Geist – wir denken, das haben sich die Menschen, die Jesus begegnet sind, und später auch die Christen so überlegt: Jesus ist so gut gewesen, so nahe bei Gott, so heilig – da muss doch von Anfang an Gottes Geist bei ihm gewesen sein. Jesus ist ein Geschenk Gottes – so können wir das sagen.

... geboren von der Jungfrau Maria – für uns geht es da nicht um die Frage, ob Maria schon mit einem Mann geschlafen hat oder nicht. Es geht darum: Maria ist jung, sie ist menschlich und verletzlich. Sie bekommt ein Kind – ganz normal! Jesus wird als Menschenkind geboren – menschlich und verletzlich. (Er ist also nicht ein Gott, der seine Macht nur verbirgt und ein bisschen „Mensch spielt", sondern wirklich und wahrhaft so menschlich wie du und ich.

... gelitten unter Pontius Pilatus – das erinnert uns daran, dass die Herrscher der damaligen Zeit, die politischen wie die religiösen, mit Jesus nicht klargekommen sind. Wir denken, er muss ihnen wohl unheimlich gewesen sein mit seiner Freundlichkeit und seiner Nähe zu Gott! Sie haben es an ihm ausgelassen! Er war ein politischer Gefangener, ein Revolutionär, ein Protestierer. Das gehört zu Jesus unbedingt dazu.

... gekreuzigt, gestorben und begraben – richtig, richtig tot ist er gewesen, das ist wichtig für unseren Glauben. Seine Liebe zu den Menschen war todernst. Und er weiß – Gott weiß seitdem, wie das ist, gequält zu werden und zu sterben, verlassen, verspottet, verhöhnt zu werden. Weiß er alles.

... am dritten Tage auferstanden von den Toten – die einen sagen, das Grab war leer; die anderen sagen, sie haben ihn gesehen, gehört, angefasst: Sie bezeugen, dass die Auferstehung nicht nur eine Idee war, ein Weiterleben von Worten und Gedanken, sondern ein Wunder. Wir wissen nicht – ja, irgendwie glauben wir das auch – wenn wir Jesus spüren kann, tief in uns. Aber was damals war, das weiß nur Gott.

... aufgefahren in den Himmel; er sitzt zur Rechten Gottes – für uns geht es da nicht um den Ort, wo die Flugzeuge fliegen. Oder die Astronauten! Wir glauben, dass Gott

überall sein kann. Und Jesus auch. Seit Jesus nicht mehr als Mensch auf der Erde umherwandert, ist er für alle da, genau wie Gott.

Von dort wird er kommen zu richten die Lebenden und die Toten – wir wissen, dass gerade Menschen, denen Unrecht geschieht, das brauchen: Die feste Hoffnung, dass das Böse und Schlimme nicht das letzte Wort hat. Sondern dass das Gute bei Gott Recht bekommt. Wir können uns das nicht richtig vorstellen – also jedenfalls nicht wie ein Gericht mit Verhör und Scharfrichter – aber dass das Gute sich am Ende durchsetzt: Das glauben wir fest!

DER DRITTE ARTIKEL

Ich glaube an den Heiligen Geist – wir glauben, das ist der Unterschied zwischen einem Menschen, der glaubt, und einem Menschen, der nicht glaubt: Der Mensch, der nicht glaubt, denkt, er ist allein auf der Welt und allein verantwortlich. Er muss selbst denken, selbst handeln, selbst sein Glück machen. Der Mensch, der glaubt, denkt und handelt und sucht genauso nach Glück. Aber er spürt, dass er Hilfe hat: Gedanken, die ihm einfallen, Begegnungen, die ihn überraschen, Glück, das ihm geschenkt wird. Das alles kommt vom Heiligen Geist, unserer Verbindung zum Leben, zu Gott.

... die heilige christliche Kirche, Gemeinschaft der Heiligen – für uns geht es da nicht um die Institution Kirche und ihre Würdenträger und Vertreter. Die sind Menschen und haben im Lauf der Geschichte alle Fehler gemacht, die man nur machen kann – und machen sie noch. Aber dass Menschen die Bibel und den Glauben und die Erinnerungen an Erfahrungen mit Gott und Jesus Christus in Ehren halten und zur Geltung bringen und gemeinsam versuchen, so zu leben, wie es dem Schöpfer und Vater gefällt, das ist uns viel Wert. Und dass da der Heilige Geist wirken kann, das glauben wir auf jeden Fall.

... Vergebung der Sünden – Sünde – alles das, was uns von Gott und den Menschen trennt, – das kann uns das Leben schwer und düster machen. Wir glauben, dass wir dann befreit werden können, dass dann einer zu uns sagt: *Gib nicht auf! Fang neu an! Erinnere dich: Du lebst von der Liebe.* Wir glauben das, weil wir Jesus am Kreuz hängen sehen. Und weil wir wissen: Er stirbt und lebt für die Liebe.

... Auferstehung der Toten – für uns geht es hier nicht darum, dass die Leichen sich aus den Gräbern erheben. Für uns geht es aber auch nicht nur um die Erinnerung, so nach dem Motto: Solange jemand an dich denkt, bist du nicht wirklich tot. Auferstehung ist mehr. Vielleicht so, wie schon kleine Kinder es glauben: Die Oma liegt im Grab – aber zugleich ist sie bei Gott. Und wir sehen uns wieder.

... und das ewige Leben – das ist sozusagen die Quintessenz: Der Tod ist nicht das Ende. Das Leben siegt. Gott ist der Herr der Lebenden und der Toten. Das macht gar keinen Unterschied. Und Jesus hat den Tod überlebt. Wir glauben: Das werden wir auch. Amen.

<small>Protokoll mehrerer Seminarsitzungen mit Theologiestudierenden an der Goethe-Uni Frankfurt, zusammengestellt von Martina Steinkühler</small>

Wie Muslime nach Gottes Willen leben

LEHRE

In der arabischen Sprache lassen sich alle Worte auf eine Wurzel zurückführen, die aus drei Konsonanten besteht. Die Wurzel „SLM" begegnet uns als Friedensgruß in SaLaM alaikum. Sie bedeutet Frieden, Unversehrtheit, aber auch Hingabe, „sich ergeben" in den Willen GOTTES. Wir begegnen der Wurzel SLM auch als „Schalom" im Hebräischen. Namen, wie Salomon oder Sulamit, gehen auf diese Wurzel zurück. Der Mensch, der sich zu der Religion ISLaM bekennt, ist ein MuSLiM: „Ein Mensch, der durch seine Hingabe an GOTT den Frieden gefunden hat."

Wir Muslime verstehen unsere Religion als die ursprüngliche und reinste Form des Glaubens an den einen GOTT, der auch dem Judentum und Christentum zugrunde liegt. Aber die Botschaft GOTTES wurde auch anderen Propheten übermittelt. Jede Religion auf der Welt geht ursprünglich auf einen von GOTT gesandten Propheten zurück. Wir kennen als Propheten zum Beispiel: Adam, Nuh (Noah), Ibrahim (Abraham), Musa (Moses), Davud (David), Salomo, Yunus (Jona), Yahya (Johannes der Täufer), Isa (Jesus) und Muhammad.

Muhammad ist der Letzte der Propheten, so dass seit Muhammad kein Mensch mehr eine direkte Botschaft GOTTES erhalten kann. Die einzige Richtschnur des menschlichen Handelns sehen wir im Wort GOTTES, wie es im Qur'an übermittelt wurde. Neben dem Qur'an kennt unsere Religion noch weitere Bücher und Schriften. Dazu gehören die Bücher, die Musa/Moses (Tora), Davud (Psalter) und Isa/Jesus (Evangelium) übermittelt wurden. Der Qur'an ist jedoch das einzige Buch, dass noch in der Orginalfassung erhalten ist.

LEBENSORIENTIERUNG

Jeder Mensch wird als reines Wesen, in Übereinstimmung mit GOTTES Willen, also als Muslim geboren. Jeder Mensch hat die natürliche Fähigkeit, zwischen Gut und Böse zu unterscheiden, und hat die freie Wahl, sich für Gut oder Böse zu entscheiden. Jeder muss selbst bei GOTT um Vergebung bitten, wenn er nicht fähig war, diese Gebote zu erfüllen. Jeder Mensch wird am Jüngsten Tag individuell beurteilt und muss für seine Absichten und Taten geradestehen.

Wenn sich nun ein Mensch entscheidet, in Harmonie mit GOTTES Schöpfung und GOTTES Geboten leben zu wollen, ist ein erster Schritt das Studium des Qur'an. Eine zweite Quelle ist das, was der Prophet Mohammed gesagt und gemacht hat. Sein Vorbild gibt Muslimen eine Orientierung für vorbildliches Verhalten.

Es gibt bei uns Regeln, die der Gesundheit des Einzelnen dienen (wie das Verbot von Schweinefleisch, Alkohol und Drogen oder der Schutz der körperlichen Unversehrtheit). Es gibt Regeln der Gerechtigkeit im sozialen Zusammenleben (wie das Verbot des Wucherzinses oder den Schutz des Eigentums). Aber vor allem ist der Islam ein spiritueller Weg.

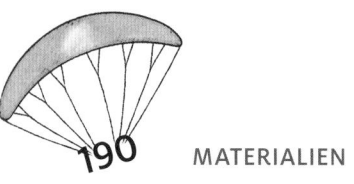

Kern der Religion ist das Einüben der sogenannten Taqwa, was ungefähr übersetzt werden kann mit „Bewusstsein von GOTTES Gegenwart". Das Gottvertrauen und die Gewissheit, nach dem Tod weiterzuleben, helfen uns zu innerem Frieden. Die Gottesfurcht schenkt uns den Respekt vor dem Schöpfer, seiner Natur und seiner Schöpfung.

RITUALE

Durch das Beispiel des Propheten Mohammed haben wir nun deutliche Hinweise, wie der Islam gelebt werden kann: Der Qur'an schreibt allgemein vor zu beten. Wie man genau betet, erfahren wir durch das Vorbild des Propheten. Durch ihn lernen wir, dass es fünfmal am Tag stattfinden sollte, in Richtung Mekka.

Dies ist die erste Säule muslimischer Handlungen. Weiter gehört zu den fünf Säulen:
> das aktiven Bekenntnis zu GOTT und seinen Propheten,
> das Fasten,
> die Pilgerfahrt nach Mekka und
> die Vermögenssteuer für die Armen.

GEMEINSCHAFT

Die Gemeinschaft aller Muslime heißt Ummah. Ganz gleich, zu welcher Rasse oder zu welchem Geschlecht ein Mensch gehört, alle Menschen haben denselben Rang und dieselbe Würde.

Kein Mensch steht GOTT näher als ein anderer. Der Islam kennt daher auch kein Priestertum. Er kennt keine Institution wie die Kirche. GOTT ist jedem Menschen „näher als seine Halsschlagader".

Grundlegende Regeln des Zusammenlebens finden wir in der sogenannten Scharia. Scharia bedeutet wörtlich übersetzt „der ebene Weg zur Wasserquelle". Die Grundidee hinter diesem Wort ist folgende: Die Regeln sollen einen Weg ebnen, der jedem einen gleichberechtigten Zugang zur Quelle des Lebens ermöglicht. Die „Steine des Egoismus" werden aus dem Weg geräumt, um ein gerechtes soziales System zu schaffen.

Der Respekt vor dem Leben sorgt dafür, dass nicht nur der innere Friede das Ziel eines Muslim sein darf, sondern dass er sich auch für den Frieden aller Menschen untereinander und die Harmonie mit der Schöpfung einsetzen muss. Daher ist der Islam vor allem eines: Din us-Salam – der Glaube des Friedens.

Nach Michael Pfaff, Vorsitzender der deutschen Muslim-Liga, in: Karlo Meyer, Weltreligionen. Kopiervorlagen für die Sek I, Göttingen 2008.

Der reiche Jüngling oder: der Schlüssel zum Himmelreich

Erzähler, zwei Spieler, „Menge" (beliebig viele – sie dürfen gern improvisieren!)

Erzähler: Jesus zog im Land umher, heilte und predigte und begeisterte die Mengen. Sie sagten: Er kommt von Gott. Sie sagten auch: Wir sehen Gott in Jesu Gesicht. Und viele baten ihn: Sag uns, was Gottes Wille ist: Was erwartet Gott der Herr von uns? – Eines Tages trat ein junger Mann in Jesu Weg. Und wie es Sitte war, verneigte er sich tief.
Junger Mann: Großer Meister!
Jesus: Ich bin nicht größer als du.

Menge: Hört, hört!

Junger Mann: Du bist Gott näher. Und das will ich auch. Ich will so leben, wie es Gott gefällt.

Menge: Der will in den Himmel! – Oder: Er will den Himmel auf Erden! – Oh, Mann, den hat er doch: Seht ihn nur an: die feinen Klamotten, die coole Brille. – Mann, wenn ich den mit mir vergleiche!

Jesus: Wie lebst du denn?
Junger Mann: Ich kenne die Gebote: „nicht töten, nicht stehlen, nicht lügen" – die halte ich alle.
Jesus: Aber …?
Junger Mann: Aber das kann doch nicht alles sein!

Menge: Was will er denn noch? – Ich wäre froh, wenn ich das sagen könnte: dass ich die Gebote halte! – Ist gar nicht so leicht, manchmal. – Das mit dem Lügen …

Jesus: Wie meinst du das?
Junger Mann: Wenn ich Gott nahe wäre, dann müsste ich mich doch freier fühlen. Und glücklicher. Und weniger gelangweilt!

Menge: Das Söhnchen langweilt sich! – Da lachen ja die Hühner! – Seid doch mal still: Der meint das ernst! Ich glaube, der sucht ganz was Anderes. – Was meinst du? – So was wie den Sinn des Lebens??

Jesus: Ich glaube, es würde dir helfen, wenn du mal alles hinter dir lässt. Verschenke alles, was du hast! Mach's wie ich. Wandere umher und begegne den Menschen.
Junger Mann (erschrocken): Aber das geht doch nicht! Mein Roller, mein Smart Phone, mein Tablet …

MATERIALIEN

Schreibgespräch

M13.3

„Gott will, dass ihr ein Segen für seine Erde seid"

Die Antithesen – Spielszene

Erzähler, zwei Spieler, „Menge" (beliebig viele – sie dürfen gern improvisieren!) Die beiden eingerückten Stücke können wegfallen, wenn die Zeit knapp oder die Gruppe zu klein ist.

Erzähler: Jesus zog im Land umher, heilte und predigte und begeisterte die Mengen. Sie sagten: Er kommt von Gott. Sie sagten auch: Wir sehen Gott in Jesu Gesicht. Und viele baten ihn: Sag uns, was Gottes Wille ist: Was erwartet Gott der Herr von uns? – Eines Tages hielt Jesus eine große Rede …

Jesus: Es ist euch gesagt:

Sprecher: *Du sollst nicht töten!*

Jesus: Ich aber sage euch: Nicht nur, wer mit dem Messer zusticht, tötet. Auch mit Worten könnt ihr töten. Wenn ihr sagt: „Den kannst du doch vergessen!" Oder mit Worten, die ihr nicht sagt: „Tut mir leid" oder „Was fehlt dir?" Wisst ihr: Genau genommen seid ihr Mörder, wenn ihr einen Mitmenschen unglücklich macht.

Menge: Unerhört! – Ist das total übertrieben? – Andererseits: Irgendwie hat er schon recht …

Jesus: Es ist euch gesagt:

Sprecher: *Du sollst nicht ehebrechen!*

Jesus: Ich aber sage euch: Nicht nur, wer mit einem anderen Partner schläft, begeht Ehebruch. Auch in euren Gedanken und mit eurem Verhalten könnt ihr einen Menschen, der euch vertraut, sehr verletzen. Wisst ihr: Genau genommen seid ihr Ehebrecher, wenn ihr einem Menschen, der euch vertraut, das Herz brecht.

Menge: Unerhört! – Ist das total übertrieben? – Andererseits: Irgendwie hat er schon recht …

Jesus: Es ist euch gesagt:

Sprecher: *Du sollst deine Versprechen nicht brechen.*

Jesus: Ich aber sage euch: Macht doch gar nicht erst große Versprechungen. Es liegt nicht in eurer Hand, sie zu halten. Seid doch einfach ehrlich! Sagt, was ihr denkt und was ihr wollt, und steht dazu. Wisst ihr: Genau genommen seid ihr Lügner, sobald ihr ein Versprechen gebt.

Menge: Unerhört! – Ist das total übertrieben? – Andererseits: Irgendwie hat er schon recht …

Jesus: Es ist euch gesagt:

Sprecher: *Auge um Auge, Zahn um Zahn.*

Jesus: Ich aber sage euch: Wenn euch einer auf die rechte Wange schlägt, dann haltet ihm auch noch die linke hin. Gegenwehr dient nicht dem Frieden. Wisst ihr: Wenn ihr feindlich handelt, werdet ihr zum Feind. Wenn ihr aber freundlich handelt, kann ein Wunder geschehen. Und der Feind wird zum Freund.

Menge: Unmöglich! Sich nicht wehren! Wohin soll das führen?! – Zum Frieden …?

Jesus: Es ist euch gesagt:

Sprecher: *Du sollst deinen Freund lieben und deinen Feind hassen.*

Jesus: Ich aber sage euch: Das ist nichts Besonderes. Das kann jeder. Wisst ihr: Euer Feind ist ebenso gut Gottes Kind wie ihr. Ihr solltet ihn lieben – trotz allem.

Menge: Unmöglich! Den Feind lieben! Wohin soll das führen?! – Zum Frieden …?

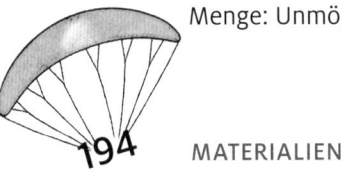

MATERIALIEN

Gebote

M13.5

Du sollst nicht töten!

Liebe deine Freunde, hasse deine Feinde!

Auge um Auge, Zahn um Zahn!

Du sollst nicht ehebrechen!

Du sollst nicht lügen!

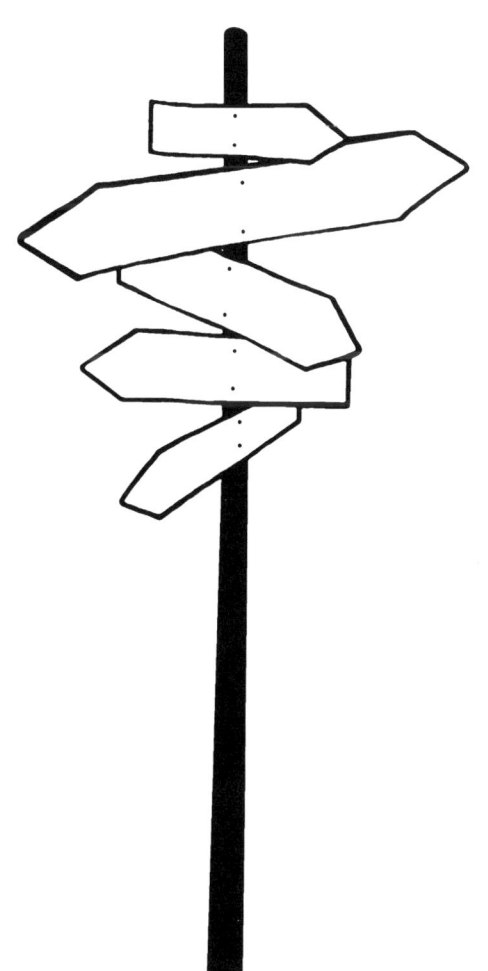

MATERIALIEN

Ereigniskarten

M13.6

Du trittst in einen Fußballclub ein. Dann merkst du: Die Punktspiele finden im sonntags statt! Eigentlich ist der Sonntag dir heilig …	Du hast einen Film über grausame Tierhaltung gesehen. Jetzt überlegst du, ob du Vegetarier werden solltest.
Du hast eine Geldbörse auf dem Klo des Kinos gefunden. Du bist gerade etwas klamm und würdest sie gern behalten.	Dein Nachbar hat immer die coolsten Klamotten. Du fühlst dich grässlich; du magst ihn gar nicht mehr anschauen.
Oma ist alt und vergesslich geworden. Mama und Papa sagen, sie muss jetzt ins Altenheim. Ich weiß nicht – mir tut's irgendwie leid …	Du willst bei facebook ein Profil anlegen und mogelst bei deinem Alter, deinen Hobbys und überlegst auch, ein falsches Bild einzustellen.
Du weißt, dass dein Mitschüler bei Klassenarbeiten meistens mogelt. Das nervt dich. Jetzt hat der Lehrer einen Verdacht …	Du bist total verknallt in deinen Lehrer. Du denkst, dass er dich auch mag, und legst es darauf an, ihn mal allein zu treffen …
Neuerdings hast du dir angewöhnt, bei jeder Gelegenheit „o mein Gott!" zu rufen. Deine Oma sagt, du sollst das lassen …	Deine Eltern wollen in den Ferien mit dir nach Mallorca fliegen. „Endlich mal wieder Familie!" Du möchtest lieber mit Freunden zelten …
Irgendwie ist alles doof: Alle deine Freunde scheinen gerade ein Mädchen zu haben, nur du bist allein …	Die Lebensmittelhändlerin an der Ecke lässt ihre Auslagen immer draußen – auch wenn sie Mittagspause macht. Ist das nicht geradezu eine Einladung, sich zu bedienen …?
Deine Freundin trinkt in letzter Zeit viel mehr, als gut für sie ist. Du kannst sie nicht davon abbringen. Ob du mal mit ihren Eltern redest?	Du verdienst dir ein wenig Taschengeld mit Nachhilfe. Für den neuen Schüler hättest du nur noch am Sonntag Zeit. Du zögerst noch …
Du hast gestern Abend im Übermut eine Bushäuschen demoliert. Am Morgen überlegst du, ob du es zugibst. Aber es könnte ja jeder gewesen sein, oder?	Da ist dieser Rapper – du verehrst ihn unendlich! „Ich würde alles für ihn tun", sagst du und machst Schulden für eine Konzertkarte …
Deine beste Freundin gehört einer Sekte an. Seit Wochen liegt sie dir in den Ohren, dass du mal mitkommen sollst …	Das neue Action-Game heißt „Gott der Rache"; deine Eltern wollen nicht, dass du es spielst …

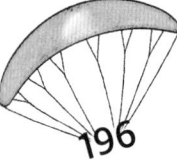

MATERIALIEN

Hilfskarten

1 Ich bin der Herr, dein Gott. Du sollst nicht andere Götter haben neben mir.	2 Du sollst den Namen deines Herrn nicht unnütz gebrauchen.
3 Du sollst den Feiertag heiligen.	4 Du sollst deinen Vater und deine Mutter ehren.
5 Du sollst nicht töten.	6 Du sollst nicht ehebrechen.
7 Du sollst nicht stehlen.	8 Du sollst nicht falsch Zeugnis reden wider deinen Nächsten.
9 Du sollst nicht begehren deines Nächsten Haus.	10 Du sollst nicht begehren deines Nächsten Weib, Knecht, Magd, Vieh, noch alles, was sein ist.

Länderquiz

Drei Teams: Der Quizmaster stellt je eine Frage von 1 bis 12, bunt gemischt. Jedes Team berät sich und gibt eine Antwort (Zeitbegrenzung!) Für die richtige Antwort (vgl. Unterstreichung) gibt es die zugehörige Bonuskarte. Wenn alle Fragen gestellt sind, haben die Teams mehr oder weniger Karten. Das Team, das daraus zuerst den Christus-Spruch zusammenbastelt, gewinnt.

1 Zu welchem Kontinent gehört Thailand? Südamerika oder <u>Asien</u>?	Christus spricht	Christus spricht	Christus spricht
2 Was sind die Bewohner von Gibraltar: <u>Briten</u> oder Spanier?	Mir ist gegeben	Mir ist gegeben	Mir ist gegeben
3 Wie nennt man die Einwohner von Malta? Maltaner oder <u>Malteser</u>?	Alle Gewalt	Alle Gewalt	Alle Gewalt
4 Welche Sprache sprechen Brasilianer? Spanisch oder <u>portugisisch</u>?	Im Himmel	Im Himmel	Im Himmel
5 Wer lebt dichter am Äquator: ein Australier oder ein <u>Grieche</u>?	Und auf Erden	Und auf Erden	Und auf Erden
6 Wo leben die Eisbären? Am <u>Nordpol</u> oder in der Antarktis?	Darum gehet hin	Darum gehet hin	Darum gehet hin

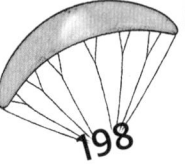

MATERIALIEN

7 Warum heißen die Indianer Indianer? Aus Indien eingewandert? <u>Weil Kolumbus, als er sie entdeckte, annahm, er sei in Indien gelandet</u>	Und machet zu Jüngern	Und machet zu Jüngern	Und machet zu Jüngern
8 Wo ist das Grundnahrungsmittel Reis: auf <u>Bali</u> oder in Panama?	Alle Völker	Alle Völker	Alle Völker
9 Wo begegnen sich Elefanten und Tiger? In Afrika oder in <u>Indien</u>?	Taufet sie	Taufet sie	Taufet sie
10 Welche Sprache ist weniger mit dem Deutschen verwandt: Englisch oder <u>Spanisch</u>?	Und lehret sie halten	Und lehret sie halten	Und lehret sie halten
11 Wer schreibt von rechts nach links? Die <u>Araber</u> oder die Russen?	Alles, was ich euch	Alles, was ich euch	Alles, was ich euch
12 Wo wachsen Gummibäume? In Afrika oder <u>Asien</u>?	Befohlen habe	Befohlen habe	Befohlen habe

Das Vaterunser auf Esperanto

Patro nia, kiu estas en la ^Cielo,
sanktigata estu via nomo.
Venu via regno.
Fari^gu via volo,
kiel en la ^Cielo,
tiel ankau sur la tero.
Nian panon ^ciutagan donu al ni hodiau
kaj pardonu al ni niajn ^suldojn,
kiel ankau ni pardonas al niaj ^suldantoj.
Kaj ne konduku nin en tenton,
sed liberigu nin de la malbono.
^Car via estas la regno kaj la potenco kaj la gloro eterne.
Amen.

Zur Aussprache: Vokale: wie im Deutschen (jedoch idealerweise mittellang und ziemlich offen), einzeln aussprechen (z. B. „ki-el" 2-silbig), Betonung immer auf der vorletzten Silbe. Konsonanten: c = ts, ^c = tsch, ^g = dsch, s = scharfes s, ^s = sch, v = w (wie v in „Vase"); u bzw. j nach Vokal bedeuten Diphtonge (z. B. au, oj = einsilbig wie in „Haus" bzw. „Heu".

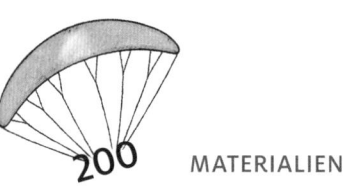

Die Lutherrose Blatt A

Die Lutherrose Blatt B

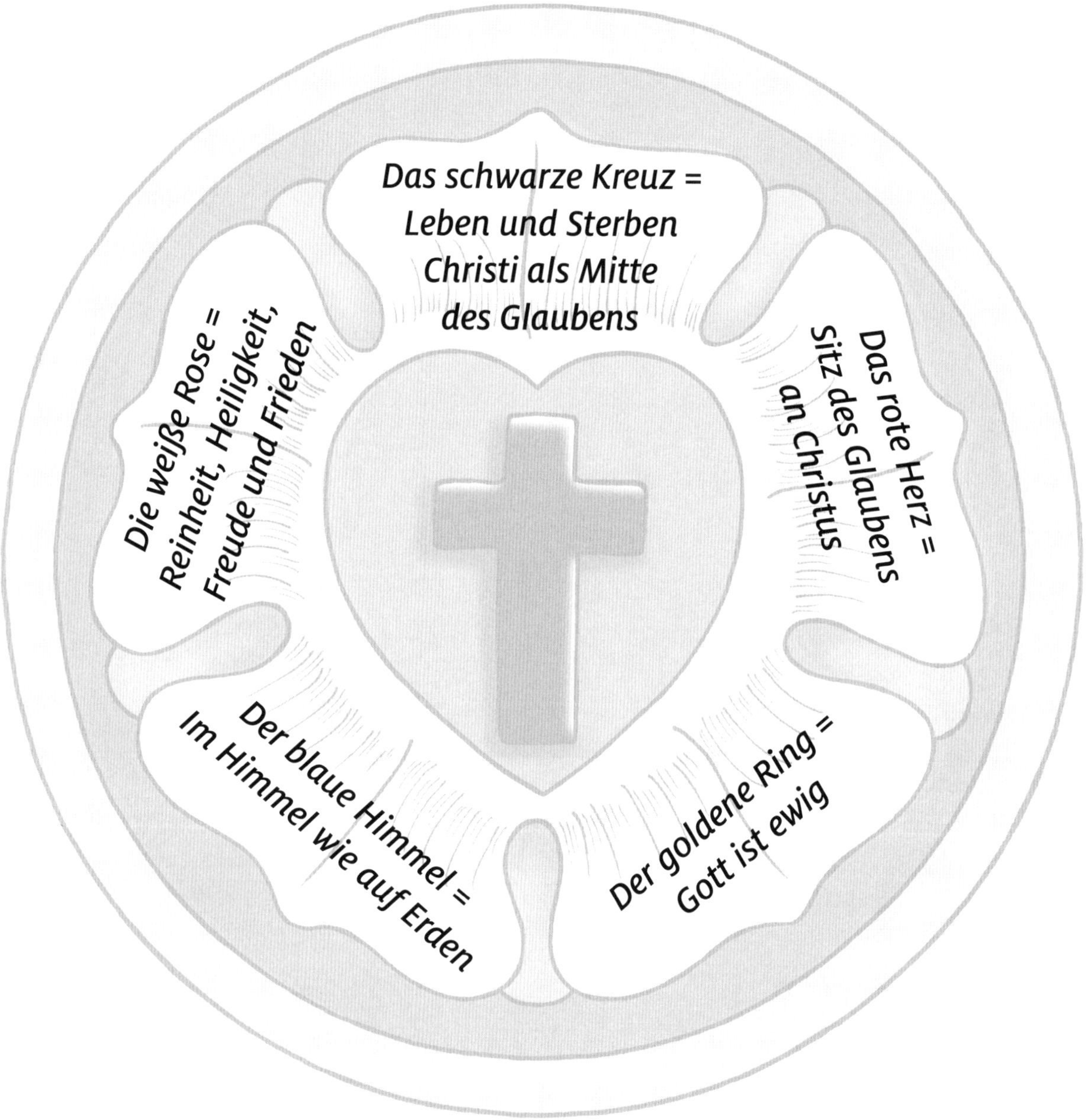

Das schwarze Kreuz =
Leben und Sterben
Christi als Mitte
des Glaubens

Die weiße Rose =
Reinheit, Heiligkeit,
Freude und Frieden

Das rote Herz =
Sitz des Glaubens
an Christus

Der blaue Himmel =
Im Himmel wie auf Erden

Der goldene Ring =
Gott ist ewig

MATERIALIEN

Wer bist du, Gott?

BARMHERZIG
allmächtig
freundlich
ANSPRUCHSVOLL
streng
UNBEGREIFLICH

Beten in den Religionen

„Eine Sprache finden für das, was wir wünschen und beklagen, nennen wir beten."
(D. Sölle)

Wenn ich bete, richte ich meine Gedanken, Sehnsüchte, Ängste an ein transzendentes („höheres", unsichtbares, unverfügbares) Gegenüber. Nun ist es wohl immer hilfreich, sich über seine eigene Befindlichkeit klarzuwerden – aber das ist beim Beten nicht alles. Beten ist mehr.

Beten hat mit Vertrauen zu tun. Mit dem Vertrauen, dass da ein Gegenüber ist, wirklich „ist", das hört und mitfühlt und reagiert. Auf einmal bin ich nicht mehr allein mit meinen Sorgen und Wünschen, auf einmal bin ich gehört, finde Antwort, fühle mich getragen.

Die Religionen vermitteln ein Weiteres, das über dieses private Erleben hinausgeht: Das Beten begründet die Beziehung zwischen mir und dem Höchsten. Und wie es mit Beziehungen so ist: Die muss man pflegen.

So kommt es, dass Beten nicht nur ein Angebot, sondern zugleich auch eine Aufgabe ist. „Den darf man auch nicht vernachlässigen", sagt eine Sechsjährige im Interview auf die Frage, was Gott denn von Menschen erwartet.

Im Islam gibt es die Pflicht zum Gebet fünfmal am Tag – „damit Gott nicht vernachlässigt wird", würde Paula sagen. Im Judentum gibt es z. B. das Morgengebet. Hindus beten, Buddhisten meditieren. Man kann sagen: Das Beten ist geradezu eine Merkmal von Religion; es ist die Lebensäußerung von Religion schlechthin.

Die Gemeinsamkeit zwischen den Religionen geht noch weiter: Das Beten hat Formen. Feste Worte (neben freien), bestimmte Gesten, Haltungen, Richtungen (nach Mekka, nach Jerusalem) – und Gegenstände, die das Beten greifbar machen.

Im Islam gibt es einen *Gebetsteppich*. *Gebetshaltungen*. Und eine *Gebetskette* ermöglicht die Kommunikation mit Gott auch zwischen den „festen" Gebeten. Wie viele Muslime haben die Perlen der Gebetskette beinahe beiläufig in der Hand. Jede Perle einer der neunundneunzig Namen Gottes. Im Fühlen genannt, im Nennen gefühlt.

Im Judentum die äußeren Zeichen: die *Kippa* der Männer – Kopfbedeckung als Zeichen der Demut vor Gott; der Gebetsschal (*Tallit*): Seine Fransen erinnern an die Gebote, die Gott den Menschen gegeben hat, um der heilen Beziehungen willen. Die *Mesusa*, eine Kapsel an der Tür mit dem jüdischen Glaubensbekenntnis (*Sch'ma Israel*): ständige Mahnung, Gott nicht zu „vernachlässigen".

Im Christentum: *Rosenkranz* (kath.), Perlen des Glaubens (ev.) – auch das sind Ketten, deren einzelne Perlen Bedeutung und Sinn haben. Sie liefern den „Stoff" des Betens, sie erinnern an Worte, verbinden Fühlen und Nennen.

Beten ist Sprache finden – und Sprache fühlen. Es ist: erinnern, bedenken, verbunden sein. Dazu helfen Perlen und Fransen, Gebärden, Umgebung und – ja, auch: Gewohnheit.

Die Perlen des Glaubens

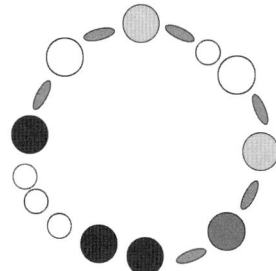

Die Idee ist einfach und hat es doch in sich: Achtzehn Perlen in der Hand. Jede einzelne hat ihre eigene Bedeutung. Sie steht für eine Lebensfrage, einen Gedanken, ein Gebet. Zu einem Perlenband zusammengefügt, können die Perlen ein Sinnbild des Lebensweges sein. Sie machen den Glauben begreifbar und regen dazu an, christliche Tradition neu zu entdecken und zu verstehen. Sie sind ein Katechismus (Glaubensunterricht) für die Hände, ein einfaches Hilfsmittel, den eigenen spirituellen Weg zu finden und einzuüben. Die Perlen helfen, den Alltag für einen Moment zu unterbrechen und zu sich selbst zu kommen, zu anderen Menschen, zu Gott.

Eigentlich wollte der schwedische Bischof Martin Lönnebo ein Buch über den christlichen Glauben schreiben. Doch als er griechische Fischer mit ihren Perlenketten beobachtete, kam er auf die Idee mit dem Perlenband. Die Resonanz darauf war überraschend groß. Für viele Christinnen und Christen in Skandinavien gehören die Perlen des Glaubens inzwischen zum täglichen Leben.

„Das Himmelreich gleicht einem Kaufmann, der gute Perlen suchte, und als er eine kostbare Perle fand, ging er hin und verkaufte alles, was er hatte, und kaufte sie." (Matthäus 13,45+46)

Handelsinformation, www.kirchenshop-online.de/themenbereiche/perlen-des-glaubens/perlen-des-glaubens-holz-gross.html

● WAS MAN DAMIT TUN KANN …

Ich lasse die Perlen durch meine Hand gleiten. An einer bleibe ich hängen. Ich erkenne: Es ist die große goldene, die Gottesperle. Ich halte sie fest. „Gott", denke ich, „Gott". Die Perle erwärmt sich in meiner Hand. Und meine Gedanken suchen – suchen nach Gott. Wer bist du, Gott? Wer bist du heute für mich? – Ich merke: Ich denke nicht nur. Ich halte Zwiesprache mit Gott. Ich frage Gott und lausche auf Antworten. Was ist es, was ich tue? Meditieren? Mehr als das. Beten.

Das Beispiel zeigt die Verbindung von Begreifen und Beten. Das kann unterschiedlich gestaltet werden bzw. sich ereignen. In der eigenen Stillen Zeit, aber auch in der Gemeinschaft. Dann nehmen die Teilnehmenden dieselbe Perle in die Hand und eine/r spricht dazu einige Gedanken und ein (vorbereitetes) Gebet.

Zu einer der Perlen Gedanken und Gebet zu schreiben, die in der Gruppe gesprochen werden sollen, erfordert, sich zugleich auf die Zielgruppe einzustellen: Ich kann Gebete für Kinder, Jugendliche, Senioren – und auch meine Mit-Konfis formulieren. Und immer hilft mir die Perle.

EINIGE GEDANKEN ZU DEN EINZELNEN PERLEN …

Gottesperle: Gott, wer bist du (heute / für mich)?

Perle der Stille: Sie kehren immer wieder – machen mir Mut, innezuhalten, still zu werden, damit ich hören kann – worauf?

Ich-Perle: Ich – wer bin ich (für mich, für Gott, für meine Mitmenschen)? Wer möchte ich sein? Und: Was steht dem im Weg?

Taufperle: Getauft sein. Wasser des Lebens. Mein Name. Segen. – Was ist meine Taufe (heute, für mich?)

Wüstenperle: Bin ich ein Wanderer in der Wüste? Was treibt mich voran? Wo finde ich Wasser? Ich brauche Geduld, Geduld, um Durststrecken zu überstehen.

Perle der Gelassenheit: Etwas, das mir sehr oft fehlt. Was ist Gelassenheit? Kann ich das üben? Jetzt und hier, mit dieser Perle? Vielleicht mit dem Blick auf das Kreuz?

Perlen der Liebe: „Liebe ist stärker als der Tod". Steht in der Bibel. Ich denke an die ganz große Liebe. Die Liebe meines Lebens – wird es die geben? An meine Lieben, an meine Freunde? Und was ist das, was ich für die Menschen empfinde, die ich nicht kenne? Die mich nerven? Die etwas von mir wollen. Was meint Jesus, wenn er sagt, ich soll sie lieben?

Geheimnisperlen: Glauben hat mit Vertrauen zu tun. Und mit Zweifeln. Mein Verstand, meine Logik – die reichen nicht aus. Glauben heißt: Ich ahne, dass da mehr ist. Gott. Geist. Liebe. Ich versteh's nicht. Ich versteh's einfach nicht. Geheimnis.

Perle der Nacht: Schwarz. Finster. Bedrohlich. Oder auch beruhigend. Ein Sternenhimmel. Verheißung. Und dann noch eines: Solange die Erde besteht, wird nicht aufhören Tag und Nacht … (1 Mose 8,22). Warten auf den Morgen. Nach der Nacht.

Perle der Auferstehung: Ein Morgen nach der Nacht. Und Auferstehung nach dem Tod. Kann ich das denken? Ist das eine Hoffnung für mich? Ein Trost in der Trauer? Jesus spricht: „Siehe, ich lebe, und ihr sollt auch leben." (Joh 14,19)

MATERIALIEN

Namen-Frage-Memory

Auf die leeren Karten werden die Vornamen der Gruppenmitglieder geschrieben; sie werden mit den Fragekarten werden ausgelegt. Dann werden je zwei Karten aufgedeckt, und zwar zählen als Paare: Name und Frage. Wenn ein Paar gefunden ist, muss die genannte Person die aufgedeckte Frage beantworten. Das Kartenpaar bekommt der, der es aufgedeckt hat. Die Person, die antworten musste, deckt die nächsten beiden Karten auf. (Das Spiel ist zu Ende, wenn alle Personen eine Frage beantwortet haben.

	Was für Feste feierst du gern?	Was erhoffst du dir vom Leben?	Wo möchtest du in zehn Jahren sein?
	Was für Musik magst du?	Worauf könntest du verzichten?	Gibt es einen Albtraum, den du öfter mal träumst? Erzähle, wenn du magst ...
	Was für einen großen Wunsch hast du, den man nicht mit Geld erfüllen kann?	Was bedeutet für dich die Konfirmation?	Magst du Tiere? Was für welche?
	Was denkst du über Gott?	Was denkst du über kleine Kinder?	Was ist für dich „Zuhause"?
	Mit wem fühlst du dich wohl?	Wovor fürchtest du dich?	Was soll nächstes Jahr auf jeden Fall geschehen?

M16.1

	Womit kann man dir spontan eine Freude machen?	Erzähle von deinem außergewöhnlichsten Hobby.	Erzähle von einer Situation, in der du sprachlos warst.
	Beschreibe dein Traumhaus.	Beschreibe die Kirche deiner Gemeinde.	Erzähle von einer Veranstaltung in der Kirche / Gemeinde, die dir richtig gut gefallen hat.
	Erzähle von einer Veranstaltung in der Kirche / Gemeinde, die dir unangenehm in Erinnerung geblieben ist.	Erzähle von der Person, die dir hier und heute am nächsten ist.	Erzähle eine Bibelgeschichte.

Thesen

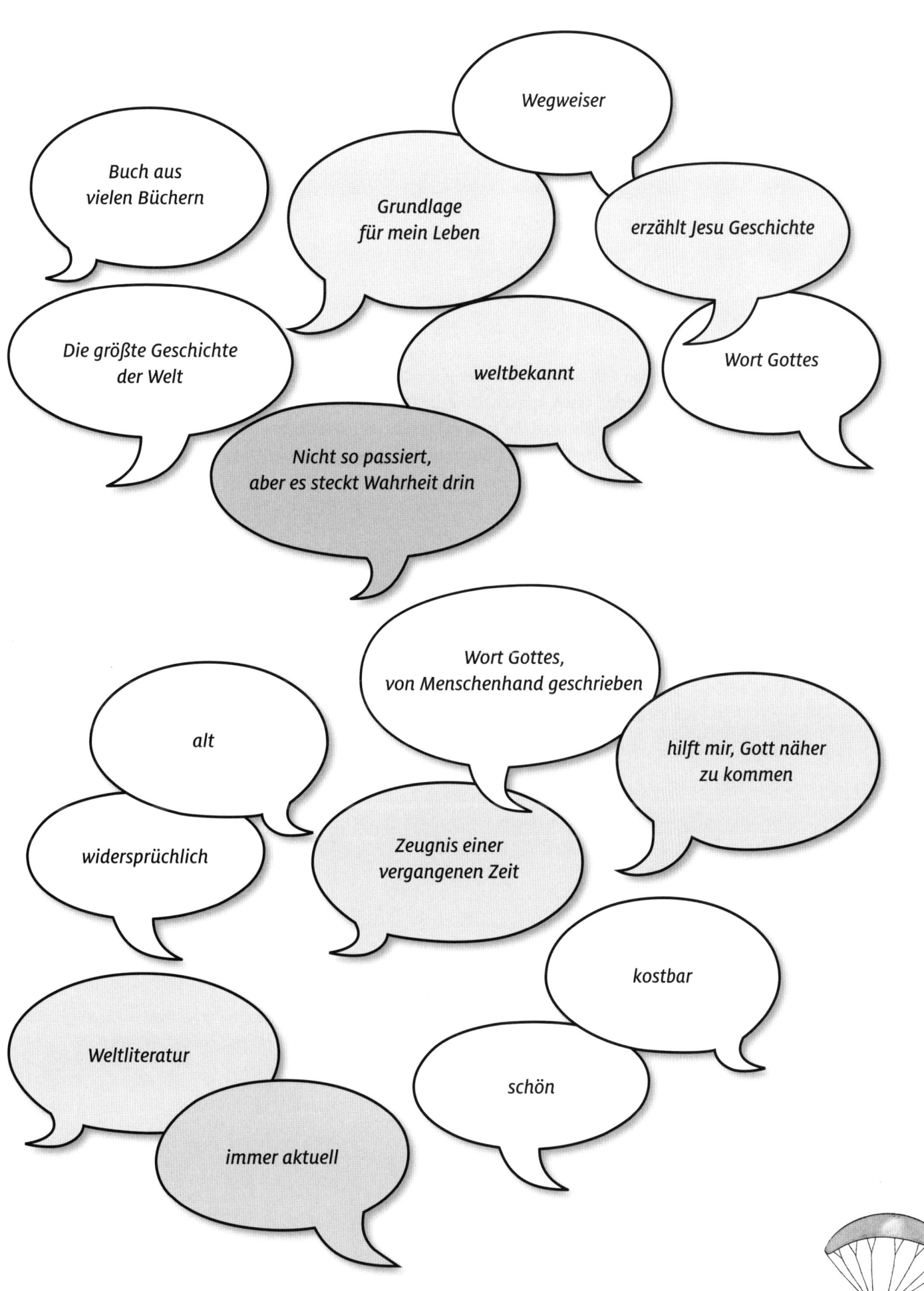

Zu dem Bild „Zwischen den Testamenten"
von Silke Rehberg (Meine Schulbibel, München 2003)

Die Betrachtung eines Kunstwerks (Bild, Skulptur) vollzieht sich generell in drei Phasen:

Was sehe ich?
Was muss ich wissen?
Was „sagt" das Bild?
Was „sagt" das Bild mir?

Was sehe ich?

Ein Bild aus Bildern. Drei Jugendliche bei einer Art Picknick im Grünen. Gestreifte Decke, essen, trinken. Umgebung: Kamel, orientalisch gekleideter Mensch, Blumen, eine Schlange. Eine Menora (Leuchter) mit loderndem Feuer. Die Perspektiven sind mehrdeutig. Was ist oben, unten, vorn oder hinten? Es gibt Verschiebungen. Das Ganze ist wie eine Collage.

Was muss ich wissen?

In der Schulbibel, aus der das Bild stammt, steht es an der Nahtstelle zwischen den beiden Testamenten. Ist es aus Zitaten zusammengesetzt? Schlange, Abraham, Josef, Mose? Das Judentum zur Zeit Jesu? Wer die Schulbibel kennt, kann entdecken: Das ist alles neu gemalt. Es sind Anklänge, keine Zitate. Mittendrin diese Jugendlichen von heute. In entspannter Haltung. Sabbat? Der riesige Schmetterling. Paradies?
Wo das Alte und das Neue Testament aufeinanderstoßen, fehlt ein Übergang. Schafft dieses Bild den Übergang? Wenn ja, dann wie? Es ordnet nicht, im Gegenteil: Es bringt durcheinander. Oder besser: ineinander. Es collagiert: Gutes und Bedrohliches, Erinnerungen und Hoffnungen. Es atmet Freiheit. Und es lädt zum Verweilen ein. Jugendliche von heute.

Was „sagt" mir das Bild?

Gefällt / gefällt nicht ...
Stimmung ...
Bezug ...

Dieser Kommentar lehnt sich an an die ausführliche Bildbeschreibung von Reinhard Hoeps in: ders. (Hg.), Sehen lernen mit der Bibel. Der Bildkommentar zu Meine Schulbibel, München 2003, 77–80.

MATERIALIEN

Meditation: Wie ein Samenkorn

In meiner Hand ... ein kleines Samenkorn. Es ist leicht, es ist winzig. Wie leicht kann es verloren gehen. Ein Hauch nur ...

Es liegt auf meiner Hand ... ich habe es in der Hand ... was wird aus ihm werden? Es liegt an mir, was ich damit tue. Wenn ich es einpflanze ... und es liegt in der Erde ...

Wird es aufgehen? Wird es wachsen? Das liegt dann nicht mehr in meiner Hand ...

Ich stelle mir vor: Es geht auf. Und es wächst. Ein grüner Trieb sucht sich den Weg. Durch das Erdreich, das dunkle, hinauf zum Licht. Und er streckt sich in die Luft. Und er wächst noch entschlossener. Kräftiger. Und er breitet seine Wurzeln aus, verflicht sie mit der Erde. Ein Netz, das ihn hält und trägt. Das ihn mit allem versorgt, was er braucht. Wasser, Nährstoffe.

Und er wächst. Ich stelle es mir vor: Ich stelle mir eine Pflanze vor, einen Strauch, einen Baum. Ich habe es nicht mehr in der Hand. Ich staune ... Ich schaue hinauf in seine Krone. Ich sehe die Vögel kommen. Sie lassen sich nieder. Und da, das Pärchen: Es baut ein Nest ...

Ich sehe auf meine Hand: Da ist es noch, das Samenkorn. Es hat das noch alles vor sich. Oder anderes? Ganz anderes?

Was habe ich vor mir? Was wird aus den Samenkörnern meines Lebens? Ist das Samenkorn nicht viel mehr als ein Samenkorn? Ist es nicht ein Zeichen? Eine Hoffnung? Und, vielleicht, eine Perspektive?

Lose – Was für eine Sendung …?

Terra X	Aktenzeichen XY ungelöst	James Bond	Traumstrände der Südsee
Traumstrände der Südsee	Deutschlands nächstes Top-Model	Pretty Woman	Die strengsten Eltern der Welt
Pretty Woman	Der Hobbit	Terra X	Startreck
Expeditionen ins Tierreich	Das heute Journal	Frauentausch	Deutschlands nächstes Top-Model
Frauentausch	Startreck	Expeditionen ins Tiereich	Der Hobbit
James Bond	Die strengsten Eltern der Welt	Das heute Journal	Aktenzeichen XY ungelöst
Tatort	Hart, aber fair	Hart, aber fair	Tatort

Anmerkung: Diese Lose müssen von Zeit zu Zeit aktualisiert werden (wenn neue Sendungs-Formate entstehen, oder wenn Titel und Sendungen in Vergessenheit geraten)!

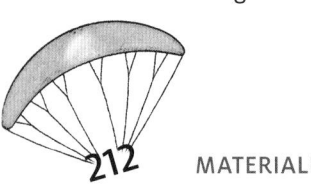

Einführung: Bibel

Alles, was in der Bibel steht, ist wahr. Du musst dich nur wortwörtlich nach der Bibel richten, dann lebst du auch richtig. Dann wird Gott dich am Ende belohnen.

Diese Meinung gab es und es gibt sie bis heute. Du findest aber Widersprüche in der Bibel. Zum Beispiel: Auf der einen Seite heißt es: „Du sollst nicht töten". Auf der anderen Seite findest du Vorschriften für die Todesstrafe. Und du findest einen Gott, der tötet.

Die Schöpfung wird einmal so erzählt, einmal anders. Das Leben Jesu wird viermal erzählt, viermal ähnlich und doch anders.

Das ist Gottes Weisheit, lautet eine Antwort. Alles ist wahr. Auch wenn wir es nicht verstehen.

Eine andere Weisheit lautet: Das sind verschiedene Geschichten, die verschiedene Menschen zu verschiedenen Zeiten mit verschiedenen Absichten aufgeschrieben haben. Das sind Annäherungen an das Geheimnis Gottes. Das sind Deutungen. Versuche.

Die Bibel ist eine Sammlung von Deutungen und Bekenntnissen. Und alles dreht sich um Gott.

Wenn du das so siehst, ist die Bibel immer noch „wahr". Aber du musst diese Wahrheit immer wieder neu suchen. Zwischen den Zeilen findest du sie eher als im Wortlaut. Und trotzdem ist der Wortlaut wichtig. Er verbindet dich immer wieder neu mit den Bekenntnissen deiner Ahnen und Urahnen im Glauben.

Frag nicht: Warum hat Gott das oder jenes so gemacht? Frag besser: Warum haben Menschen so von Gott erzählt? Der Vorteil: Du kommst dabei in ein Gespräch mit den „Ahnen und Urahnen" und du kannst dabei ganz neu und persönlich über Gott nachdenken.

Inzwischen ist die Bibel – so wie jede historische Quelle und jede Literatur – wissenschaftlich erforscht. Die Ergebnisse räumen Hindernisse aus dem Weg der Wahrheitssuche:

> Die Bibel ist ein Sammelwerk aus vielen verschiedenen Schriften, die im Laufe von Jahrhunderten entstanden sind.
>> *Das Erste (oder: Alte) Testament* dokumentiert die Suche des Volkes Israel nach seinem Gott. Sie haben Gott in verschiedenen Facetten kennengelernt:
>>> die Nomaden (Abraham) als einen, der mitgeht und begleitet, als einen, der Segen schenkt
>>> die Israeliten, die aus Ägypten geflohen sind, als einen, der befreit
>>> die Israeliten am Berg Sinai als einen, der Lebensregeln gibt.
>>> In der Königszeit und danach, im Exil, haben sie aus allen diesen Erfahrungen Lehren gezogen:
>>> Gott ist einer.
>>> Gott hält die ganze Welt in seiner Hand.

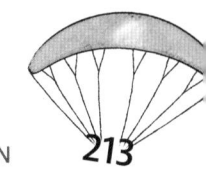

> Gott ist einer, der Treue verlangt.
> Und Gerechtigkeit.
> Der eingreift – rettend und strafend.

Erfahrungen des Volkes Israel mit dem Leben, mit seiner Geschichte, mit Gott.

> *Das Zweite (oder: Neue) Testament* dokumentiert die Versuche der Anhänger Jesu Christi um Deutung:
> > einerseits: Was können wir neu von Gott lernen – durch die Worte und das Wirken Jesu?
> > Und andererseits: Wer war (ist) dieser Jesus? Wie verstehen wir die Auferstehung? Und wie verstehen wir von der Auferstehung her sein Leben, seine Botschaft, sein Wesen?

> Nach Ostern (und Pfingsten) hat Paulus seine Briefe verfasst; nach Paulus hat Markus die Erzählungen, die über Jesus im Umlauf waren, zu einer ersten Lebens-Erzählung Jesu geordnet und damit die Gattung „Evangelium" erfunden. Nach Markus haben sich auch Matthäus, Lukas und noch mal später Johannes daran gemacht, von Jesus zu erzählen.
> Die Weihnachtsgeschichten (Lukas und Matthäus) sind ebenso Deutungen wie die Auferstehungsgeschichten. Ihre Wahrheit liegt in dem, was ihre Erzähler damit ausdrücken wollen: was Jesus damals und heute für Menschen bedeutet.

Zu dem Bild „Maria von Magdala begegnet dem Auferstandenen"

von Silke Rehberg (Meine Schulbibel, München 2003)

Die Betrachtung eines Kunstwerks (Bild, Skulptur) vollzieht sich generell in drei Phasen:

> Was sehe ich?
> Was muss ich wissen? Was „sagt" das Bild?
> Was „sagt" das Bild mir?
> einfügen Bild als „Briefmarke"

Was sehe ich?

> Beunruhigend wenig, auf den ersten Blick. Das soll eine Auferstehungsdarstellung sein? Es fehlen: das leere Grab, der Engel! Ich sehe Jesus – Kopf und Brust; die Arme und Hände wie am Kreuz. Im Hintergrund eine „Blumentapete". Am linken Bildrand Profil und Schulter Maria Magdalenas. Marias Hände: zum Empfangen oder zum Berühren geöffnet. Jesus trägt ein weißes T-Shirt – kein Nimbus, kein himmlisches Licht zeichnet ihn als Auferstandenen aus. Die Gesichter sind ernst. Bei Maria sehe ich gelassene Freude. Bei Jesus sanfte Abwehr. Oder liegt das nur daran, dass ich die Geschichte kenne?

Was muss ich wissen?

> Die dargestellte Szene, Johannes 20,14–17 (nachlesen), ist in der Kunstgeschichte immer wieder gestaltet worden: die Abwehr, die Jesus gegen Maria Magdalena zeigt; die Distanz zwischen ihrer und seiner Sphäre, die Maria nicht überwinden kann / darf (Jesus schon!). Dabei spielt – laut Text – Jesu „ungeklärter Status" eine Rolle: Er ist auferstanden, aber noch nicht aufgefahren in den Himmel. In den künstlerischen Darstellungen des Mittelalters hingegen ist oft an Marias „Vorgeschichte" gedacht. Ist ihr, als ehemaliger „Sünderin" die Nähe zum Auferstandenen verwehrt? Unser Bild lässt die Frage in der Schwebe: Jesu besonderer „Status" ist nicht abgebildet – allenfalls durch das klare Weiß seines T-Shirts.

Was „sagt" mir das Bild?

> Gefällt / gefällt nicht ...
> Stimmung ...
> Bezug ...

Dieser Kommentar lehnt sich an an die ausführliche Bildbeschreibung von Reinhard Hoeps in: ders. (Hg.), Sehen lernen mit der Bibel. Der Bildkommentar zu Meine Schulbibel, München 2003, 77–80.

Kindheit und Jugend am Ende des Mittelalters

Das Kind, das als Martin Luther weltberühmt werden sollte, wird am 10. November 1483 in einem kleinen Haus in der Vorstadt, also etwas außerhalb der wohlhabenden Siedlung Eisleben geboren.

Seine Eltern, Hans und Margareta, sind im Laufe der Zeit zu Vermögen und Einfluss gekommen. Luther erzählt später einmal bei einem Mittagessen von seinem Vater als einem „armen Herrn" und über die Mutter sagt er, sie habe all ihr Holz auf dem Rücken nach Hause getragen. Aber da malt er ein Arme-Leute-Idyll, das so nicht stimmt.

Am 11. November 1483, dem Martinstag, wird das Baby auf den Namen Martin getauft. Wenig später zieht die Familie in ein größeres und aufwändiges Haus nach Mansfeld um. Die Familie verfügt jetzt über großen Landbesitz, der teilweise landwirtschaftlich genutzt wird. Zudem ist der Vater Bergbauunternehmer, die Familie ist als Geldverleiher tätig und der Vater ist auch noch Bergbeamter für den Grafen der Grafschaft Mansfeld und Mitglied der Stadtverwaltung. So gehört die Familie zur bürgerlichen Oberschicht.

An die Erziehungsmethoden seiner Eltern hat Martin furchtbare Erinnerungen. Er erzählt: „Meine Eltern haben mich in strengster Ordnung gehalten bis zur Verschüchterung. Meine Mutter schlug mich um einer einzigen Nuss willen, bis Blut floss. Und durch diese harte Zucht trieben sie mich ins Kloster."

Doch so weit ist es noch nicht. Zunächst besucht Martin von 1888 bis 1501 in Mansfeld, Magdeburg und dann in Eisenach verschiedene Schulen. Nur wenige Kinder können damals Schulen besuchen; die meisten müssen den Eltern schon früh in der Landwirtschaft oder in einem kleinen Gewerbe helfen. Auch die Lehrer verbreiten Furcht und Schrecken und haben immer eine Rute bei sich. Martin Luther erzählt: „Es sind manche Lehrer so grausam wie Henker. So wurde ich einmal vor Mittag fünfzehnmal geschlagen, ohne Schuld, denn ich sollte deklinieren und konjugieren und hatte es doch noch nicht gelernt." Und wer in der Schule etwas Dummes sagt, muss eine Eselsmaske aufsetzen. So hat der kleine Martin in der Schule wie zu Hause immer Angst vor Strafen.

Später besucht Martin die Universität. Vier Jahre lang studieren alle Studenten dasselbe: eine Auswahl an allgemein bildenden Fächern. Erst dann dürfen sie sich spezialisieren. Martin beginnt, Rechtswissenschaften zu studieren. Sein Vater will es so. Er gibt eine Menge Geld dafür aus: für Studiengebühren und Bücher. Er will, dass Martin Karriere macht: vielleicht als Richter oder Bürgermeister oder gar als Berater eines Fürsten. Der Vater hat große Pläne mit seinem Sohn. Doch alles kommt ganz anders ...

Gottfried Orth / Ingrid Wiedenroth-Gabler in: G. Orth (Hg.), Luther in der Gemeinde, Göttingen 2013

Lehrjahre

Wie stolz ist die Familie auf ihren Martin, als er im Jahre 1505 mit dem Studium der Rechtswissenschaften beginnen kann! Aber kurze Zeit später teilt Martin seiner Familie seinen Entschluss mit, ins Kloster zu gehen und Mönch zu werden. Der Vater ist entsetzt und zornig: Wie weit hat Martin es schon gebracht, eine glänzende Karriere liegt vor ihm. Und jetzt das! Niemals will der Vater dem zustimmen!

Martin-Luther-Gelehrte fragen sich bis heute, wie dieser plötzliche Entschluss zustande gekommen ist. Vielleicht sind es die Ängste vor dem Tod, die ihn ständig verfolgen. Einer seiner besten Freunde stirbt bei einem Unfall und Martin verletzt sich lebensgefährlich mit dem Degen. Was wird nach dem Tod kommen? Muss er wiederum Strafe fürchten, die Strafe eines zornigen Gottes? Wenn Martin an seine Kindheit denkt, dann erinnert er sich: Auch der Name Christus hat ihm Angst gemacht, auch Christus ist ein erbarmungsloser Richter.

Vielleicht ist der Auslöser für die neue Lebenswahl ein Erlebnis, das Martin im Jahr 1505 während eines schweren Gewitters in der Nähe von Stotternheim gehabt haben soll. Die Blitze schlagen so heftig neben ihm ein, dass er zu Boden geworfen wird und in seiner Todesangst ein Versprechen abgibt: „Hilf, heilige Anna, ich will ein Mönch werden!" Die heilige Anna ist die Schutzheilige der Bergleute, sie ist die Mutter Marias, der Mutter Jesu.

Luther überlebt das Gewitter und sein Entschluss steht fest: Er tritt am 17. Juli 1505 ins Augustinerkloster in Erfurt ein. Seine Freunde begleiten ihn, traurig und vielleicht auch verständnislos: Warum nimmt Martin sein Versprechen so ernst? Von seiner Familie ist niemand dabei, zu groß sind der Zorn und die Enttäuschung des Vaters.

Martin legt das Ordensgelübde ab und gelobt Armut, Keuschheit und Gehorsam. Sein Leben verändert sich radikal: Er tauscht seine Kleider gegen ein Bettelgewand. Acht Mal am Tag betet Luther in der Klosterkirche, das erste Mal um vier Uhr morgens, das letzte Gebet ist um Mitternacht. Er muss schwere Arbeit in der Klosteranlage tun und mit einem Bettelsack von Haus zu Haus ziehen. Jedes kleine Vergehen muss er seinem Beichtvater, dem Abt von Staupitz, beichten. Dieser erkennt bald, dass Martin ein sehr fleißiger und kluger junger Mann ist und unterstützt ihn. Bereits 1507 wird er zum Priester geweiht. Als er dies seinem Vater mitteilt, ist der ein wenig versöhnt, so dass er zu Martins Priesterweihe anreist.

Mit Feuereifer studiert Luther die Bibel und macht bald sein theologisches Examen in Wittenberg. Bereits einige Jahre später, im Jahr 1512, wird Luther Doktor der Theologie und Professor für biblische Theologie an der Universität Wittenberg.

Martin hat Erfolg, aber er ist kein glücklicher Mensch. Er studiert, er beichtet, er macht Bußübungen, er reist sogar nach Rom, dem Sitz des Papstes, um seine Angst vor dem strafenden Gott zu überwinden. Trotz allem ist er sehr bedrückt, trotz allem glaubt er, nicht gut genug zu sein, trotz allem fürchtet er Gott, den Richter. Er fragt sich verzweifelt: „Wie bekomme ich einen gnädigen Gott?!"

Gottfried Orth / Ingrid Wiedenroth-Gabler in: G. Orth (Hg.), Luther in der Gemeinde, Göttingen 2013

Die Entdeckung

Als Mönch ist Martin Luther nun auch Theologieprofessor in Wittenberg. Er ist zuständig für die Auslegung der Bibel. In seinem Doktoreid hat er geschworen, die Heilige Schrift „treulich und lauter" zu predigen und zu lehren. Er hält Vorlesungen über die Psalmen, über die Schöpfungsgeschichten. Doch er liest und untersucht vor allem all die Texte, die von der Gerechtigkeit Gottes handeln.

Gerechtigkeit unter Menschen – die kennt Martin Luther: Eltern und Lehrer, die gnadenlos Fehler bestrafen. Und die gelegentlich dem „braven Kind", dem „guten Schüler" ein Lob aussprechen oder eine Belohnung geben. Wenn Gott aber strenger ist als Mutter und Vater und anspruchsvoller als der Lehrer – ja, dann wird er doch immer Fehler und Schwächen entdecken, an jedem Menschen. Denn welcher Mensch ist immer nur gut?

So predigt es auch die Kirche zur Zeit Luthers: Die Menschen haben viele Fehler und Schwächen. Am Ende wird abgerechnet: Da wartet Gott, der gerechte Richter. Und die, die nicht gut genug sind, die wirft er in die Hölle. Es gibt Bilder von der Hölle. Da brennt ewiges Feuer. Da sind Qualen und Schmerzen.

Immer wieder in den Jahren zwischen 1512 und 1518 liest Luther in der Bibel, studiert sie und hält Vorlesungen über biblische Schriften: Auf der einen Seite erzählt die Bibel von Gottes Liebe und dann wieder von Gott, dem Richter. Wie passt das zusammen?

Paulus schreibt: „Der aus Glauben Gerechte wird leben" (Brief an die Römer, Kapitel 1, Vers 17). Was für ein Satz! „Glauben habe ich ja", denkt Luther. „Aber dennoch bin ich niemals gut genug, dass der gerechte Gott mich freisprechen kann!

Doch plötzlich hat er eine Idee und macht eine Entdeckung, die ganz Europa verändert: Gerechtigkeit Gottes, entdeckt Luther, bedeutet etwas Anderes, als er bisher gedacht hat. Gerechtigkeit Gottes bedeutet: Gott meint es gut mit uns Menschen. Gott weiß, dass wir voller Schwächen und Fehler sind. Und darum begnadigt er uns. Er schenkt uns Gerechtigkeit, er macht uns von sich aus gerecht.

Das theologische Fachwort dafür ist „Rechtfertigung". Doch Luther kann auch ganz einfach und schön sagen: Gott ist wie „ein glühender Backofen voller Liebe". Luther entdeckt: Das Wichtigste im Leben kann ich mir nicht kaufen oder verdienen, sondern Gott schenkt es mir. Gott macht mich heil. Damit sind die christliche mittelalterliche Welt und Kirche in Europa auf den Kopf gestellt. Luther verkündet: Keiner braucht mehr Angst zu haben vor Gott.

In seiner etwas schwierigen Sprache hat Luther diese Entdeckung so beschrieben: „Wiewohl ich als ein untadeliger Mönch lebte, verspürte ich doch unruhigen Gewissens, dass ich vor Gott ein Sünder sei … Bis Gott sich erbarmte, und ich, der ich Tag und Nacht nachgedacht hatte, den Zusammenhang der Worte begriff, nämlich: Da begann ich, die Gerechtigkeit Gottes zu verstehen, durch die der Gerechte als durch ein Geschenk Gottes lebt, nämlich aus Glauben heraus … Hier spürte ich, dass ich völlig neu geboren sei und dass ich durch die geöffneten Pforten in das Paradies selbst eingetreten sei, und da erschien mir von nun ab die Schrift in einem ganz anderen Licht."

Gott ist „ein glühender Backofen voller Liebe". Daran darf jeder Mensch glauben.

Gottfried Orth / Ingrid Wiedenroth-Gabler in: G. Orth (Hg.), Luther in der Gemeinde, Göttingen 2013

Protest in Wittenberg

Luther hat entdeckt: Gott ist wie „ein glühender Backofen voller Liebe". Das Wichtigste im Leben kann ich mir nicht kaufen oder verdienen, sondern Gott schenkt es mir: Gott macht mich heil.

Rings um ihn her ist es noch anders: Die Menschen haben Angst vor Gott. Sie fürchten, dass er sie verstößt, dass sie nach dem Tod in die Hölle kommen. Laut Kirche gibt es auch noch das Fegefeuer: eine Zeit der Reinigung von den Sünden nach dem Tod. Danach das Gericht: Himmel oder Hölle. Große Angst herrscht, weil den Menschen immer wieder gepredigt wird, dass Gott böse auf sie sei.

Zur Zeit Luthers braucht die Kirche viel Geld: Der Papst und die Bischöfe halten Hof wie Könige und in Rom soll eine neue, große Kirche gebaut werden: der Petersdom. Um Geld zu verdienen, hat die Kirche den Verkauf von Ablassbriefen eingeführt.

Im sogenannten Ablass gewährt die Kirche Befreiung von kirchlichen Strafen. Mit den neuen Ablassbriefen, so versprechen es die Verkäufer, können sich die Gläubigen sogar vom Fegefeuer freikaufen: „Wenn das Geld im Kasten klingt, die Seele in den Himmel springt." So reimt der Ablasshändler Tetzel.

Für Luther ist das unerträglich. Gottes Barmherzigkeit kann man nicht kaufen. Das ist eine Lüge! Gottes Gnade ist ein Geschenk. Und der Ablasshandel ist falsch.

Luther hat gute Argumente. Er ist sich sicher, dass er die Vertreter der Kirche überzeugen kann. Darum schlägt er am 31.10.1517, am Vortag des Allerheiligenfestes, an die Tür der Schlosskirche 95 Thesen über den Ablass an. Datum und Ort hat er mit Absicht gewählt: Alljährlich um Allerheiligen, am 1. November, pilgern Massen von Menschen zur Schlosskirche in Wittenberg, die Strafnachlass im Fegefeuer und Sündenvergebung erflehen. Zugleich sendet Luther seine 95 Thesen an die Erzbischöfe von Mainz und Brandenburg. Mit ihnen will er diskutieren – aber dazu wird es nicht kommen.

Die Thesen verbreiten sich rasch. Denn kurz zuvor hat Johannes Gutenberg in Mainz die Druckerpresse erfunden. Man muss die Thesen also nicht von Hand abschreiben, um sie zu kopieren. Man kann sie drucken.

Luthers Thesen sind deutlich: „Die predigen Menschenlehre, die da vorgeben, dass, sobald das Geld in den Kasten geworfen klingt, die Seele aus dem Fegfeuer auffahre. … Diejenigen werden samt ihren Meistern in die ewige Verdammnis fahren, die vermeinen, durch Ablassbriefe ihrer ewigen Seligkeit gewiss zu sein."

Luthers Thesen schaden dem Geschäft mit der Angst der Menschen: „Ein jeder Christ, der wahre Reue und Leid hat über seine Sünde, hat völligen Erlass von Strafe und Schuld, der ihm auch ohne Ablassbrief zuteil wird. … Man soll die Christen lehren, dass, wer den Armen gibt oder dem Dürftigen leiht, besser tut, als wenn er Ablass löst."

Die Würdenträger der Kirche lesen es nicht gern, dass ein Professor der Theologie ihnen Fehler nachweist und kluge Ratschläge gibt – das kann man sich leicht denken.

Gottfried Orth / Ingrid Wiedenroth-Gabler in: G. Orth (Hg.), Luther in der Gemeinde, Göttingen 2013

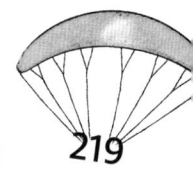

Widerstand

Zu dieser Zeit gibt es in Deutschland eine einzige christliche Kirche (das Wort „katholisch" bedeutet: „für alle"). Und auf einmal ist da dieser eine Mönch, dieser eine Professor, der allen anderen sagt: Ihr irrt euch! Und er glaubt sogar, seine Meinung beweisen zu können, und zwar mit der Bibel. Mit der Bibel, die auch die Grundlage für alle anderen ist. Viele Menschen hören ihm zu, vielen gefällt, was er sagt. Und sie beginnen, an ihren Pfarrern und Bischöfen zu zweifeln – und sogar am Papst. Der Papst greift zu harter Gegenwehr: Luther soll als Ketzer verurteilt werden, also als einer, der „falsch" glaubt und „falsch" lehrt. Das ist zur Zeit Luthers lebensgefährlich.

Eine Weile geht es hin und her zwischen Martin Luther in Wittenberg und dem Papst in Rom. Es kommt zu Streitgesprächen. Als Luther merkt, dass die Kirche nicht auf ihn hören will, wird er immer härter. Er bezeichnet den Papst als „Gegen-Christ". Den, der sich selbst als Stellvertreter Christi auf Erden versteht, den nennt Luther Anti-Christ!

Da geht es längst nicht mehr nur um den Ablassstreit, da geht es um das Verständnis der Bibel und ein neues Verständnis von Christsein und Kirche. Es dauert nicht lange: Im Jahr 1520 erreicht Luther eine Anklageschrift des Papstes, die ihm den Bann androht. Viele Sätze aus Luthers Schriften werden verboten. Und dann heißt es in ihr: „Weil die genannten Irrtümer und viele andere in den Büchlein oder Schriften eines gewissen Martin Luther enthalten sind, verdammen, verwerfen und verstoßen wir die genannten Bücher und alle Schriften und Predigten, in denen diese Irrtümer enthalten sind ... Sie sollen alle sogleich nach ihrer Veröffentlichung ... durch die zuständigen Bischöfe gesucht, öffentlich und feierlich in Gegenwart der Geistlichkeit und des Volkes ... verbrannt werden ... "

Und Luther? Er lässt sich nicht einschüchtern, im Gegenteil: Er wirft dieses Schreiben vor aller Augen ins Feuer ...

Im April 1521 kommt es zu einer Verhandlung gegen Luther beim Reichstag in Worms. Luther ist sich sicherer denn je, dass er recht hat. „Beweist mir, dass ich mich täusche", sagt er. „Beweist es mir aus der Bibel! Denn nur die Bibel lasse ich gelten." Nur die Bibel! Im Original klingt das so:

„Wenn ich nicht überwunden werde durch die Zeugnisse der Schrift oder mit klaren Vernunftsgründen, so bleibe ich von den Schriftstellen besiegt, die ich angeführt habe, und mein Gewissen ist im Wort Gottes gefangen. Denn ich glaube weder dem Papst noch den Konzilien allein, weil feststeht, dass sie oft geirrt und sich selbst widersprochen haben. Widerrufen kann und will ich nichts, weil es weder gefahrlos noch heilsam ist, gegen das Gewissen zu handeln. Gott helfe mir. Amen." (Nach einem alten Bericht hat er hinzugefügt: „Hier stehe ich, ich kann nicht anders.")

Am Tag darauf erwidert Kaiser Karl V, er könne sich der Lehre Luthers nicht anschließen, denn es sei „sicher, dass ein einzelner Bruder irrt, wenn er gegen die Meinung der ganzen Christenheit steht, da sonst die Christenheit tausend Jahre oder mehr geirrt haben müsste."

Wenig später, am 25. April 1521 erhält Luther vom Kaiser den Bescheid, dass dieser nun gegen ihn vorgehen werde. Luther ist für vogelfrei erklärt: Jeder, der ihn trifft, darf ihn mit kaiserlicher Erlaubnis töten.

Gottfried Orth / Ingrid Wiedenroth-Gabler in: G. Orth (Hg.), Luther in der Gemeinde, Göttingen 2013

Klausur

Als vogelfreier Mann ist Luther auf der Rückreise vom Reichstag zu Worms – da wird er überfallen, entführt und gefangen genommen. So schnell kann das gehen, mag mancher gedacht haben. Die Wahrheit aber sieht anders aus: Diesen Überfall hat der sächsische Kurfürst, ein Freund Luthers, eingefädelt, um Luther zu schützen.

Er lässt ihn auf die Wartburg in Thüringen bringen. Luther erhält den Namen Junker Jörg und bleibt vom 4. Mai 1521 bis zum 3. März 1522 unter kurfürstlichem Schutz. Luther kann sich mit der „Gefangenschaft" auf der Wartburg, obwohl er über die „Entführung" wohl informiert gewesen ist, nur schwer abfinden.

Aber die scheinbar vertane Zeit wird zu großem Segen, nicht nur für ihn. In nur elf Wochen übersetzt Luther das Neue Testament in die deutsche Sprache. Mitte September 1521 liegt das Neue Testament in deutscher Sprache fertig gedruckt vor und kann ausgeliefert werden. Die sogenannte Septemberbibel" wird von Melchior Lotther gedruckt und von Christian Döring und Lukas Cranach, dem Älteren, verlegt. Die Erstauflage von 3000 Exemplaren ist im Dezember bereits vergriffen!

Jetzt können alle Menschen in Deutschland und nicht nur die gelehrten Kirchenmänner das Neue Testament lesen! Luther begründet darüber hinaus die neuhochdeutsche Sprache und schafft durch die Verbreitung der Bibelübersetzung eine einheitliche deutsche Schriftsprache.

Als Regel für die Übersetzung hat Luther für sich notiert, dass man „dem Volk aufs Maul schauen" müsse: „Man muss nicht die Buchstaben in lateinischer Sprache fragen, wie man soll deutsch reden, sondern man muss die Mutter im Hause, … den gemeinen Mann auf dem Markt drum fragen und danach dolmetschen, so verstehen sie es denn." Eine vollständige Bibel in deutscher Sprache erscheint erst 1534, nachdem alle Teile des Alten Testamentes zuvor in Einzelübersetzungen erschienen waren. Heute ist die „Lutherbibel" ein Standardwerk in Gemeinden, Schulen und Universitäten.

Während seiner Zeit auf der Wartburg kommt es in Wittenberg zu Unruhen, auf die Luther besänftigend einzuwirken sucht. So werden beispielsweise von Anhängern Luthers alle Bilder aus den Kirchen entfernt. Mönche treten aus den Klöstern aus, Christen brechen das Fasten in der Fastenzeit. Luther begibt sich in Lebensgefahr und reist unerkannt nach Wittenberg. Dort hält er am Sonntag Invokavit die berühmt gewordenen Invokavit-Predigten. Luther findet die Neuerungen gut, aber er findet es falsch, sie mit Zwang einzuführen und die einfachen Gläubigen zu verunsichern. Luther will, dass die Menschen frei entscheiden können und vor allem verstehen und einsehen, was sie tun. Diesen Weg des Lernens will Luther mit seinen Predigten anstoßen, damit die Menschen erkennen können, was die Bibel sagt.

Obwohl Luther das traditionelle Leben der Mönche seit 1521 ablehnt, hat er für sich selbst an der bisherigen klösterlichen Lebensweise festgehalten und – nun nur noch mit einem Klosterbruder zusammen – weiterhin im Kloster gelebt. Die Mönchskutte legte er erst im Herbst 1524 ab. Am 13. Juni 1525 verloben sich Martin Luther und die ehemaligen Nonne Katharina von Bora. Zwei Wochen später, am 27. Juni, folgt der festliche Kirchgang zur Stadtkirche mit anschließendem Hochzeitsmahl im ehemaligen Klostergebäude.

Gottfried Orth / Ingrid Wiedenroth-Gabler in: G. Orth (Hg.), Luther in der Gemeinde, Göttingen 2013

Aufgaben

Entwickelt werden Spielszenen, die es ermöglichen, das historische Geschehen rund um Martin Luther aus einer gebrochenen Perspektive zu sehen und dabei die Relevanz der Geschichte für die Gegenwart und Zukunft von Glauben und Kirche zu entdecken.

Luther M1	Lest Text M1 mit den Augen zukünftiger Eltern / Lehrer/innen; schreibt Rollen für zwei bis vier Lehramtsstudenten (ganz unterschiedliche Typen!), die darüber nachdenken / sich darüber unterhalten, wie sie später ihre Kinder erziehen / ausbilden wollen. Sie denken über den Sinn und die Wirkungen von Strafen nach. In diesem Gespräch sollen die beiden Szenen, die Martin Luther erzählt, als Beispiele vorkommen – nacherzählt und kommentiert.
Luther M2	Lest Text M2 mit den Augen heutiger Jugendlicher, die Pläne für ihr Leben machen. Schreibt Rollen für Szenen in der Familie, z. B. Sohn muss am Abendbrottisch seine Berufswahl gegen die Interessen der anderen verteidigen. In diesem Rollenspiel soll Martin Luthers Berufswahl als Beispiel vorkommen – nacherzählt und kommentiert. (Alternativ: Spielszenen zum Thema „Jemand hat leichtfertig etwas versprochen. Muss er es jetzt einhalten oder nicht?" In diesem Rollenspiel soll Luthers Schwur an die Heilige Anna als Beispiel vorkommen – nacherzählt und kommentiert.)
Luther M3	Lest Text M3; schreibt Rollen für zwei bis vier sehr unterschiedliche Jugendliche, die diesen Text als Hausaufgabe gestellt bekommen haben, einen Vortrag über ihre Vorstellungen von „Hölle" und von „Gott" zu halten. Der (Aber-)Glaube des Mittelalters, wie im Text geschildert, und Luthers Entdeckung kann als Beispiel vorkommen.
Luther M4	Lest Text M4 mit den Augen heutiger Umweltschützer; sie haben einen tollen Plan zur Verringerung des CO_2-Ausstoßes; sie beraten, wie sie damit an die Öffentlichkeit gehen können. Szene 2: Die erste Aktion geht gründlich schief – jetzt haben sie sogar eine Anzeige am Hals ... – wie geht es weiter? In diesem Rollenspiel soll Luthers Thesenanschlag als Beispiel vorkommen.
Luther M5	Lest Text M5; entwickelt ein Gespräch unter Jugendlichen: Wofür lohnt es sich, einzutreten? Was setze ich für meine Überzeugungen ein? Wann gebe ich nach und wann auf gar keinen Fall? In diesem Rollenspiel soll Luthers berühmter Satz „Ich stehe ich; ich kann nicht anders" als Beispiel vorkommen.
Luther M6	Lest Text M6; entwickelt ein Anspiel, das im Jahr 2917 spielt. Anlässlich des 1500. Luther-Jubiläums hat sich ein Planungsausschuss gebildet ... In diesem Rollenspiel soll deutlich werden: Welche Religion haben die Menschen in 1000 Jahren? Wie gehen sie mit der Bibel um? Was bedeutet „Luther"?